苏州大讲坛 Ⅳ

金德政 主编

古吴轩出版社
中国·苏州

图书在版编目（CIP）数据

苏州大讲坛. Ⅳ / 金德政主编. — 苏州：古吴轩出版社，2017.11
ISBN 978-7-5546-1056-5

Ⅰ. ①苏… Ⅱ. ①金… Ⅲ. ①社会科学—文集 Ⅳ. ①C53

中国版本图书馆CIP数据核字（2017）第294234号

责任编辑：蔡时真
装帧设计：刘　浩
责任校对：靳晓虹　陆九渊
责任照排：刘　浩

书　　名：苏州大讲坛 Ⅳ
主　　编：金德政
出版发行：古吴轩出版社
地址：苏州市十梓街458号　邮编：215006
Http://www.guwuxuancbs.com　E-mail:gwxcbs@126.com
电话：0512-65233679　传真：0512-65220750
出 版 人：钱经纬
印　　刷：苏州日报印刷中心
开　　本：787×1092　1/16
印　　张：13.25
版　　次：2017年11月第1版　第1次印刷
书　　号：ISBN 978-7-5546-1056-5
定　　价：35.00元

目 录

名家大讲堂系列

张森根（002） 百岁学人周有光的故事

王文光（013） 从百越到云南民族的历史与文化

李　辉（022） 我笔下的人物与《封面中国》的写作

先锋讲坛系列

刘金源（030） 现代化的历史进程

李杭春（046） 志摩的诗

孙敏强（057） 体悟逍遥之境——《庄子》寓言解读

潘知常（068） 《红楼梦》为什么这么红?

朱恒夫（076） 刀与水——江南文化的特色

苏州地方文化系列

周明华（084） 话说《蝶恋花》

仇庆年（094） 苏州庆年堂

潘君明（108） 苏州老街巷

许文雅（114） 漫谈清代苏州科举

张之望（131） 漫说过云楼文物文献

文化生活系列

陈立人（142） 碗莲、缸荷的栽培与鉴赏

旅游大讲堂系列

王如东（152） 我的假期在美丽的爱琴海

孙国华（162） 邮轮就是旅游目的地

国学文化系列

童志华（176） 国学文化传承之传统经典与教育

科普系列

刘丽霞（186） 如何正确使用食品包装材料？

相约健康系列

郝跃峰（194） 健步走出健康路

陈 强（200） 如何保护好您的肾脏

名家大讲堂系列

百岁学人周有光的故事

张森根

周有光是《汉语拼音方案》的主要设计师之一。自1898年《马氏文通》出版以来，有30位人物被誉为“中国现代语言学家”，他是唯一活到21世纪的老寿星。周老是中国文化史和世界人物史上的奇葩，也是当代中国人的骄傲。他不仅是出色的语言文字家，而且是伟大的启蒙思想家。他一生创造的精神财富难以估量，一代又一代的中国人将从中获益。

2016年1月13日是他的110岁（阳历）生日。他的百年口述，取名《逝年如水》，正式出版了。他一生写了300多篇论文和40多部书，而且这些书多半是在他85岁退休后出版的。阅读他的书，为我们领悟人类的知识体系、视野框架和文化智慧，打开了便捷之门。在倡导全民读书、建立书香社会和学习型社会的今天，焉能不读周老的书？读周老的书的人越多，读懂它的人越多，中国越有希望。

一、周有光一生分三个阶段，每一阶段都有闪光点

出生于1906年的周先生，经历了清末、中华民国（1912—1949）、中华人民共和国三大历史时期。他的人生可分为三个阶段：50岁以前是银行家；50岁到85岁，共35年，是语言文字学家；85岁至今，共25年，他越活越精彩，被公认为启蒙思想家。我认为，周先生虽然在第一、第二阶段人生经历中立下了无可置疑的功绩，但他人生第三阶段甚至比前两段还要了不起。随着时间的推移，这将成为历史的共识。

1. 50岁之前。1923年从常州中学毕业，他进入上海圣约翰大学。1925年上海发生“五卅惨案”，在爱国主义精神的召唤下，他参加“六三离校运动”，毅然离开圣约翰大学，进入由孟宪承等进步教授创办的光华大学，并于1927年毕业。1933年他因仰慕日本马克思主义经济学家河上肇而去日本留学。后来他知道河上肇被捕，在日本住

了不到两年就回国了。回国后他在上海江苏银行和新华银行任职。1936年他加入救国会，成了这一政治组织的积极成员。翌年，他为营救“七君子”奔走于上海和苏州两地，并把在苏州乌鹊桥弄60号的住宅作为爱国民主人士营救“七君子”行动的联络点和接待处。

1937年“七七事变”和“八一三事变”后，周有光决定全家迁往重庆，经历了千辛万苦。他一边为全家的生计和生命安全操心，一边在国民政府经济部农本局旗下，为建立四川农村金融合作网络，农产品的购销、调配、运输而奋不顾身地积极工作。他担任农本局重庆办事处副主任，一年四季在四川各地跑来跑去。为了工作，他经常搭乘十分简陋又不太安全的水上飞机往返宜宾和重庆之间，来回奔波。他全身心地投入抗日战争，在支援前方物资和保障后方百姓生计方面做出了卓越的贡献。抗战时期，周老参加了抗日民族统一战线的活动，经常出席周恩来召集的集会，与中共共商国是。抗战胜利后他回到上海，在新华银行任职，并于1946年底被派往美国纽约。1949年初夏，他和夫人张允和从伦敦转道香港抵达刚刚解放的上海（6月3日），积极投入新中国的经济建设，出任中国人民银行华东区行的（对私人）业务处长，并以公股董事的身份出任新华银行董事长，同时在复旦大学经济研究所任教授并创办《经济周报》。当时他成了可靠的“党外进步人士”。至1956年春离沪赴京改行前，他出版了三部经济学著作：《新中国金融问题》（1949年）、《资本的原始积累》（1954年）和《政治经济学参考读物——商品生产和货匝》（1956年）。他对上海和华东地区的金融业务做出了巨大贡献。从参加救国会起，他就成了中国共产党的老朋友。活着的高龄党外人士中，享有“副部级待遇”的离休干部，他恐怕是存世的最后一位了。

2．50岁至85岁。由于出版过《中国拼音文字研究》（1952年）和《字母的故事》（1954年），他应邀出席了1955年10月在北京召开的全国文字改革会议，会议结束后决定将他调入文改会。周老服从组织决定而改行，全家迁往北京。他为完成文改会的三大任务不知疲倦地连续工作，上班35年。文改会的三项任务是：（1）制定和推行《汉字简化方案》；（2）制定和推行《汉语拼音方案》；（3）研究和推行标准音（普通话）的教学。

许多人把他称作“汉语拼音之父”，周先生一贯拒绝接受这一尊称。他写过多篇文章来纪念中国语文现代化运动和汉语拼音事业的先驱者，并在与记者的谈话中多次指出他不喜欢这一称号。周老提到的学者有卢戆章、蔡元培、倪海曙、赵元任、瞿秋白、吴玉章、胡愈之、叶圣陶、罗常培、陈望道、黎锦熙、王力和吕叔湘等先生。他只是1951年成立的中国文字改革研究委员会的12位委员之一，而且是其中资格较浅、年纪不老的成员。后来他出任文改会的拼音化研究室主任。《汉语拼音方案》最初是叶籁士、陆志韦和周有光三人共同起草的，由文改会发布，公开征求意见。经过三年的审订，1958年2月11日终于得到全国人大的通过和颁布。1979年至1982年，他在出席国际标准化组织（ISO）的会议上代表中国发言，建议将《汉语拼音方案》作为拼写汉语的国际标准，并获得了通过。学术界通常称周有光为《汉语拼音方案》的主要设计师之一，这倒是公道的。

周老不仅在汉语拼音事业上的贡献十分突出，在创建现代汉字学、研究比较文字学以及研究中文信息处理和无编码输入法方面的学术成就也产生了深远的影响。

周有光曾戏言自己50岁起由经济学教授改行从事语言文字学研究，前者是半途而废，后者是半路出家，两个“半”圆圈合在一起，就是个圆圈，一个“〇”字。实际上，他不仅顺利改行，而且在新的学术领域中是同年龄段学者中成果最丰硕、知识最渊博、工作最勤奋、思想最新潮者之一，赢得了业内人士的称许。

3. 85岁至今。85岁他离开办公室，回到家中，作为语文工作者他忽然觉得自己一向生活在专业的井底，“发现井外还有一个无际无边知识海洋，我在其中是文盲，我要赶快自我扫盲”。于是，整整25个年头，他静静地坐在他那9平方米的叫“有书无斋”的小房间中看书、思考、写作。他写下许许多多笔记草稿，先让朋友和晚辈评点，又不断修改，有的文章发表后再改正、补充。他真正走出了“专业的深井”，把关注的目光从研究字母、拼音、文字和文字史转到对历史、文化的反思以及对民主与科学精神的追求上。周先生晚年七八本关于历史、文化方面的学术性文集，就是这样靠他一贯的求知、问学的路径——边学边思考边写边修改——推向读者的。

尽管他谦虚地说“不知道读者们会不会笑我幼稚和迂拙”，但公众对这些跨学科研究的文集给予了极高的评价。他在这些方面的心得与创见，也是一般学者难以达到的。在我看来，周先生的学术随笔纵古论今，评人说事，笔墨精粹，从容而随意，冷峻而透彻，跨越历史时空，含金量高，没有一句空话、套话和官话。读他的文章，常有清风扑面、浓醇芬芳的感受。

他的几本代表性的别集是：《百岁新稿》（初版于100岁，105岁出修订版）、《朝闻道集》（初版于104岁，109岁出增订版）、《拾贝集》（105岁出版）、《文化学丛谈》（105岁出版）和《静思录》（105岁出版）。这些随笔与30多本语言文字学著作相比，虽然在数量上不多，但书中涉及的主题、范畴和结论，是前者所不可比的。上述五部学术性随笔，充溢着智慧、勇气与魅力。这些文章中饱含的思想和价值观具有总体性、思辨性、前瞻性、挑战性，对中国当前部分陈旧落后的意识形态与价值观可能会起到摧枯拉朽的作用。

思想无禁忌。自由的探索之路是一个民族通向繁荣强盛的康庄大道。英国思想家约翰·斯图尔特·密尔说："在精神奴役的气氛中，从来没有而且永远不会有智力活跃的人民。"邓小平说："一个党，一个国家，一个民族，如果一切从本本出发，思想僵化，迷信盛行，那它就不能前进，它的生机就停止了，就要亡党亡国。"（《邓小平文集》第二卷，第143页）周老的思索和文章完全符合这一精神。他绝不"从本本出发"，不但有智慧，而且有勇气说出来。古人云：仁者不忧，智者不惑，勇者无惧。我从周老先生身上仿佛感受了这三者的再现。

学者们对于周老和他晚年的新作推崇备至：于光远认为周先生"堪称中国知识分子的楷模"；李锐认为，周老"制造了跨世纪的传奇"；杜导正称周老是"屹立巅峰的时代人瑞"；台湾学者许倬云称周老"承继中华文化之结晶，又接受现代文明之果实，融会贯通，诊脉中国痼疾，针砭当时弊病"；资中筠认为，我们"特别需要像周老这样的智慧之光驱赶蒙昧的黑暗"；李泽厚指出："周老不为潮流而动，对任何尖锐问题都保持清醒的头脑和独立的思想，尤其不简单。"

二、周有光的性格特征

1. 永远的乐观精神

周有光一生有20年光景生活在厄运之中。一是抗战时，他全家搬迁四川，8年中他颠沛流离，为了躲避轰炸和谋生，"大搬家36次，小搬家不计其数"。女儿因缺医少药活到4岁就夭折了，儿子被流弹击中，肠子上被打穿几个孔，他自己还在一次轰炸中被震到沟旁，周围的人都死了。好端端的一个中产家庭，就在战乱中落到贫穷、挨饿的地步。抗战胜利后，他回到上海，身无长物，只能重新开始。但他并不沮丧，依然像战前那样积极工作，关心社会。

二是"文革"期间，又一次让他受尽折磨。一家五口人分居在宁夏、湖北和北京。"文革"前他要负担母亲、妻子和儿子的生活费、医疗费和学费，几乎要靠借贷过日子。去干校时，入不敷出的他，竟欠下了4000多元的债，这笔债直到重新恢复工作才陆续还清。"文革"开始，他每月只收到30元生活费。而20世纪40年代中期，他在纽约，每月的薪金高达500美元，如按现在的标准算，约合人民币10多万。周老告诉我，中华人民共和国成立初期他的工资收入可及美国教授的一半，改革开放之后就只有香港保姆的一半左右。而对此遭遇，他并不太在意，觉得只要能干自己喜欢的事就可以了。"文革"结束，全家人集齐了，但原来那点算不上富裕的"家产"已经荡然无存，不仅书籍丢失，连书稿、笔记、照片多半被毁。但他毫不气馁，从干校返京后又马不停蹄地投入工作。语言文字学的大部分学术成果，也都是从这一时期开始获得的。

当然，中国有许多家庭都遭受过日寇侵略和“文革”之苦，但像周有光那样家庭生活经历大起大落，阴晴风雨之后还能饱满地投入工作，重新创业、转换社会角色和职业定位的人并不多见。因为周老有世界眼光和历史眼光，天然是个乐天派。一位记者问他：中国实现社会转型可能会在30年之后，长不长？他回答说：30年不算长，中国有5000年历史。一些朋友针对眼前存在的种种消极因素向他讨教，他总是笑眯眯地说：不要急，慢慢来，社会的发展像老太太扭秧歌那样，走几步退一步，你只看她退了一步，实际是她马上又会朝前走几步，不会原地踏步不动的。因为他比一般人看得远，所以有定力，自然就对中国未来的发展充满乐观情绪。

2002年周老的夫人张允和去世，享年93岁。比他小3岁的爱妻，自称“家庭妇女”，“一辈子是丫鬟命”，实际上是我国第一批进入大学的新女性，曾出任女学生会会长。她不但有才华，而且性格开朗。周有光戏称她为“快嘴李翠莲”。他俩恋爱了8年才正式结婚。张允和的曾祖父张树藩当过两江总督、两广总督、直隶总督兼北洋通商大臣。1921年张允和的父亲在苏州开办乐益女子中学，依然是大户人家。周有光的祖上虽然也是官宦出身，民国时期开始败落。但张家十分开通，听凭儿女婚姻自由。叶圣陶说：“九如巷张家4个才女，谁娶了她们都会幸福一辈子。”张家四姐妹——元和、允和、兆和及充和，都找到了佳婿。四姐妹中以老三的夫婿沈从文最有名气，但也一生坎坷。中华人民共和国成立初张允和在光华附中任中国史教员，后因业务精湛奉调上北京编纂教科书。不料在“三反五反”运动中挨整受气，周有光索性让她回家过“家庭妇女”的生活。

中华人民共和国成立后，张家四姐妹天各一方。四对夫妻中除周有光外，仅四妹张充和一人在美国生活。周有光夫妻性格不同，周有光爱喝咖啡、红茶，讲理性，搞汉语现代化，推广汉语拼音，写理论文章；老妻则爱喝绿茶、老母鸡汤，重感情，写散文、随笔。周有光爱听西洋音乐，妻子爱听传统音乐，唱昆曲。但他们70多年恩爱如常。张允和写道：他们“经过了无数的惊涛骇浪，石堤被打得千疮百孔，可是石堤上的两个人依然坚挺硬直”。张允和去世的前夜，还同来客谈笑风生。她的突然去世，使周有光一时透不过气来，但后来想起了“残酷的进化论”，“个体的死亡是群体发展的必要条件”，他只能服从自然规律，很快就平静下来，过起了孤寂但仍充实的日子。他说：“原来，人生就是一朵浪花。”

自到北京工作后，全家日子过得很吃紧。朋友们劝他担任行政职务，否则级别低工资提不上去。但周有光不当官的信念很坚定，他一直守着这条底线。刚到文改会时，因为其会长吴玉章政治地位高，周有光上班有专车接送。吴玉章去世后，文改会从部级降为局级，他只能挤公共汽车了。但他看得很淡，自我解嘲说："使尽吃奶力气，挤上电车，借此锻炼筋骨。为打公用电话，出门半里，顺便散步观光。"

周有光年轻时身体很弱，一个算命先生说他只能活到35岁，但现在他活了比三个35岁还长。他幽默地说，不能怪算命先生，那是因为科学发达了，所以他能活得健康，还有，就是上帝把他忘记了。许多比他年纪小的老年人都说：人老了，活一天算一天。他却说："老不老我不管，我是活一天多一天。"他把81岁作为1岁，从头算起，他还要继续读书、思考和写作。他真是一位快乐的智慧老人！

2. 终身的自学精神

周有光为《见闻随笔》撰写前言时写下"终身教育，百岁自学"这个标题，作为对他自己的鞭策，也是他履行的人生哲学。他上大学主修经济学，毕业后在银行工作，用的是金融学。去美国后，他每天吃了晚饭就上纽约公共图书馆，直到十点钟闭馆才回家。他靠的是进图书馆读书自学。他曾劝我要多查百科全书和各种辞典，要多进博物馆。他参观纽约大都会自然历史博物馆，前后看了六天。中华人民共和国成立初期他一人干三份工作。他没有洋学校颁发的毕业证书和荣誉头衔，全凭真才实学当上了二级教授（离休前为一级教授）。

1956年他改行中国语言文字的现代化工作。50岁的他，又得从头开始。面对周围一大批国内顶级的语言文字学家，他平时积累的知识不够用，还得依靠自学劲头和钻研精神。他不但参与研制汉语拼音方案，还在创建现代汉字学等方面显露头角。

85岁离开办公室，回到家中，他又开始"自我扫盲"。他的几本跨学科研究的文集，都是从自学中获得的成果。他在《百岁新稿》自序中说："老年读书，我主要读专业以外的有关文化和历史的书籍……首先想了解三个国家：中国、苏联和美国。了解自己的祖国最难，因为……考古不易，考今更难……了解真实的历史背景困难重重。"他迎难而上，不停顿地攀登知识堡垒。

与周有光同时代的人中，自学成才的很多，对周有光也有启发。如他敬重的胡愈之的学问，"几乎全部是自学得来"。周有光当初对调入北京想不太通，因为对语言文字学是外行，怕不能胜任，胡愈之说："这是全新的工作，大家都是外行。"周有光受到他人格感染，到北京后发奋自学，从外行变成内行。周的连襟沈从文只念过小学，是有名的小说家，后来成了北大教授；中华人民共和国成立后一直挨整，被"发配"到故宫博物院当讲解员，最后靠钻研写出了关于中国瓷器史和服饰史的传世之作。这也给了周有光“攀比”的动力。

3. 坚忍不拔的独立思考精神

周有光对国人争论不休的问题，诸如资本主义与社会主义、民主与专政、自由市场与国家干预、现代文化与传统文化、华夏文化中的光环与阴影、普世性/共同道路与中国模式/中国特色，他都提出独到的见解。他在知识与理性的层面上，只讲自己思考过的话，绝不随风转舵。

如有人认为，从2000年起，一个庞大的中产阶级在中国崛起。周先生则指出：一部分人先富起来，应当是现代社会的创新动力，就是中产阶级，可是“迎新时候，掀起盖头，一看不是中产阶级，而是新兴权贵”。

在学术争论上，他也决不当和事佬。他针对一位名声比他更大的学者的“河西河东轮流坐庄论”和中国文化将主宰21世纪的观点进行了批驳。这位大学者还主张“振兴国学，必须从娃娃抓起”、“汉字简化及拼音化是歧途”，乃至反对古书“今译”，等等，周老也不顾情面地一一予以否定。他认为，甲骨文中就有简繁之分，古代就有简化字，书法家王羲之经常写简化字；历代都用当代字体改写古书的，而“今译”早已有之；删繁就简是“汉字和一切文字的共同规律”。他进而指出：“认为文言比白话优美，那是心理错觉。目前有一股复古风，这是缺乏时代意识和自信心的表现。青年们不可误入歧途。”

对所谓的“国学”，周有光也有他独特的看法。他主张对“国学”的主心骨——儒学的封建性、保守性和玄虚性加以剔除和改造，同时提出了儒学现代化问题，目标是与“赛先生”和“德先生”握手。他指出：华夏文化既有光环又有阴影，“为封建制度服务了2500年的华夏文化，要想转化为现代文化，那是一场脱胎换骨的大手术”。周老强调如果在理论上不敢彻底洗涤“阴影”，它的危害性将会在第三个千纪年“忽隐忽现，随时爆发，甚至以美好的名义行丑恶的勾当”。

有人认为东方文明长于精神文明而短于物质文明，西方文明长于物质文明而短于精神文明。针对这一糊涂观念，周老指出，东西方精神文明各有所长，或可相互借鉴，难于得出东方长于、优于西方的结论，比如中国的京剧和西方的歌剧谁优谁劣，比如道德和教育谁优良谁软弱，都难以得出此类结论。宣传这一看法的人，希望把华夏文化传播到西方，“变夷为夏”，使21世纪成为中国的世纪。周老认为，这只是他们良好的愿望，希望他们冷静思考之。他略带讥讽地说，这是由于“思维能力极度萎缩……今天只能闭目高吟”。

三、周有光的理论探索

在为庆贺周老107岁生日而召开的一次学术讨论会上，我把周老晚年的反思与理论探索归纳为以下三点。

1. 科学的一元性。周先生认为，科学是世界性的、一元性的，没有东方、西方之分。任何科学，都是全人类长时间共同积累起来的智慧结晶，经得起公开论证、公开实验、公开查核，要用实践、实验、实证来测定，不服从"强权即公理"的指令。知识在世界范围交流，不再有"一国的科学"、"一族的科学"、"一个集团的科学"；学派可以不同，科学总归是共同的、统一的、一元的。他在一次访谈中说："知识无国界，知识分子也无国界。知识分子有国籍，但是无国界。知识分子应当是国际性的。"他指出：科学既包括自然科学，也包括社会科学。自然科学要划破长空，飞向火星。社会科学要摈弃迷信和教条，摆脱图腾，不能再服从于天意或"圣谕"。社会科学既然是科学，就不能分中、外、东、西，就不能姓资姓社，分什么阶级性。

对于社会科学与意识形态相互关系的问题，我曾向他请教。周老答道："科学没有阶级性，社会科学当然也没有阶级性；把社会科学说成有阶级性，是特权阶级保护特权的欺骗。"当然，意识形态与阶级性是不是一回事，社会科学本身是否包含科学性和意识形态性（或阶级性）的双重性，均需进一步研究。但用意识形态性替代科学性显然就不能称作社会科学，而变成信仰了。因此，在周老看来，信仰属于主义（推理）的范畴，它是不能被怀疑、诘难、批判和否定的，与科学（实证）根本不是一回事。有人说，他信仰的主义属于"宇宙真理"，把信仰等同于真理，显然是荒谬的。周老还认为，美国的强盛，相当程度上，靠的是它拥有先进的社会科学。

2. 双文化论。周先生认为文化分成地区传统文化（如东亚文化、南亚文化、西亚文化和西欧文化）和国际现代文化，他比喻为"桌子的四条腿"和"桌面"。国际现代文化是全世界各个地区传统文化的融合和升华，它是全人类共同创造的财富，是全世界各国"共创、共有、共享"的文化。每一个民族都有自己的传统文化，但是，任何民族都无法离开、取代、覆盖全世界的现代文化。传统文化将与现代文化长期并存，互有消长，彼此不可能把对方吃掉。传统文化都在自动适应、自我完善、自我代谢。

周先生指出："把现代国际文化说成西方文化是不正确的；说成美国文化，更加不正确。把东西方文化看作势不两立，不是西风压倒东风，就是东风压倒西风，那是不了解文化演变的历史规律。"针对有人高唱的"河西河东论"，周老说：文化的流动不是忽西忽东，轮流坐庄，而是高处流向低处，落后追赶先进。统治21世纪的不会是东方文化，也不会是西方文化，而是世界共同的现代文化。现代人是"双文化人"，既需要现代文化，又需要传统文化；既需要科学，甚至又需要宗教。周老还提倡对“全球学”进行深入研究，进而在全球范围内治理、改革、协调、消除由陈陋的制度、机制、旧习、偏见和观念产生的种种难题。

3. 创“三分法”。斯大林的“五阶段论”一直是主流教科书的叙事方式。它的逻辑是人类社会经过原始公社制度、奴隶制度、封建主义制度、资本主义制度必然会走向社会主义制度，故而社会主义终将战胜、取代资本主义。这是中国社会科学的理论渊源和立论依据。周先生的“三分法”意在打破意识形态的枷锁。以下百余字是他关于人类历史演进轨迹的陈述：

> 经济从农业化到工业化到资讯化；政治从神权统治到君权统治（专制）到民权统治（民主）；文化从神学思维到玄学思维到科学思维。世界各国都在这同一条历史跑道上竞走，中国不是例外；审视中国在这条跑道上已经达到什么程度，是每一个知识分子的历史责任。

周先生指出：人类社会从奴隶社会、封建社会到资本主义、后资本主义社会；资本社会、知识社会属于“现代”，这以前——部落社会、主奴社会、君臣社会——属于“前现代”。未来社会，可姑且叫“后资本主义”社会。他说：“社会发展没有尽头，科学的历史观不预设最后阶段。”“前现代”到“现代”的分界是人力解放和人格解放，这是人类历史上最重要的一次时代飞跃。他认为“政治全球化”和“文化全球化”问题正摆上全人类的议事日程。

周先生以科学和民主为出发点的“三分法”，比晚清康有为的“三世说”（据乱世、升平世、太平世）分析得更精细，也更符合历史规律。康有为在一百多年前就主张清廷由开明专制走向君主立宪，最后走上宪政民主的康庄大道。周老说，中国近代三位革命家孙中山、康有为和邓小平都受过孔子《大同书》的启发，他自己也选择“大同理想”，心中有理想，脚下有现实，“我们的当前任务是：建设小康，志在大同”。

北京大学汤一介教授的“多元现代性”观点与周老的“三分法”有珠联璧合之妙。汤先生用中国哲学“体用一源”的思维模式来分析历史的演进，他把人类社会分为：（1）前现代社会——专制为体，教化为用；（2）现代社会——自由为体，民主为用；（3）后现代社会——和谐为体，中庸为用。汤老认为，在现代社会中，“自由”和“民主”也可能产生种种弊端，但“自由”和“民主”对人类社会进入“现代”是有根本意义的。“自由”是一种极有意义的创造力，“民主”是一种维护自由得以实现的保证。

另一位研究世界史的北大教授罗荣渠先生提出的“一元多线历史发展观”与周先生的“三分法”也相去无几。他主张以三种不同性质的生产力把人类社会划分为

“农业时代”、“农业文明时代”和“工业文明时代”。罗先生的划分与中国社科院哲学所闵家胤先的（1）采集/狩猎社会→（2）农业/游牧社会→（3）工业/信息社会的三阶段划分法，实质上并没有差异。

四、我想用三句话概括周先生

第一句话：周老是说真话的大师。在人文领域里，说真话不容易。凡是有点阅历的人都知道，说真话要付出代价。文化思想界中，有些“大师”是以说官话驰名的。这些人就为了一点项目费、一点补贴，纳入什么“工程”，从功利主义出发，专讲官话。周老研究问题和写东西，没有什么补贴，也不需要什么项目费。但每一篇文章，他都是直言谠论，毫无粉饰，以追求真理为本义。他说：“真话不一定是真理，但真话一定是真理的基础和前提。如果一个人真话都不敢说，你怎么能说你一生在追求真理呢？”他不想为了个人的利害关系或避祸免灾去说瞎话和昏话。有的“大师”却主张“真话不全说，假话全不说”，但实际上，大话、空话、套话照说不误。周先生绝对不当这样的标杆人物，他的人格和学品驱使他的文字处处充满活力，激励读者开阔视野、走向未来，哪怕主流不欣赏、不点赞。

第二句话：周先生是注重常识、讲究逻辑、研究规律的大师。他的学问穿越古今、沟通中外，不拘于东、西方之分，不偏执于“姓资”和“姓社”，而是专注于研究真相、真实和真理。他说：“我研究的是现象下面的背景，如一条河流上面的水流波动得很厉害，下面的水流比较稳定。我研究下面比较稳定的水流，上面是现象，下面是背景。”以文化为例，他说：人的生命周期是新陈代谢，文化也是新陈代谢。文化的新陈代谢有三条规律：创新、衰减和流动，不分古今、中西，概莫如此。因此，人类文化的演变，不是一时西化，一时东化，而是取人之长、补我之短，由较低向较高，由单元文化向多元文化聚合和汇流，增加文化的共同性，乃至创造前所未有的人类新文化。

他写美国、苏联、印度和奥斯曼帝国的文章，简明扼要，观点清晰，成为读者了解这些国家的入门书。许多人称他为百科全书型的大师，周先生自己则认为他只是给读者补充常识而已。他指出，常识就是自然科学和社会科学的基本知识，也就是五四运动所要求的科学和民主。丰富的人生阅历让他领悟到，人类社会发生的许多荒唐事就是因为违背常识、背离逻辑、漠视规律才造成的。谈到民主时，他认为民主首先是共性的东西，人类社会追求民主、自由与人权，就走上正道，符合科学的社会发展观。过度地强调民主、自由与人权的特殊性而忽视共性，就会阻碍我们前进的步伐。进一步说，以特殊性来否定共性，也就是违背常识、背离逻辑。严密控制文化意识形态，就不可能有理论创新。因此周老反复地告诫我们：“要从世界来看国家，不要从国家来看世界。”他的话有穿透力，凝聚着厚重的历史观。周先生气魄之宏伟、目光之远大，令吾辈折服。

第三句话：周先生是闻过则喜的大师。最令人钦佩的是，周老尽管学富五车，却是一位闻过则喜的谦谦长者，他一贯欢迎读者对他提出批评。他要求青年朋友对他的著作“不是先肯定文章的内容，而是先怀疑文章的内容，都要经过独立思考，然后接受”。他还说：“真理不怕批评，批评是真理的营养品”；“得到有益的批评，我心中十分高兴。如果招来谩骂，我要郑重感谢。在万马齐喑中能听到刺耳的声音，那是真正的时代进步”。几年前，周老把网上对他的质疑、批评乃至责骂，让他哲嗣周晓平先生一一传我阅读。他对待不同声音的度量，足令晚辈更加敬重他的学品和人格。

2014年3月，在即将出版的《周有光百年口述》一书的“尾声”中，他提倡“不怕错主义”。他认为他的百年口述史中出错是难免的，所以他不仅不怕别人提出批评，相反更希望听到不同意见。周老说，一个人，只有接受批评才能前进。反对的意见或可成为成功的基础。他的“不怕错主义”虽然是针对读者指正他的著作中史实和观点说的，但由此引申出来的道理却是十分深刻的。因为任何人和任何主张都不可能不出现错误，科学的发展和社会的进步难道不就是依赖于对错误不断地揭示而后不断地做出改进吗？他的“不怕错主义”，和人们经常遇到的“不认错主义”，有霄壤之别。“不怕错主义”，也许是他对晚辈和下一代留下的最后忠告。我们需要更多周先生这样的思想启蒙学者。周先生真是一位生命不息、思考不息的智慧老人！难怪一位长者在网上说，我们与周老的差距，哪里仅仅是学问上的，首先还是道德操守上的。

总而言之，周先生晚年倡导的科学的一元性、“双文化论”和关于社会发展阶段的“三分法”以及关于大同理想、小康现实的论断，为我们伸展理论思维、构建制度文明，开拓了深邃的空间和崭新的视角，值得学界的关注。诚然，周老的思路和论述虽然十分清晰，也不能视为金科玉律，尚待时间的检验和后人的补充。我对他的领悟更可能有偏颇，文责自负，与周老的本意无关。请各位批评指正，谢谢！

主讲者简介：

张森根，中国社科院研究员，周有光先生主要文集编辑者。

从百越到云南民族的历史与文化

王文光

谢谢各位，今天下着这么大的雨，大家还来了，所以我还得再次向各位致意。昨天晚上到的苏州，图书馆的老师就请我到“老苏州”去吃饭，就点了一个菜：螺蛳。我一看见螺蛳就兴奋，为什么呢？因为这个螺蛳是古越人留下来的一道菜，各位一定记得你们吃过的螺蛳，吃螺蛳是不是要把它后边的那个尖去掉的？这个习惯几千年来没有变，为什么呢？我曾经顺着江苏、浙江、安徽、江西、广东、福建一直往西边走，所有越人生活过的地方，目前留下来的螺蛳壳全部都是把这儿去掉的，特别是在昆明，有一个影响东南亚的一个极大的贸易市场，叫作螺蛳湾。为什么叫螺蛳湾呢？因为以前越人就在那儿生活，他们的主要的食物就是螺蛳肉。你看，每天一个人要吃那么多螺蛳，又不能乱丢螺蛳壳，那个时候也讲精神文明的，壳都要集中堆到一块儿去，所以年长日久，那儿的螺蛳壳就越堆越多，把整个海湾都堆满了，所以那个地名就叫作螺蛳湾。

今天我们的话题是百越与云南民族的文化，这两者之间到底有没有什么关系呢？我想请现在在座的少数民族举手。显然一个都没有。可是根据一本书的记载，我们苏州在历史上是“蛮人”居住的地方。这本书的名字叫作《竹书纪年》。《竹书纪年》是怎么说呢？商代的时候，商王朝有多大呢？东边到海，北边到燕山，就是现在北京那一代，西边只到山西，南边没有到长江。而长江以南的所有人都是“蛮子”。为什么呢？因为中国古代的华夏族，把他们之外的人都视为是野蛮的，所以叫作东夷、北狄、西戎、南蛮，我们这些南方人都被他们叫作“南蛮子”，因此历史上的苏州是“南蛮之地”。苏州今天不得了了，今年刚刚公布的中国的15个一线城市，苏州居然和北京、上海、广州、天津并列为第一线城市，这是苏州人的光荣。大家要知道一线城市是什么概念？昆明是三线城市。所以大家要记住，这儿历史上曾经是一个南蛮之地。这个南蛮之地的蛮又是什么人呢？就是吴国和越国的越人，因为春秋战国这一带就是吴国和越国。所以要记住了，那个时候吴国和越国在华夏人的心目当中也是蛮人，野蛮的人，南蛮之人。但是今天这儿一线城市的居民一定是非常文明的人。我来过苏州很多次，今天早上我到苏州大学处理一些工作上的事情，就顺便去苏州老城区的小巷子里边走了一下，走了很多院子，然后又到图书馆来。在图书馆的墙上，发现了一件让我不得不向苏州致敬的事情，就是墙上的几十位苏州籍的院士。在中国的历史地理学上，有一个分支学科叫作中国的文化和科学家的地理分布，让我吃惊的是，中国到现在为止，也就几百个院士，两院院士，但是苏州一个地方就出了几十个院士，为什么呢？因为在历史发展的过程当中，虽然它曾经是"南蛮之地"，虽然它曾经是"南蛮"分布的地方，但是它在发展，它在进步。所以呢，这算是我的开场白。

我要讲的主题的第一个问题是，越人是怎么一回事情？请注意了，我这句话非常重要，越人不是自己叫自己是越人，而是黄河中下游的华夏族叫他们越人。为什么会叫他们是越人呢？因为据甲骨文记载，这些人使用一种大型的工具，是用石头做的一种斧头，华夏族就把这种工具叫作钺。就是南方有一群人使用一种工具，这种工具汉人叫作钺，于是就把使用这种工具的人叫作越人。这是在甲骨文里边记载的。他们为什么使用大的石斧呢？因为那个时代的这些地区潮湿多雨，他们住的房子要有木桩支撑，房屋得离地面两米，这就需要砍伐大的木头，只有大的石斧才能够作为工具。这就是为什么中国的北方草原上没有大型的石器，只有细石器。为什么？细石器虽小，可以剥皮、割肉就行了。而这个石斧是砍砸器，就是砍和砸用的。因此百越的越，是一种大型的石器。华夏族就把使用这种石器的人叫作越人。

但是为什么又叫作百越呢？有些人说就是有100个越人。错了。有一个人叫作吕不韦，他写过一本书。当然不是他写的，别人写的书，署的他的名，他是主编嘛。就好像我们现在，很多领导叫一些人来写了书，署了他的名一样的。吕不韦有钱，他就写了一部书叫作《吕氏春秋》，意思是我吕不韦写的历史。因为春秋就是历史的意思。我们在座的一定都对《智取威虎山》很熟悉，杨子荣有一句唱腔就是：甘洒热血写春秋。这个春秋是不是指历史？吕氏春秋就是吕不韦写的历史。他第一次在这书里边提到了"百越"两个字。实际上，越人有很多个分支。就好像我们打个不恰当的比方，汉族有这样的汉族，有那样的汉族，越人有这样的越人有那样的越人。比如说吴越、闽越、东越，这些都是越。这是吕不韦第一次在他的《吕氏春秋》里边写到的。

这些越人有一些文化特点，第一是崇拜蛇。苏州到现在是不是还有很多蛇王庙和崇拜蛇的地方？特别是在福建，那里的越人叫作闽越。那个"闽"是不是"门"字里边一条蛇？中国第一本字典叫作《说文解字》，《说文解字》怎么解释这个闽字呢？说：闽，蛇种，是蛇的后代，在海上。注意了，“海上”不是说这个闽越是在海上漂着的，在古文当中，海上就是指海边的意思。福建是不是在海边？你如果对这个字还不能一下子理解，可以想一下《论语》里边说：“子在川上曰：逝者如斯夫。”孔子在河边对着滚滚的江水说：人生啊，就像这滚滚的江水。但是有一些中学生不理解这个“川上曰”，以为孔子会使轻功，在水上漂着。越人为什么会崇拜蛇呢？《汉书·地理志》里说，因为越人生活的地方水很多，到处是江、河、湖。就以我们苏州、杭州、无锡这一带为例，湖多，河多，是不是？越人怕在水里边受到动物的伤害，于是就把会伤害自己的动物作为一种崇拜物，它就不来伤害你了，并且还把蛇的形象文在自己的身上，就是文身。《汉书·地理志》里就说：“以求不被害也。”就是希望，如果蛇来了，一看到这个人身上也文有蛇，就知道：他和我是一类的，我不咬他。

第二是崇拜谷神。各位可能没有在农村长期生活过。我在江浙一带做过一些调查，种水稻的时候，从开始种水稻到收水稻，都有一系列仪式，这和崇拜稻谷是有关系的。

以上两点非常突出。接下来，到底这个百越分布有多大呢？一般江苏、浙江的人只知道我们这儿是百越，但是不知道到底分布有多大。《汉书·地理志》是这样描述的：“自交趾至会稽，百越杂处，各有种姓。”我慢慢地解释。秦代设会稽郡，而会稽郡的首府就是我们苏州。看到这儿我终于明白了为什么苏州的文化那么发达，它从几千年前就开始受中原的治理。会稽郡是秦代设的，而且它的政治中心是吴县，就是我们的苏州。以这儿为起点，一直经过了福建、广东、广西，到越南。注意了，文中的交趾，交通的交，脚趾的趾。今天越南的首都河内就是交趾。那么大的一个空间里边都分布着百越人。当然这个是汉代地理学家的认识，不太准确，也不太全面。百越到底分布得有多广呢？事实上，到了越南之后，继续向西边，沿着今天的老挝、泰国、缅甸，一直到印度的阿萨姆邦，这样一个半月形的空间里边，都分布着一个历史悠久的族群，叫作百越。要记住的是，“自交趾至会稽”是历史学家的记载，而真实的历史是一直到印度，都有百越人分布。他们的基本特征，就是都崇拜蛇，都以水稻种植为主，于是所有吃的东西就都和水稻有关系了。以上就是我说的越人和百越到底是怎么回事情，分布在什么地方。

为什么今天苏州会没有越人呢？我刚才请在座的少数民族的举手，一个都不举手。但是我可以肯定地说，各位的血液里边基本都有百越的血统。为什么呢？因为从在座各位的人类学的特征来说，坐在这边的这位老先生就是属于比较魁梧的一位了，一般而言，越人都没有这么高大魁梧的。为什么？因为越人的体质的特征基本就是这样，不是特别高大魁梧，而且说话特别的软。当年有一首《越人歌》唱的是楚国的公子，用今天的话来说就是骨头都酥了，为什么呢？因为特别的柔美。这就是越人的发展。人经历了一个不断融合的过程，分布的空间经历了一个由大到小的过程。我下边就讲这个。

第一个要讲的是我们苏州、无锡、杭州这一带。我们这儿属于吴国，最出名的是吴王夫差，他最强大的时候把他南边的越国国王勾践都俘虏到自己的身边去了。越王是一个极有生存智慧的政治家，他被抓去了，但不是很沮丧，而是天天想着怎么样恢复他自己国君的位置。有一个事情可以说明他的这种智慧。有一次吴王夫差生病了，卧床不起好久了，他作为一个亡国之君也得去看望一下。一进去，夫差刚大完便。他走过去，用手把吴王夫差的大便拿了一点起来，放进自己的嘴里。古书对这一段描述得相当精彩，叫作：乍然有声，连声说：好，好。这个人吃了别人的大便，还说好？原来他懂点中医，中医讲究望闻问切，对不对？闻，我们现在的医生都带一个大口罩，怕闻见你的味道。古代的医生是要闻你的口腔的味道、大便的味道、小便的味道，是不是？特别是藏医，主要是看小便的颜色和泡沫，以及它的味道。勾践说好是什么意思？意思是：根据我这个吃大便的感觉，你快要好啦。果然夫差就好啦。夫差特别感动，说：你看呀，你们这些人都说很爱戴我，谁有勾践那么好呢？于是渐渐放松了对他的警惕，最后别人怎么劝都劝不住，他把勾践放回去了。勾践十年生聚，十年教训。这一段历史大家都熟得很，但是有一点你们可能忽略了，用现代政治学的观点来说，研究国家就是研究三个纬度，一是主权，一是空间，一是人口。他要壮大越国，人口是不是重要的？所以凡是生男孩子的，勾践都赏他们一只狗、一壶酒。当然了，酒肯定是我们的老酒！狗，就是整个百越最爱的一种肉食。这两年中国在炒作一件事情——广西玉林过狗肉节。那些环保主义者们就说：坚决反对。我说那些人是不懂文化，不知道历史，因为现在的广西就是当时百越人的一部分，食狗肉是他们几千年的文化传统。所以这就是为什么你生一个儿子勾践就要给你一壶酒、一条狗。这种文化传统一直延续到了南北朝的时候，魏书的《辽传》就记载了百越当时这样一个事情，很是极端：儿子和爹吵架，儿子如果忍不住打了爹，甚至是用刀把爹刺伤了，怎么办？只要儿子牵一条狗来拿给妈妈，妈妈就会原谅他了，因为这样家里面的人都可以吃狗肉了。所以要记住，食用狗肉是百越人几千年来的饮食习惯。我们苏州为什么现在不吃了呢？下边我会讲。因为吴国和越国都打了一番，双方都消耗了自己的社会财富和人力资源，因为战争都是要青壮年去搏杀，胜负是用生命去换的，结果就是人口减少了。而在它西边出来了另一个被华夏族看不起的民族政权——楚国，乘虚而入把越人灭了，控制了这些地方。当战国结束，所有这些地方的人，带着自己的民族文化融进了汉民族。这就是为什么汉民族的文化这样博大精深。因为汉民族的文化融合了不同的民族文化，在不断丰富、不断完善、不断发展。你看，是不是从这个时候开始起，百越的分布空间就开始缩小了？缩小到了福建。

到了汉武帝的时候，汉武帝往南边打，灭了闽越、东越、南越，设了闽中郡、南海郡、桂林郡、象郡、交趾郡、九真郡、日南郡等，一共设了九郡，这就把汉王朝的疆域一下子扩大到了今天越南的中部。如果当时这种格局延续到今天，那我们去越南的下龙湾就不需要去签证了，买一张飞机票就能去了。所以我们越人的空间，是不是又缩小了？特别是汉武帝迁移了50万汉人到这些地方来，又把这些地方的百越人向外迁徙了几十万，往长江处，江淮间，就是又迁徙了很多越人到长江和淮河之间。你看，一方面是汉人迁入，一方面是当地人迁走，是不是这些人在历史的发展之中，又成了汉民族的一部分了？百越的分布区又缩小了。等过了几代人，连越人的名称都没有了。注意了，就是到了唐代以后，越人的名称都没有了，变成了另外一个名字，这个不是偶然的。因为各位都知道，魏晋南北朝500年的时间，中原的历史学家，也就是汉民族的历史学家，没有来得及关注这些边疆的少数民族。500年一过，到了唐代，重新给这些百越族的后代起了一个名字，叫作佬族，百越族就变成佬族了。

而这个时期的苏州，已经是一个充满汉文化特色特征并且繁荣的地方了，已经和百越没有关系了。可是要记住，百越却成了这儿的汉民族了。要是那个时候有身份证的话，你们肯定也是汉族，因为已经经过1000多年了。现在请各位注意一下，在南边的那些百越人，变成了一个什么民族呢？这就要说到1840年以后。在座的受过教育的各位会认为，1840年以后对中国来说是一个受帝国主义侵略和压迫的时代，这是我们自己的观点，当我们站在世界的角度去看，是我们融入世界现代化的一个历史过程。因为世界的工业文明已经在全球展开了，可是我们还在认为我们是老大。英国人经过工业革命积累了巨大的社会财富，他们想要把东西卖出去，于是派了一个代表团到中国来找中国的皇帝。皇帝说哪里来的小孩们，赶快给我跪下。那些人说不对呀，我是代表大英的皇帝来的，怎么我要跪下呀？说不跪下不行，不跪下就出去。双方为跪和不跪争论了很多时间，但是到了最后清朝的皇帝说：我天朝哪一样稀缺，我一样都不要，你们走吧。最后这些人回到了英国，英国统治者采取了另外一个手法，用我们现代的话讲叫作先礼后兵——既然我跟你好好地谈你不干，那我就用兵来打吧。于是才有了鸦片战争。在此之后，现代国家就产生了，原来的百越人就被分到不同的国家，具体是这几个国家：在中国境内，在越南境内，在泰国境内，在老挝境内，在缅甸境内，在印度境内，总之百越人的后代就分布在六个国家。中国主要是分布在西南。泰国整个国家的主体民族都是百越的后裔，老挝整个国家的主体民族也是百越的后裔。我前天下午才给老挝国家旅游局的官员们去讲怎么样发展他们的旅游，在这中间，我就强调了一个问题。我说老挝发展旅游，一定要和中国有差别，因为你们和中国云南的傣族文化完全是一样的，你还要走这一条路就走不通。以上我说的是百越大致的历史。

现在我们来说下面一个问题：云南的民族文化。由于今天是讲百越，所以就要讲云南的百越。刚才那位老先生说刚去了云南回来。云南简称“滇”，因为战国时期有个湖，湖边有一个国叫滇国，故名。这个滇呢，是一个小国，它的人民就叫作滇人，滇人就是百越人的一部分。

从滇再往西边走还有一个滇越，再往西边走，走到缅甸和印度那一带，还有一个部分叫作“掸”，也有的叫作shàn。掸呢，也和傣有点相关了。这些都是现在傣族的祖先，是泰国所有泰族的祖先，是老挝所有佬族的祖先，这是汉代历史文献里面有记载的。我刚才讲了，今天的越南在唐代时还是中国的领土。越南开始作为一个国家是在宋代，公元968年，宋朝同意它独立，但是仍然作为中国的藩属国、藩邦，每年是要来上贡的，但允许它有自己的国家。唐朝那时候，既然越南是中国的一个部分，就要派官去那里做事，有一个人从长安到越南的安南都护府做官，就是今天越南的首都河内，那个时候叫交趾郡。他像大家一样喜欢旅游，一有空闲就在云南到处走，他在云南南部看到那些人有一些习惯。他看到一个有钱人用黄金打成薄片把自己的两个门牙包起来，就在他自己的日记里面写：金齿蛮。这儿的“蛮”是不是有民族的意思？钱少一点的人呢，就用银子打成薄片把两个门牙包起来，他又写：银齿蛮。更多的人呢，是把一种植物烧了之后，把它的烟雾拿来抹在牙齿上，牙齿变黑了，像油漆漆的，所以他又说：漆齿蛮。实际上，这个体现了一个族群中的不同的阶层。这些人同时还保留着百越人文身的习惯。文脸的呢，他就把“纹”字改成绣花的“绣”，叫他“绣面蛮”，在大腿上文身的叫作“绣脚蛮”，于是就有了金齿蛮、银齿蛮、漆齿蛮、绣面蛮、绣脚蛮等，这些人实际上都是一个民族，按照他们的生活习惯，来给他们取名字。

上述这个写日记的人叫作樊绰。他把他写的日记集结成中国最著名的研究南方民族史的一部著作，叫作《蛮书》。由于只写云南的蛮，所以这本书的名字又叫作《云南志》。今天是世界读书日，我们苏州图书馆肯定有这本书的，以后要去云南旅游，可以先到这儿来看看这本书，只有一万多个字。重点看第四卷。云南有哪些少数民族？唐朝的时候，云南的少数民族基本和今天没有太大的变化，这个金齿蛮、银齿蛮、漆齿蛮、绣面蛮、绣脚蛮就是傣族的祖先，到了元明清时期，他们又有了另外一个名字，叫作摆夷，摆夷的特点还是种水稻、文身，也崇拜蛇等，和百越没有多少变化。

人们那时对他们的认识都是很模糊的，一直到了抗战的时候，北大、清华、南开和浙大等都撤退到云南去了。清华、北大、南开这三所学校合并为西南联合大学，其中有一个教授，叫作姚荷生，接受了云南省政府的委托给他做一个课题，去研究云南的摆夷。这个老先生是一个教授，好玩贪玩，三个月才从昆明走到西双版纳，据他的日记记载，最短的一天只走了七公里，为什么呢？哪儿风光好、哪儿有好吃的就停下来，看看风景吃吃东西，他觉得和旅游差不多。这就是我们现在所追求的真正的深度旅游了。他三个月才走到西双版纳，到了那儿才发现了以前所有的人都没有发现的傣族的风俗习惯。于是他回到昆明以后，在西南联大返回各自的所在地之后，就把它写成了一本书，这本书我们苏州图书馆也一定有，叫作《水摆夷风土记》。因为西双版纳的傣族叫作水摆，故名。这里面非常详细地描述了很多傣族的文化。

最典型有两点，我觉得是大家没有听说过的。一个是人去世之后，要找墓地，不是随便找的，而是请一个专业占卜人拿一个生鸡蛋，从这里的背上让它滚下去，这个鸡蛋滚下去落在什么地方，砸破了，这个人就葬在那个地方。如果掉下去它不烂呢，就说明不该葬在这。这就是百越人最著名的蛋卜，是用鸡蛋来占卜。它从这个背上滚下去，砸不烂，说明神不让它葬在这儿，要是一出门就一滚，啪，烂掉了，就葬在这。哪怕就烂在家门口，咱们也葬在这。摆夷人平时很节约，但是一有空就要做新衣服摆子，到这个人去世的时候，这些新衣服通通都要拿去陪葬。这个和汉民族有点相似，汉民族也是厚葬。这个给姚荷生留下了很深的印象，因为汉族入葬要请先生看地看时间，很麻烦，人家这个很简单，拿鸡蛋一滚就决定了。

接下来姚荷生发现了第二个问题，摆夷有养蛊的人家。不知道苏州人知不知道蛊是什么，读过《左传》的人就知道了，蛊字是上边一个“虫”，下边一个器皿的“皿”。蛊惑人心，蛊为什么会惑人心呢？蛊是非常令人害怕的。《左传》第一次记载了蛊，它说把很多有毒的虫放到一个罐子里，埋在地下，最后谁活下来，那个虫就是蛊，可以听你的调遣，你让它干什么它就干什么，属于巫术当中的黑巫术，会攻击别人，会咬他的血管大动脉，把他的血吸光，他就死掉。所以蛊是不是会让人心乱？我们经常说你蛊惑人心，但是也不知道到底是什么意思。在傣族的寨子里面，如果知道哪一家有人养蛊，他们家的女儿就嫁不掉，儿子也就娶不到老婆，甚至要把整家人赶走，把他们的房子烧掉。到现在为止，在西双版纳的一些山上，还会看见有孤零零的几家人家，他们就是被人们认为家里有人养蛊而被赶出去的。这个寨子也有被赶的，那个也有被赶的，怎么办呢？他们就又集中到一起，因为他们需要社会，社会在字典里面的解释就是人和人的关系，他们需要人和人的关系。

姚荷生先生记载了他亲眼看见的一件事情。一个浙江的裁缝到云南去旅游，被西双版纳的山水和那儿的小姑娘给迷住了，就留在那儿，娶了一个傣族的女孩做老婆。那个时候景洪没有多少汉人，姚荷生先生自然就会找当地的汉人聊天，这个浙江裁缝也特别欢迎姚教授，经常和他一起聊天吃饭。有一天，浙江裁缝的傣族老婆推门进屋，突然像一块木板一样，“啪”的倒下了，不省人事。浙江裁缝的老岳父、老岳母说：不行了，她中蛊了！于是大家七手八脚把她抬到床上去，就说：蛊你出不出来，不出来我们要用被子把你捂死！于是用被子紧紧地按着，按半天还是没有反应。

当时整个西双版纳景洪，只有一家外国人开的医院，当地的傣族都特别害怕。打针注射，当地人也不知道是注射器，也不知道是药水，只知道是一个玻璃的东西，吸一些水进去，还要射进人的肉里面去。于是他们就说：蛊你还出不出来，你要是不出来，我们就用洋人的那个玻璃管戳你，还要把水都挤进去。刚说到这儿，那个女的一下子就站起来了，显然蛊还是怕注射器的。问她是怎么回事情，她说：不是呀！我出去买红糖，没想到碰见了一个汉族婆娘，讲价的时候吵了一阵，我就失去记忆了。说就是那个人放的蛊。说到这儿，大家一定想问我一个问题：到底有没有蛊？西南联大当时一个老师叫作凌陈生先生，如果在世的话已经100多岁了，他后来到台湾大学去做了终身教授，之后他又到美国去了，在美国去世的。他在西南研究了两年，问过一个90岁的老人，那个老人说他没见过，但听他爷爷说过。

我们云南有一个学者，叫作邓启耀，后来调到中山大学去了。他好不容易找到了一点放蛊的药，叫作布依族的爱情致幻药。据说一个小伙子如果喜欢上了一个小女孩，就给她吃这个药，小女孩吃了这个药后，会发疯一样的爱你。这个教授就找到了这个药，那天晚上，他太太就把药吃下去了，看完两集电视剧，一点反应都没有，最后我们把那个药拿去我们学校的实验室一化验，原来是车前草烧的灰。显然这是一种心理的暗示，用心理来征服你，所以蛊才会乱人心。

翻开《红楼梦》一看，也有蛊。王熙凤是不是一个特别不讨人喜欢的人？她太强势、太霸道，所以其他人就用蛊的方式整她。先是把药和在面里，做成一个像她一样的小面人，拿到油锅里面去炸，并且通过丫鬟把这个消息告诉王熙凤。王熙凤本来还欢天喜地的，但是一听到这个，突然就觉得这儿疼那儿疼，是不是她心理受到创伤了？等她再好一点，又放点药，做一个布娃娃埋在门槛下边，人们出踩一脚，进踩一脚，再通过丫鬟把这个消息告诉给她。她又开始说，哎呀，这儿疼那儿疼了。接下来

《红楼梦》的原文是这样写的：凤姐急了，拿着刀在府里见鸡杀鸡、见狗砍狗的。显然是她的心理被震慑了。

因此我的初步结论是，蛊是一种巫术，但是并不是一种实在的物体。假如是真的有的话，我们中国不需要军队了。假设说哪一个国家想要来打我们，我们每一个人养一个蛊，把蛊放出去，不需要打仗，敌人一分钟就被消灭掉了，多好呀。显然不可能。傣族到现在为止，仍然还有很多很多传统的习俗，但是制蛊的人被赶出去，到底是怎么一回事？为什么要这样做呢？根据对太平洋波利尼西亚岛上的一些民族的研究，发现了这样一个问题：被说有蛊的那一家人家，通常有特别出众的姑娘。为什么？在早期的社会，一个才貌双全的女人一定会引起有权势首领的争夺，从而造成社会的动荡，通过这样的方法，把她从这个社会驱逐出去，换来的是部族的平安、稳定。这个就是在云南与百越关系最大的傣族。此外还有壮族、布依族、水族，这三个民族我就不再展开讲了。

民族是靠什么东西来确定的？梁启超说了一句最经典的话，叫作“对他而自觉为我”，就是对于别人，认为我是什么。就好像我们是汉族，不太有感觉，但是对一个少数民族来说他就很重视他自己，他就觉得：我是少数民族，你是汉族。是不是？但是这只是一种形象的说法。中国共产党做了一件事情，叫作民族识别，依据的是斯大林的理论，叫作“民族要有自己的语言，要有自己的经济生活，要有自己生存的地域，要有自己的文化心理”，满足这四条就成一个民族了。以我们汉族来说，汉族有汉语，是以农业为本，分布在中国的大江大河的下游，最富庶的地区，我们以黄帝和炎帝作为自己的人文初祖，以孔子作为自己的文化象征，有自己的核心价值观。中国古代的核心价值观简单得很，两个字：忠孝——对国家要忠，在家里面要孝。孝还有一个前提，不能不讲原则。如果说你的长辈认为你的这个孝不需要，你要顺从他，因此孝不如顺，孝和顺要连接起来，为什么呢？爸爸妈妈不喜欢你的那个孝，你就说，好，不喜欢就不这样做，是不是顺更重要？让父母亲更高兴，让爷爷奶奶舒心。在忠和孝发生矛盾的时候，忠是第一的，这个忠是忠君，但是这个君是国家的象征，因此它就是爱国主义。你看多简单，这就是我们的汉族。很多少数民族也就是在这样的原则下，被一个一个地识别出来，第56个民族认定于1979年9月6日，国务院下了一个文件，认定云南省西双版纳的基洛族为中国第56个民族。

主讲者简介：

王文光，云南大学中国少数民族史专业教授，博士研究生导师。

我笔下的人物与《封面中国》的写作

李 辉

我们每个人，都是历史的一部分。1966年“文革”爆发时我十岁，1976年“文革”结束时我二十岁，这十年，是一个少年走向青年的全过程。我虽然没有成为“红卫兵”，却目睹“文革”全过程。1974年下乡，之后招工进工厂，1977年冬天参加高考，进入上海复旦大学中文系。

我有幸在进入大学之后，遇到了这样一个好的文学时代。我一直把自己说成是“有历史兴趣的写作者”。阅读传记作品和回忆录是我的最爱，我的书架上摆放最多的是传记与回忆录。读世界优秀的传记文学作品，总是受到不同启发。在史学家和传记作家那里，走进历史，描述命运，必然会与心灵感受交融在一起。

大学毕业之后，从事新闻工作长达三十四年，我一直热衷于采访文化老人，叙述他们命运，其动力正来源于对历史的热爱。从巴金、萧乾、刘尊棋、胡风集团群体、沈从文与丁玲、黄苗子与郁风、黄永玉等传记，到20世纪90年代“沧桑看云”人物系列，以及最近十二年所写的《封面中国——美国〈时代〉讲述的故事》，我越来越觉得，走进历史的最好方式，就是在不同人物的命运故事里，通过细节来触摸历史。这样的历史，不是教科书上的概念，它有体温，有错综复杂的人际关联，有命运之间的相互呼应。

20世纪80年代后期，对于我真正具有重要意义的、付出心血最大的，无疑是对“胡风反革命集团”群体人物的写作。早在复旦大学与贾先生交往的过程中，我就陆续认识了他的这些曾被描绘为“青面獠牙”的文人朋友，在我眼里，他们却是那么亲切、可爱。性格各异，文学成就不一，在被命运折磨面前的表现也互有差异。对中国知识分子而言，“胡风反革命集团”的无妄之灾，可谓“反右”、“文革”的先声。四年之后，编一本资料集的想法有了改变，转而创作了一部三十余万字的长篇历史纪实《文坛悲歌——胡风集团冤案始末》。中国大陆出版时为《文坛悲歌》，香港、台湾出版时分别改名为《历史悲歌》和《胡风集团冤案始末》。1995年，日本岩波书店翻译出版，分为上、下两册，沿用《胡风集团冤案始末》书名。

我有幸在20世纪80年代初开始采访文学界前辈，电影中一个个出场的人物，除了鲁迅、许广平、萧红无缘相见之外，几乎都曾采访过、见到过，从胡风、梅志、聂绀弩、萧军到端木蕻良、骆宾基、丁玲、白朗、罗烽、舒群……关系或疏或密，或深或浅。印象最深的是，在聂绀弩逝世之后的一次座谈会上，萧红生命中三位关系密切的人：萧军、端木蕻良、骆宾基，一起与会并相继发言。文坛前辈之间的情感纠结或者恩怨，在那个年代的氛围中，不是花边谈资。度过劫乱的人们，有太多新的面对，往事早已如烟，飘然而去。

1990年，我完成《恩怨沧桑——沈从文与丁玲》一书。最初只是校勘沈从文的《记丁玲女士》，后来转为追寻这两个作家的交往史。我试图借梳理六十年间他们由相识、相助、合作、友好到隔阂、淡漠、矛盾、反目的全过程，描述他们那一代知识分子的苦闷、彷徨、奋斗、抗争乃至寂寞、磨难，等等。至今我仍然喜欢这个作品，不仅仅在于它帮助我完成了年代替换，更在于它使我对传记写作形式的运用有了新的认识与体验。就叙述风格而言，受其直接影响的，就是随后“沧桑看云”系列文章的写作。

我喜欢“行到水穷处，坐看云起时”这句诗，这是一种个人与现实的生存状态，也是写作者与描写对象之间的历史呼应关系。基于此，我把《收获》栏目定名为“沧桑看云”。连续三年，我写了十八篇“沧桑看云”，我选择郭沫若、梁思成、老舍、邓拓、吴晗、聂绀弩、姚文元、赵树理、胡风、瞿秋白等文化人物作为叙述对象。

“沧桑看云”系列的写作，挑战是多方面的。一篇文章写一个人物，虽非完整的传记，却需要对其一生有较为系统与完整的把握，需要尽可能地择选出凸现其命运与性格的人生环节。资料运用与文学渲染，两者关系如何处理，人物命运与历史场景如何映衬，都必须细加处理。我只想以浓缩的方式，挖掘所写对象的性格与时代的关系，假如人物命运的描述中能够漫溢出诗意，当然更好。

1950年，时隔多年，黄永玉在北京与沈从文重逢，此次见面，直接影响黄永玉从香港来到北京。1949年5月，自杀被抢救的沈从文致信香港的黄永玉，来信发表于《大公报》。2009年，八十五岁的黄永玉，将一度中断写作的自传体长篇小说《无愁河的浪荡汉子》重新拾起，一边创作，一边在《收获》杂志连载。目前已连载七年，达一百多万字。《无愁河的浪荡汉子》的第一部《朱雀城》三卷本，已由人民文学出版社出版，获得众多奖项。2016年1月第二部《八年》上册出版，10月，《八年》中册出版。

1988年沈从文去世，骨灰送回故乡，安葬在凤凰城郊一处幽静山谷。沈从文墓地的一块石碑上，镌刻着黄永玉题写的一句话："一个士兵，要不战死沙场，便是回到故乡。"沈从文翻阅过的人生大书，从此合上。他永远融进故乡太阳下的风景。年过九旬的黄永玉，还在翻阅他的人生大书，一部正在写作中的《无愁河的浪荡汉子》，延续着故乡情怀。他不止一次说过，这部小说，如果沈从文能看到，一定很喜欢，也一定会在上面改来改去。如今，坐在书桌前的黄永玉，仿佛仍能感受到沈从文的关切目光，一直连载着的这部长篇小说中，仍能听到熟悉的声音，看到熟悉的身影在闪动。一部大书，在延续，我们还将继续翻阅。

《封面中国》的故事的讲述，应该从亨利·R·鲁斯（Henry R.Luce）开始。不只是因为1923年他在纽约创办了《时代》周刊，创建了一个世界性的媒体帝国，更因为，作为一个美国传教士的后代，从1898年3月到1912年秋天，他在中国出生，在中国长大，中国一直是剪不断、理还乱的情感纽带，是他的梦想中的重要场景。他以他的方式，延续着父辈与中国的特殊关联，延续着父辈有关宗教、教育的梦想。正是有着这样的个人渊源和历史背景，《时代》与中国的故事才由他开始，也在他身后延续。1967年2月28日，鲁斯因病去世。3月10日出版的《时代》杂志上，这位"《时代》之父"第一次、也是最后一次成为封面人物。

鲁斯的父亲中文名字叫路思义（Henry Winters Luce，1868—1941），他与司徒雷登同期决定前往中国。1897年9月，在新婚三个月后，路思义夫妇乘船离开美国，经日本抵达上海，再转至芝罘，上岸后乘坐轿子，前往登州。在登州，路思义成了山东长老会传教团的一员，在一个遥远而陌生的土地上，他们开始新的生活。几个月后，1898年4月3日鲁斯在登州出生。由此，《鲁斯和他的帝国》的作者特意这样提到：父母在美国怀上了鲁斯。

位于山东蓬莱市北街的长老会教堂，即是鲁斯父母当时服务的教堂。这座教堂如今已被拆除，蓬莱城里唯一保存的是基督教圣公会的教堂。这座已有一百多年历史的教堂，历尽沧桑，几经修缮，仍保留着旧时模样，简洁而朴实。教堂伫立河边，与明代名将戚继光的故居相邻。基督教堂高耸的钟楼，墙壁上醒目的十字架，映衬着数百年古庭院的雕梁画栋和牌坊，一中一西，历史对话俨然已是百年。

从鲁斯三岁时在中国拍摄的一张照片上可以看出，三岁的鲁斯踌躇满志，镇定自若而孤傲，桀骜不驯地凝望前方。这种神情与幼小的年龄颇不相称。然而，后来了解他的人不难发现，这恰恰是他个性的形象呈现。三岁时，鲁斯已经听得懂中文，可以到教堂里参加中国教民的弥撒；五岁时，他可以向邻居的小伙伴即兴发表自己的布道……

鲁斯在1912年秋天离开中国，这一年他十四岁。从出生到离开，鲁斯亲历了中国两次重大的历史事件，或者说转折：一是1900年的义和团运动，一是1911年的辛亥革命。这些经历都是他早年生活的重要记忆，并成为他密切关注中国局势甚至一度深入介入中国事务的历史背景。

创办一个全新的刊物，是1922年两个刚从耶鲁大学毕业的年轻学生的共同理想。他们一个是鲁斯，另一个是哈顿（Briton Hadden）。两人结伴来到纽约，在东十七街的一幢破旧楼房里租下一间公寓，开始了他们的创业。不幸的是，哈顿因病于1929年去世，此后由鲁斯一个人掌管《时代》，直到1964年退休。第二年，鲁斯去世。

经过一番调查和咨询，鲁斯和哈顿了解到，至今“没有一个出版物本身在时间上适合于那些忙碌的人简便地获得信息”。他们的新杂志应将新闻浓缩，然后有系统地重新组织起来，快捷地将信息向人们传播。他们由此确定了办刊宗旨，并在策划书中写道：“人们不了解新闻，乃是因为没有合适的出版物提供给那些繁忙的人们，供他们能抽空略有了解。”

可见，在这里，两个创办者主要是从如何节约读者的时间这一角度来考虑刊物的编辑方针。最终选定“TIME”这个名称，也是鲁斯一个晚上坐地铁时匆匆浏览广告而产生的灵感。鲁斯自己回忆说：“我眼睛忽然发亮，盯住一个广告的标题：TIME FOR RETIRE，or TIME TO CHANGE（要么落伍，要么改变，正当此时也）。我记住了出现在我眼前的‘TIME’这个词。一整夜我都没有忘记。第二天早上，我向哈顿建议用它作为刊物的名称，他立即赞同。”

《时代》创刊带来的全新意义在于鲁斯他们聪明地抓住了节约读者时间这一关键。对于美国这个讲究高效率的紧张的社会来说，刊物的风格、形式及其报道的独特性姑且不论，仅节约读者的时间这一点就具有巨大的市场潜力。TIME这个名称，就历史性地确定了。经过一年多的准备，TIME的第一期在1923年3月3日问世。

TIME创刊号的问世虽没有立即引起轰动，但也受到媒体的关注。《纽约先驱论坛报》在第七页不起眼的地方发表了两段文字报道，报道评论说，TIME的目的“是以尽可能短的篇幅集中一周的新闻”。它用二十八个页码报道世界事件，六个页码刊登赠送的广告。尽管此时重大新闻迭出，如美国人关于禁酒令的争论、法国对鲁尔的占领、德国的抗议、联大的混乱、俄国的大饥荒等，TIME对这些所有新闻的报道只需半个小时就可以轻易看完。当然，它不是针对那些真正想了解新闻的人。它是提供给那些乐意花上半个小时阅读而使自己不至于一无所知的人阅读的。（《谁在〈时代〉封面上？》）

由此可见，从筹办时的考虑，到刊物方针的确定，再到名称的选择和舆论的最初评价，TIME都是指“时间”而非“时代”。当然，随着时间的流逝，“时代”的译法也不失一个恰当的选择。时代不正是由一个个时间的碎片构成吗？在漫长的历史演进中，从受众和历史信息承载量的角度来看，不同的时代在TIME上得到了呈现。这样，约定俗成的刊物译名自然而然也就具有了新的内涵。

《时代》问世伊始，它的有创新意义的封面设计也带给读者一种新鲜感，这就是沿袭至今的封面人物。决定每期以人物为封面，是经过了一番市场论证的。鲁斯和哈顿就创刊号的封面设计咨询了广告代理商朋友们的意见，咨询之后，他们决定在封面上选用近期新闻中的知名人物的肖像——从此，这成了《时代》的传统。

五年之后，1928年，《时代》首次出现了封面年度人物，把封面人物的传统进一步发展。不过这一新的做法完全出于偶然。1928年《时代》出现的第一个年度人物——林德伯格。

在选择1928年1月2日的《时代》封面人物时，鲁斯和编辑们踌躇难定。在他们看来，1927年的年底和1928年的新年，没有太大的新闻值得关注。于是，他们选用了几个月前已经成为封面人物的林德伯格。八个月前，他成功地独自驾机飞越大西洋，成为世界第一人。把他选为1927年的最重要、最具影响的人物，显然非常合适。

《时代》七十年封面人物纪念册，启发我开始写作《封面中国》系列。《时代》70年里的几千个封面悉数汇集，为历史好奇者提供了最好线索。将近80年时间里，陆续成为封面人物的中国人有：吴佩孚、蒋介石、冯玉祥、阎锡山、汪精卫、溥仪、宋美龄、宋子文、陈立夫、陈诚、吴国桢、毛泽东、周恩来、罗瑞卿、刘少奇、李富春、达赖喇嘛、陈毅、林彪、江青、邓小平等。一位专门研究《时代》封面人物的学者列努斯（Donald J. Lehnus）有句话说得很好：“那些经常出现在《时代》封面上的人物，必将被收入历史课本。”当我排列上面那些中国人物的姓名时，脑海里浮现的正是风云变幻、场面恢宏的20世纪中国的历史画卷。

2004年我终于决定啃这块难啃的硬骨头。在旅居美国的友人帮助下，我开始搜集封面为中国人物、中国事件的《时代》杂志，以及相关著作和资料。这是一个美国刊物与中国20世纪历史之间的故事，但在更大程度上，它也是中国历史自身的故事，如何被外面的世界关注和描述的故事，别人的描述如何补充着历史细节的故事。封面人物什么时候出现？为什么选择了他？他又是如何被描述？在我看来，有哪些重要遗漏？这些，都将是解读与叙述过程中应有的话题。翻阅它们，就是翻阅历史，就是浏览丰富多彩的世纪人物画廊。不同年代出现的不同人物，将之串联起来予以解读和叙述，我想会是一部别致的20世纪中国史。

我的这一写作构想，又一次得到《收获》杂志的鼓励与支持。我采取以翻译并摘录《时代》报道原文，与当事人回忆录、相关史书的叙述相映照的方式，来描述历史人物的命运和历史事件的演变过程。同时，作为一种个人化的历史研究，我努力将实地寻访、现实思考等内容放进去，使其尽可能成为往事与现实、史料与情感相交融的历史叙述。2004年开始写作，2015年结束，前后长达十年，终于完成了以编年体的方式叙述1923—1978年的中国历史。

《封面中国》是人物串联起来的历史，需要尽量减少主观色彩，但文学性同样不可缺少。《封面中国》虽更接近于历史，但有文学的架构在其中。我更希望追求一种从容不迫的叙述风格。写作者必须面对历史。我特别喜欢中国的这副对联："文章真处性情在，谈笑深时风雨来。"走进历史，描述命运，其实就是这样一种状态。2007年在大连文化节上，《封面中国》被评选为当年"十大好书"。同年，获得"华语文学传媒大奖"。

主讲者简介：

李辉，《人民日报》文艺部编辑。

先锋讲坛系列

现代化的历史进程

刘金源

各位先生女士，你们好，非常荣幸来到苏州图书馆给大家做讲座。我是南京大学历史系的教授，主要的研究领域是世界各国现代化的历史经验和教训。今天我就结合自己的研究领域，把各国现代化的进程，以及我们中国在其他国家现代化进程中能得到的一些启示做一些说明。

我们首先来思考一个问题：今天的中国社会是不是现代化的社会？一方面，南京、上海、苏州等这些发达的城市和伦敦、纽约的差距已经不是那么大了，东南沿海的发达城市已经达到了西方发达国家现代化的程度。但是另外一个方面，我们也见到，中国的西部地区如甘肃、青海、西藏等地区还是很落后。所以说我国是一个现代化的国家，主要是以我国东部地区江浙沪为标准的，如果说是中国是一个很落后的社会，那么中西部地区确实贫困落后。今天中国的社会形态反映出我国在现代化进程中处在两极分化状态，东部和中西部存在巨大的差距。

我们首先讲一下现代化的导论。今天世界上讲的两个潮流，一个是经济的全球化，简单地说，就是在遥远的地方，如美国、英国、法国其他国家发生的事情，对我国有影响，我国发生的事情对其他国家也有影响。第二股潮流就是现代化，现代化对于中国是一个最迫切的目标。1949年中华人民共和国建立，在1954年周恩来总理做的《政府工作报告》中提出建设四个现代化，即工业、农业、国防和科学技术现代化，但是实际上，我们到1978年改革开放以前，除了苏联偶尔的援助之外，国家执行的一直是自力更生式的现代化。以这种方式搞现代化，有目共睹出了很多的问题。从1949年到1958年，我们把建设的中心放在了经济上，但是在1958年以后，经过“三反”、“五反”、反右、“大跃进”、三年困难时期，然后是“文革”，国家经历持续的政治动荡，真正的现代化是在1978年改革开放以后，邓小平提出以改革和开放来推动国家的现代化进程。所以今天我们中国取得这么大的成就，可以说是与1978年以后推行的以改革开放为方针的现代化战略联系在一起的。

第一个小问题，为什么要谈现代化？现代化不仅是今天中国人关心的，而且几乎是所有国家都关心的一个潮流。因为从人类历史发展的经验来看，现代化潮流是人类历史的必经阶段。我们从长远来说，人类历史的发展，从原始人打鱼狩猎维持生存，到原始社会末期从渔猎文明过渡到了农耕文明，人类开始定居下来，这是人类文明的第一次转换；第二次转换是农业文明向工业文明的转换，最先在英国开始。从西方已经完成现代化的国家来看，所有国家都会经历这样一个过程。所以一个国家不管因为什么契机，必然会经历现代化的潮流，只有时间早晚的不同。

第二个方面，改革开放近四十年，我们也感受到了现代化与每个人的生活密切相关。对于发展中国家来说，首先要解决的是人民的基本生存问题，在我国是温饱问题。在20世纪50年代我国提出的现代化目标的时候，制定了在2000年的时候消灭贫困实现温饱的目标，人均收入在800美元。当时看起来这个目标是很难达到的，但是到了80年代这个目标就实现了，特别是长江沿线的江浙沪地区已经完成了这个目标。四十年前的中国人谁也没有想到，今天的中国经济总量已经成了世界第二，而且预计在20年后会超过美国，成为世界第一。

为什么会取得这样大的成就呢？这就和我们要讲的第三个方面有关。现代化使得我们的经济总量急剧地上升，大国崛起，和平发展。在邓小平担任领导人的时候，提出了韬光养晦的政策。经过三十多年的发展后，到了21世纪，中国在地区性事务、国际事务上的发言权逐步上升，中国的国际地位在提升。中国要实现中华民族的复兴、国家的崛起，首先要自己强大起来，手段是什么呢？就是现代化。

我们经常会接触到一些关于现代化的概念问题。什么是现代化？每个人的认识是不同的。我国在“大跃进”的时候，制订了在多少年之后超越英国和美国的目标。超越就会有一个标准，首先是一个时间的标准，超越的是20世纪50年代的英美，还是2000年的英美？现代的标准是在不断地发展变化的，每一个时代都有一个时代的标准。我们讲现代化的时候是作为一个历史发展来理解的。如果大家关心历史学发展的话，就会知道，在一些教科书里会经常提到“现代化”与“近代化”，我们要对这两个词做一些解释。中国从1840年到1949年被认为是近代史时期，1949年到现在，被认为是现代史。所以有人说，1840到1949年这一百年间是近代化过程，现代化是1949年以后，但实际上从词源学上说无论是现代化还是近代化，它都是“modernization”，只是学者把它作为一个混合词来用，在很大程度上，这两个词是同一个词，是可以通用的。从宏观历史的角度来把现代化做一个界定，西方的现代化进行了一个漫长的时段。我们在界定现代化的时候提出这样一个观点，现代化是人类文明的一次转换，它指的是人类社会由传统农业文明向现代工业文明的转变，是包含政治、经济、社会等在内的整体社会变动。经济生产力的提升仅仅是现代化的一个方面，还包括在政治层面的民主化、理性化、社会层面的城市化、教育的现代化等，人观念的现代化也是重要的内涵。

对于现代化我们一般从以下几个方面解读。第一，就是人们最为关心的经济方面。工业化是现代化最基本的内涵，现代世界上几乎所有的国家都在工业化，只有一些少数的特例，比如梵蒂冈，还有法国南部的一个小国家摩纳哥，是以旅游为特色的国家。第二方面是政治方面的民主化，就是我们常说的自由和民主。自由“liberty”，即西方强调人生而就有各种权利，比如生存权、财产权、言论自由、结社自由等权利。民主化指的是政府的构架和组成。最早的一个政府的理论是“契约论”，在原始社会为了争夺生存权，彼此之间经常打仗，互相伤害，人们于是想到了通过选举制度，选出一些代表组成政府机构，组建成一个相对民主的政府，但是国家和政府在出现的时候往往不是民主的，而是个人专制，表现最明显的就是古代的封建君主专制，或者是寡头政治；在政府成立以后，一开始权力是不会放在老百姓的手里，而是会集中在某一个社会阶层如精英阶层来控制这个国家的政权；到了第三步以后就是大众民主政治，虽然不是每一个人都能当政，但是每一个人的意愿都能通过手中的选票和其他渠道表达出来，从而对政府进行制约。第三个方面就是城市化，现在东部地区的城市化已经很明显了，农村人口在向城市转移。第四是宗教信仰的世俗化。在欧洲早期都信仰上帝，现在欧洲人虽然还是具有信仰，但是对于日常的生活工作不会产生太大的影响。在近代时期，西方国家的政治和宗教是联系在一起的，但是现代化以后宗教和政治分离了。第五是理性化，人们的生活方式更趋向于理性，而不是依靠人脉、人情这样的关系网。其他的还有社会保障制度化，就是政府利用公共开支来实现“劫富济贫”的目的，富人多缴税，政府拿来保障社会下层的基本生活水平。这些都是现代化要求实现的目标。

第三个，现代化是“好”还是“坏”？这是关于现代化的价值判断问题。现代化作为人类历史发展的潮流，发展到今天，人们对它的认识是不一样的。有人说好，我们从20世纪70年代的吃不饱穿不暖，到今天生活得很好，我们应该感谢国家推行的现代化战略，改善了我们的生活水平和质量，用上现代的高科技产品，这些都要归结于现代化好的一方面。但在另一方面，也有人会抱怨，社会的不公平，收入的差距加大，为什么国家这么有钱，我们却感觉不到呢？有人虽然比起以前收入有大大的提高，但是跟富翁一比还是觉得大大的不足。社会的两极分化引起人们不满情绪。

我们关注的还有腐败问题。在1978年前虽然也有腐败，比如中华人民共和国第一大案——刘青山、张子善贪污案，他们贪污的数额放到今天来看根本就不值得一提。今天腐败已经层出不穷，说明现代化和腐败是有关联的。一个国家在前现代社会，虽然也有腐败，但是不那么张扬。原因大家也能理解，在大家都吃不饱的时候，你把东西拿走，有人就会饿死，而今天温饱已经不成问题，剩下财富很多，所以贪污已经不那么关乎生死了。腐败问题也是现代化进程中的一个产物，为什么呢？在现代化进程中，政府权力的扩张是腐败产生的温床。有人会问西方国家有没有腐败，我说也是有的。在第一批工业化的国家中，如英国、美国、法国等国，是自由化的工业化，由企业家主导，但是到了1945年后开始，工业化的国家都是政府主导的现代化，政府拥有经济的决策权，控制着资源的分配、税收的减免，贷款、权力和经济紧密相连。政府主导型的现代化必然导致腐败的产生，我们中国不是最严重的，韩国是最严重的，比如韩国的几任总统，如全斗焕、卢泰愚就是在韩国高速发展的时刻建立起自己的商业帝国，后来这两位总统都被判了无期徒刑。所以这不是中国特有的现象，几乎所有的现代化国家都要强化政府的权威，如果权力监控不好，就容易产生腐败，但是这个问题是可以解决的。

然后是我们都关心的环境污染问题。雾霾从前几年就已经开始了，原因有很多，有人说是环境污染、汽车尾气、烧烤、厨房炒菜，等等，莫衷一是，但是我们要知道中东部地区的雾霾比较严重，西部地区没有雾霾，所以从这个表象也可以知道，雾霾和一个地区的工业化联系在一起。工业化的过程中出现环境污染的加剧也是一种必然的现象，不能全责备政府。我们把时间往前推50到80年，英国、美国、日本也出现过非常严重的雾霾事件。尤其是工业化的鼻祖城市——伦敦，在1952年初，有一个星期的时间白天和黑夜是不分的，所有的汽车无法行驶，救护车需要有交警在前方打着探照灯开路，在一个星期之内死了30多人，一个月死了2000多人。是什么原因呢？因为伦敦是工业化的中心，当时的伦敦人以煤炭取暖，工业化的污染、取暖的废气、汽车的尾气以及气候等综合原因，造成了这次严重的雾霾事件。英国从20世纪50年代开始重视环境问题，70年代开始治理污染，到了80年代治理告一段落。中国现在同样重视环境污染问题，但这并不是两三年可以见效的，预计要花20年到30年的时间把污染问题控制住。不要指望政府一下子把所有的高污染企业关闭，因为这些企业也在创造财富和就业，所以治理污染是一个循序渐进的过程。

然后再讲一下发展中国家对现代化的预期与现实。今天是一个开放的世界，发展中国家见识到了西方欧美国家的发达和富裕、政治上的民主和自由，这对发展中国家的政府造成了压力。我们知道现代化涵盖了很多的层面，包括政治、经济、社会等各个方面，像一个人一样要同时把每一件事都做好是不可能的，现代化也是这样，它有一个阶段性。对于任何一个政府来说，在某一个特定的阶段，它只能关注现代化的某一个层面。具体来说，发展经济，就做不了政治民主化，在做政治民主化的时候就发展不了经济，西方国家也是这样。英国1760—1840年工业化，那时候英国就不是民主政治，普通人根本就没有选举权和被选举权，权力集中在土地贵族手里，一直到1832年改革以后，资产阶级才有了选举权，一直到1928年以后成年的男子和妇女才有了选举权，所以说英国成为一个民主的国家是在1928年。美国成为一个民主国家是什么时候呢？有人说是1787年美国颁布宪法以后就是一个民主国家，那是不懂美国历史。在美国建国以后，还有黑奴，美国一直到1960年后，马丁路德金发起了一系列的黑人民权运动，才使得美国的有色人种和黑人拥有了政治选举权，所以美国的民主更晚，是在20世纪60年代才确立的。所以说西方国家不是一诞生就是民主国家的。所以发展中国家在发展经济现代化的时候，人们对民主和自由的预期过高，而往往忽视了西方也是经历了一个漫长的时期才建立起民主制度的。

接下来我们再谈一下现代化的失误或挫折。我们今天的中国正处于现代化的高潮之中，出现了很多的问题。中国的改革开放已经进行了三四十年，现在面临的是中国的现代化的道路要不要暂停一下来处理这些问题。哪些问题呢？贪污腐败、两极分化、环境污染、犯罪问题的蔓延等问题。这些是中国特有的吗？我们知道其他经历现代化的国家也同样出现过类似的问题，可能程度有所不同。不要一出现这些问题，就指责我们的政府。比如英国环境污染问题最严重的时候是在19世纪的中叶，工业化最高潮的时期，泰晤士河就是个臭水沟，议员在泰晤士河边的议会大厦开会，觉得气味臭不可闻，有的议员建议议会迁址，有的议员不同意，找来了化学家，在窗户上钉上了厚厚的毛毯，洒上消毒水，才把气味消掉。1887年的时候有一艘游轮在泰晤士河上沉没，死了78人，有人是溺水而亡，有人则是因为喝了河里排放的工业污水。中国在工业化的过程中出现的问题并不是个例，具有一定的必然性。

还有社会的两极分化、贫富差距也是这样，经济高速发展，财富急剧增长，往往不可能平均分配，财富被少数人占有。19世纪英国的一任首相迪斯累利曾说过，有人穷，有人富，简直可以看成是两个不同的民族，他们之间的鸿沟是难以逾越的。这也说明，今天发展中国家面临的问题有一定的必然性、普遍性，不能单一地归结为政府的不作为。解决这些问题是需要一个过程，需要社会的每一个成员有一定耐心和包容心。

接下来我们讲现代化历史的演进。一般都会认为现代化是从英国1760年的工业革命开始的，现代的一些历史学者则认为，现代化作为历史潮流的现代化并非工业化社会的产物，而是可以追溯到15到16世纪之交的地理大发现时代，殖民探险被认为是西方文明孕育的起始。东西方不同的权力结构及社会状况，决定了现代化首先发端于西欧，并逐步向外扩散。现代化通过阶段性推进，20世纪后半叶已席卷全球，尽管当今西方发达国家已进入到后现代，但绝大多数发展中国家依然在现代化道路上前行。

现代化的第一阶段是现代化的酝酿阶段。我们中国人说起过去的时候总是觉得很自豪，在1760年之前世界最强大的国家是谁？就是中华帝国。而当时的欧洲还是处在四分五裂的状态。但是反过来，农业文明越强大也意味着其瓦解也越困难，工业文明的建立面临着越多的挫折。在西方社会农业文明很弱小，而工商业却有着一定的发展。虽然中国很早就有工商业，但为何工商业的发展没有产生工业革命呢？因为中国的工商业是从属于封建农业，在东方社会中，人们有一种传统——重农抑商，商人发财后会购置土地，成为地主，影响其行为的是社会的意识形态，即当时社会对商人的轻视。同时商业不独立，依附于农本经济。明清时江南的苏浙地区，经济发达，但是政治地位却不高，首都在北方，财富都会向北方的首都输送。欧洲在早期的时候工商业发展不如中国，但工商业是完全独立的，当时的城市不属于封建君主的管辖，城市在领主或是君主手里获取了自治权，有自己独立的市政机构，和农本经济没有关联。在当时的欧洲，农业发展是一棵大树，另外一方面工商业是一棵小苗，两者不无关联。这是在工商业方面的原因。第二个是社会结构，西方很少出现像中国这样的高度中央集权，东方的中央集权就像一个大屋顶，屋顶下所有的人都要听命于屋顶上的皇帝。普天之下莫非王土，率土之滨莫非王臣。西方是等级君主制，君主有分工，比如说打了胜仗分封领主，将土地和农奴都赐给领主，君主和领主有相关的约定，比如以后君主要出征打仗，或是太子即位、公主出嫁，领主要出兵或出钱，另外君主不能随便剥夺领主的土地和自由。所以这种制度是一种权利和义务的结合。我们看见在西方历史上有土地贵族和君主在打仗，这在东方社会是不多见的，西方对权力的限制在很早就开始了。在800多年前，1215年英国的国王和贵族就签订了一个条约——《大宪章》，这被认为是世界民主的渊源。一共有61条，规定了君主和臣民之间的权利和义务，如果君主违反了这个宪章，臣民有反抗的权力。有时候，西方的君主是很可怜的，他要用钱，还要贵族开会讨论。

我们再看一下人的解放。在现代化之前，西方是农奴制的社会，当时对人的束缚有几个方面，第一是土地，农奴是和土地联系在一起的。第二是基督教会，它宣扬人生来都是有罪的，但是忏悔和祷告可以获得赎罪进入天堂，教会大肆贩卖赎罪券以及鼓励教民在教堂里塑造金像，教会对人们的思想束缚很厉害。到了14世纪后亚洲的鼠疫传至欧洲，欧洲人口丧失将近四分之一，造成了大量的土地剩余，农奴要求更多的权力而成了佃农，造成了农奴制的解体。还有文艺复兴的影响，它针对的也是中世纪时期宗教对人的束缚。基督教宣扬的是宿命论，而文艺复兴宣扬命运掌握在自己手里，强调人性的解放，展示人体的美感，从神回归到人。另外一个是宗教改革，并不是让人不信教，而是说教会非常腐败，每一个人可以自己读圣经，可以自己直接和上帝沟通，不必听教会的解释。宗教改革后的新教强调个人的作用。西方建立了很多新教国家。

接下来我们再讲地理大发现。比较遗憾的是，郑和下西洋虽然比西方早了几十年，而且他的宝船可以乘坐上千人，可见中国当时的造船技术是多么发达，但是中西方航海的目的是不一样的，中国是宣扬天朝上国的国威，把中国的瓷器、丝绸、茶叶等送给那些小国家，没有任何的掠夺，而1510年西方的地理大发现主要目的和中国贸易。以前西方国家是通过陆路的通道，经过中东、土耳其地区，后来1453年君士坦丁堡陷落以后，欧洲人不得不绕道非洲南部的好望角，到达东方的印度和中国，或者根据地球是圆形的原理，一直往西行，也可以到达东方。第一个伟大的人物就是哥伦布，他是意大利的热那亚人，受雇于西班牙。很多大航海家都是意大利人，但是因为当时的意大利处于四分五裂的状态，没有能力做殖民探险，而西班牙和葡萄牙已经是君主专制国家。他们开辟了新的航线。哥伦布到达了美洲，他们认为自己到达了印度，所以现在把他们到达的地方命名为西印度群岛。达伽马绕过了美洲的好望角，到达了今天的印度。葡萄牙的麦哲伦沿着哥伦布的足迹，越过美洲进入太平洋，到达了菲律宾，麦哲伦卷入了当地的部族冲突被杀死。英国的德雷克进行了第二次全球航行。西方的殖民探险目标是明显的，就是商业扩张和掠夺东方的财富，建立与东方的关联。

我们知道，最先开始地理大发现的国家不是英国，而是葡萄牙和西班牙。哪个国家走在最前面是看哪个国家最早建立了强大的中央集权。在中世纪，欧洲是四分五裂的，唯有西班牙和葡萄牙才建立了强大的专制王权国家，其原因是为了应付阿拉伯人的入侵，贵族联合起来拥护国王与阿拉伯人作战，战争胜利后国王的权力加强了，所以他们建立了统一的民族国家，统一的民族国家的建立是国家强大的基础。然后英国和法国也建立了中央集权国家。所以哪个国家将国内的叛乱贵族势力控制住，将权力掌握在君主手里，哪个国家就容易在发展的机遇上走在其他国家的前列。

我们再讲现代化的启动。现代化的启动有几个前提，首先是国家的内部统一，如果一个国家处于战乱状态，是没有办法现代化的，这是第一个基本条件。第二个前提是民族的独立自主，一个国家是一个独立自主的国家，而不是像印度、马来西亚、新加坡等国家以前是英国的殖民地，他们现代化会受到英国的控制，马来西亚被称为是橡胶之国，加纳是可可之国，这些国家只能出口原料，而不能发展工业。只有完全独立自主的民族国家才能现代化。第三个是专制王权被克服，专制王权的作用是首先建立一个独立自主的国家。像我国历史上的春秋五霸、战国七雄，战乱不断，经济的发展受到限制，秦始皇扫除六国，统一中国，就是一个伟大的君主，尽管后人说他如何残暴，但他统一了中国，历史功绩还是主要的。中国在公元前221年建立统一的专制集权国家。但是集权国家建立以后，并不是说专制永远是好的，很快专制就不符合历史的潮流了。中国建立专制集权的国家比欧洲的任何国家都早，但是克服专制王权一直要到1911年的辛亥革命，直到1912年中华民国的建立，这中间经历了2000多年的历史。英国是1485年建立专制王权，1689年即两百年后专制王权就被推翻了。所以率先克服专制王权的国家就获得了发展先机。专制王权有两个好处，一个是国家统一，没有反叛势力，再一个是国家独立了，不受到外来势力的控制；专制国家不好的地方是，它是一个王室，一个宫廷，很多的时候这个王室和宫廷为了自己的利益而不顾及民族和国家的利益。像近代的英国和法国，王室为了自己的利益把特许专卖权卖给了商人，这就造成了垄断，垄断导致价格增长，人民受苦。还有，专制王权统治久了以后，王室处理国家事务越来越独断，不再听取贵族的意见和建议，因此克服专制王权就被提上了议事日程。那么怎么克服？拿英国来举例，就是1640年的英国革命，一般书上称之为资产阶级革命，我们把它称为英国清教革命，因为当时英国分为国王派和议会派，国王认为自己大于议会，议会则认为自己制定法律，国王要服从议会的立法。支持国王的是相对保守的英国国教派，支持议会的是清教派，后来两派进行了战争。两派之间经历多次斗争妥协，最终国王和贵族签订了一个协定，就是《权利法案》。《权利法案》实际上是1200年《大宪章》的延伸，规定国王不管做什么事情要经过议会的批准，国王要增税、战争等，不经过议会批准是不能实行的，国王也不能任意抓捕臣民，议会拥有最大的权力，国王的权力因此受到了限制。英国在1689年建立君主立宪制国家，到今天依然还是，不过现在国王和贵族的权力都已经很小，近乎没有了。英国是经国王和议会两者之间的妥协建立起来的民主国家，而美国是通过独立战争建立起来的。原先美国是英国的殖民地，后来随着美国人的民族意识增强，和英国进行了战争，最后建立了独立自主的国家。美国在建国的时候受到了潘恩共和主义的影响，它反对英国国王的暴政，建立了总统制三权分立的共和国。

法国的情况比较麻烦。法国于1789年发生革命，推翻专制君主，比英国整整迟了一百年，这也是法国在近代殖民争霸中失败的一个重要原因。法国的革命也是经过反复，先是国王被推上了断头台，接着国王又回来统治，然后又是拿破仑统治。法国经过了革命、复辟、再革命、再复辟，走马灯似的反复多次，一直到1875年才最终废除了君主制，建立了共和国，折腾了100年。本来法国的底蕴比英国厚，就是因为内部的动乱，导致了英法殖民争霸。法国最终落败，英国这么小的一个国家成为世界霸主。所以说一个国家的内部动荡对国家的发展是不利的。

在工业化的道路上，西方的工业化有几个基本的模式，一个是亚当·斯密自由放任的工业化模式。亚当·斯密是一个苏格兰的经济学家，他在1776年出版的《国富论》中讲了一个看不见的手。他说我们老百姓能穿上衣服、吃上面包，也不用去感谢裁缝和面包师，如果面包师不卖面包给你，他就不能买面粉，也不能做其他的一些事情，如果裁缝不卖衣服给你，他自己就没钱买东西吃，社会中每一个人都是自私自利的，每一个人都追求自己的利益，只要他不侵犯到他人的权利，就是合法的应当受到鼓励的。政府不要管这些事情，有一只看不见的手主导着经济的发展，会使得经济的发展最为平衡最为繁荣。这只看不见的手就是我们后来讲的市场，看得见的手就是国家的干预。这一理论使得美国、英国、法国、比利时等很多国家推行自由放任的工业化。由企业主主导，政府的职责在于保持国内的安定，不陷入战争状态。自由放任的工业化延续的时间比较长，一般的国家要延续50年到80年。英国是80年，1760年到1840年完成了第一次工业化。以上是工业化的道路。

接下来讲现代化在欧美的传播。当英国、美国、法国这些国家在进行现代化的时候，德国当时是四分五裂，在现在的德国和奥地利的国土上分布了大大小小几十个国家，公国、王国、诸侯国，最大的是普鲁士和奥地利。德国那时候根本就没有统一，如何现代化？一直到1871年在俾斯麦的领导下，经过了几次战争才完成了统一，统一之后德国以国家干预的力量完成了工业化。1871年统一，到1913年第一次世界大战以前，德国用了40年时间，超过英国成为欧洲第一大工业国。因为德国没有走英国的老路，德国的工业不是自由放任的工业化，而是政府主导型的工业化，和今天中国类似。企业家没钱，政府给贷款，政府鼓励经济发展。所以国家统一是现代化的第一要素。

沙皇时期的俄国，一直是领土范围广大但贫困落后的国家。俄国进步缓慢，一直到1861年才废除了农奴制，到彼得一世的时候才开始逐步工业化。

我们再关注一下日本。我们知道中国和日本是两个情况差不多的国家，为何中国的现代化工业化屡屡受挫，而日本成功了呢？中国在19世纪中叶被英国人用炮舰轰开了国门，由此进入到了半殖民地社会。日本晚了十几年，美国人在东京湾派了一艘军舰，威胁日本打开国门，然后英国、法国相继进入日本。但是日本是善于学习其他国家长处的。历史上中国强盛的唐朝时期，日本就曾派了很多遣唐使来学习中国的制度和文化，到了近代，西方强盛了，日本把学习的目光转向了西方，日本甚至提出了全盘欧化的主张，脱亚入欧。中国也在学习西方。中国认为打不过英国等西方列强是因为枪炮技术落后，学习的是如何借助西方的技术强大军事力量。中国也曾想要学习英国的君主立宪制，康有为、梁启超联合光绪皇帝实行维新变法，但是保守派认为祖宗之法不可变，而且以慈禧太后为首的保守力量太强大了，戊戌变法一下子就被压下去了。但是日本在经济方面、工业方面、政治方面全面向西方学习，这种变革取得了极大的成功，这就是我们讲的现代化对日本的影响。从此中日两国走上了不同的道路。

现在讲现代化在政治领域内的发展。现代化不是一下子就完成的。英国的现代化是从1760年到1840年，这个时段内英国还不是一个民主社会。英国在1689年建立的是君主立宪制，它只是一个寡头制的社会。一个国家政权的形式大体分成三种，一种叫专制，权力掌握在一个人手里，比如说掌握在皇帝手里、军事领导人的手里。第二种叫寡头制，一个人说了不算，由一小撮人、一个小集团说了算，这个小集团代表了某一个或某几个社会阶层。英国1689年建立君主立宪制，是贵族控制了整个国家，普通的工业者、商人、手工业者是没有权力的。第三种是大众民主政治。英国是怎么向大众民主政治过渡的？它是一种渐进的改革方式。英国工业化以后两大阶级，资产阶级和无产阶级都没有权力，于是向贵族阶层要权力，要选举权。贵族先是扛着，说时机不成熟。1832年的时候，英国贵族扛不住了，推行了第一次议会改革，提出的要求不高，所有的成年男子都有选举权，但是最终结果是使得有钱的人、企业主有了选举权。1867年又改革了第二次，让绝大多数工人，也就是收入在10镑以上的工人有了选举权。第三次是在1884年，让所有的成年男子有了选举权。到了1918年和1928年英国通过了法案，实现了成年妇女的选举权。所以英国第一次革命的时候是把权力从国王手里转到了贵族手里，贵族是一个集团，控制国家政权的是几个大的贵族家族，但是通过五次议会的改革把权力交到了大众的手里，经过了将近100年，这就是一种渐进的改革。渐进的改革有利有弊，不好的地方是时间很漫长，改革派提出的要求经过了一百年才完全实现，好处是一点一点地实现改革，社会很少出现动荡，没有暴力行为，社会付出的代价比较少，所以对国家社会经济的发展、外交政策的实行都起到了积极的作用。所以渐进的改革被认为是较为理想的模式。

与之相对的是法国的革命，从君主制到君主立宪到共和国，也花了将近一百年时间。法国是通过革命的方式完成民主的，但是革命一是要死很多人，二是会使得经济和社会发展倒退，三是国家对外的殖民扩张受到影响，所以法国在近代的历史发展中远远地落后于英国。

德国也是从君主专制到君主立宪，普鲁士的君主在1852年订立宪法推行君主立宪。很多国家是通过妥协的方式、和平的方式完成了政权的变更，实现了民主制。

第四，现代化向非西方的扩散。现代化最核心的两个内容，一个是政治民主化。英国被认为是民主政治之父，比如像议会、政党、政党政治、政府、内阁都是在英国产生的，都是源于1215年的英国《大宪章》，1765年在英国诞生的工业文明依然是今天世界上的主导文明。这些国家完成工业化以后，政治民主化的扩张不明显，但是工业化有一种张力。在工业化之前是自给自足的农耕文明，而工业化之后产生大量的产品剩余，必须推向国际市场。第二是本国生产原料稀缺，就必须在国际市场上引进，使得英国人必须开拓国际市场。我们知道英国是一个有绅士风度的国家，对外政策也是先礼后兵，比如和其他的国家谈判，英国的工业品进入某国而不收关税，而出口到英国的原料也不收税，最早的自由贸易就是起源于英国。这种贸易表面上是公平的，但是英国和其他的国家的社会经济发展阶段不一样。比如在鸦片战争之前，中国与英国开展正常的贸易，到了晚清，政府推行闭关锁国的政策不和英国进行贸易，英国就用战争的方式打开中国的大门，这也被认为是中国现代化的起始。中国是被迫在外国炮舰政策之下打开了国门，开始了现代化的进程，日本是没有经过多少战争，只是在武力威胁之下就卷入了现代化的进程。日本是主动的，中国是被动的，中国不愿意接受西方的文明，西方文明与中国传统的儒家文明格格不入。马克思在1819年写的《论不列颠在印度统治的后果》中提到，西方国家的殖民入侵和殖民主义对于后发展国家、殖民地国家，它要执行一种双重的使命，第一种是带来破坏性的使命，瓦解了当地自给自足的农业经济，经济和社会结构被破坏了，生活方式也被破坏了，对于这些国家来说是阵痛，是一种灾难，殖民主义有非常残暴的一面。英国在印度统治的最初100年间，掠夺了10亿英镑的财富。但是从另外一方面来说，殖民主义又有建设性的使命，为非西方社会进入到工业化提供物质基础和动力。尽管在1840年以前，晚清政府的农业经济有衰落的迹象，但是没有迹象表明中国的农业经济会在短期内瓦解，中国的工商业会发展起来，取而代之。从这个角度来说，现代化在鸦片战争以前是没办法产生的。农业经济不瓦解，工业就起不来。第一次鸦片战争胜利后，英国要求中国开放一些通商口岸，商船可以进入中国内地，以及设立领事馆办事处等。割地要求是割让香港九龙岛，英国之所以要它是因为要在此处建立在远东的贸易中转站。英国发动鸦片战争是它推行自由贸易的重要手段。

亚非拉各国的现代化很不同，中国一直比较抗拒，而日本接受得比较顺利，其他的国家又分成几种类型。有几个国家是值得关注的，美洲的美国和加拿大，大洋洲的澳大利亚和新西兰，这些国家以前要么是不毛之地，或者是印第安人聚居地，但印第安人都被赶走了。这些国家的移民主要是英国人、法国人等欧洲人的后裔，都是从殖民地要求独立，在获得自治权后开始现代化。这些国家的历史文化和母国有着一致性，所以他们的现代化比较成功。今天的澳大利亚、加拿大、美国、南非等国家现代化很成功，他们是白人移民殖民而形成的，所以很快就全盘接受下来了，没有遭遇到抵制。

其他的地区，比如亚洲和非洲都是英法德等国的殖民地，这些国家早期都遭受了殖民统治，到了20世纪以后这些国家的人民也产生了民族主义意识，有一些在美国英国等国家留学的政治精英接受了自由主义思想，回国后成为民族主义运动的领导人，推翻英国、法国等殖民国家的统治。所以说英法反而培养了殖民主义的掘墓人，像印度的甘地和尼赫鲁、埃及的纳赛尔、加纳的恩格鲁玛都曾在欧洲留学。这些国家现代化启动是殖民时期，开始是在独立之后。它们的现代化体现在几个方面，一是政府的改组。往往在独立以前，政府的最高主宰是英法等国委任当地的总督。二在经济方面也比较欠缺，以单一的原料和矿产品为主要的出口对象，建立单一的经济，独立以后面临很多的困难，这些国家的人民看到西方国家经济发达、政治民主，所以对政府提出了很高的要求，一方面是民主和自由，一方面是经济的发展，所以政府的压力很大。对政府来说只有一条路，就是政府主导下的现代化，权威主导下的现代化。英国以自由放任的方式花了80年时间实现了现代化，发展中国家等得及吗?只有政府主导才能在短时间内实现工业化。很多国家在独立之后政府都在现代化的过程中起到了重要的作用，而且那些现代化比较成功的国家都是政府比较集权的国家。这些国家由于政府的权威很大，他们动用政府的力量高效率地进行现代化。

1961年韩国的军人朴正熙发动了政变推翻了李承晚政府，建立了军政府。朴正熙之后，金大中、全斗焕都是军人出身，他们建立的就是一种军事集权政府，恰恰是这些集权的政府，使得现代化都比较成功。新加坡是李光耀执政的，新加坡不是一种军事集权，但是在一党制——人民行动党的领导下现代化也很成功。印尼、马来西亚、阿根廷、巴西这些国家现代化比较成功的，他们的政体都是比较集权式的。经济的发展要靠政治的集权来保证和实现。另外还有一些非洲和拉丁美洲国家，独立以后按照英美的模式建立一个相对民主的政府，但是民选政府建立起来很难，尤其是非洲，部族势力的冲突很激烈，如果这些国家以政治民主化为第一目标，往往陷入长时间的政治动乱，经济得不到发展，经济和政治停滞，处于落后的状况。经济和政治的发展不可能同时进行，必须有一个处于主导地位。从历史的经验来看，人们会把基本的生存目标放在第一位。韩国一直到1990年才有民选总统金泳三上台执政，在集权30年后才还政于民，这和英国也是一样的，英国在工业化的时候是贵族集权。反而是很民主的国家经济发展不行，比如印度，是典型的按照英国的民主模式来运营的，但经济发展迟缓百姓生活贫困。这些是历史中比较常见的现象，经济的发展和政治的民主化不是一个正向的关联，有的时候恰恰是反向的关联。

第五，后工业社会的来临。今天有20多个西方国家进入到了后现代化的时期。1973年美国学者丹尼尔·贝尔写过一本书，名为《后工业社会的来临》，说西方国家在二战结束后的20世纪五六十年代已经完成了工业文明的转化，进入到了后工业、后现代的社会。工业文明的特征就是工业的就业人口居于主导地位，工业的GDP处于主导地位。后工业社会是怎么样的呢？首先是第三产业的兴起，工业化的产业向发展中国家转移，金融业、旅游业、国际贸易、IT产业、信息产业等成为后工业国家的支柱产业。以苹果手机为例，我们假设一台手机利润是4000元，美国的公司拿去80%，3200元，还有800元是中国的公司得到，因为核心的技术为美国公司所掌握。中国的国产品牌也可以制造手机，但是先进程度达不到苹果手机的标准。现在电脑中最核心的不是显示器之类的，而是很小的cpu芯片，被几个大公司如英特尔、AMD垄断了，其他国家都很难进入这个行业。高新技术产业和第三产业没有污染而且附加值高。去德国参观汽车流水线，核心的部件在德国产，装配在发展中国家。第二是社会结构的变化。在工业社会的时候结构是两极式的，资产阶级和无产阶级是天然的对立。现在西方国家资产阶级和无产阶级已然分不清了，社会结构多元化。企业老总占有公司的大部分股份，企业里的中层和员工也占有股份，真正的蓝领工人很少，机器取代了很多劳动强度大的工作。西方的社会已经没有了传统意义上的资产阶级和无产阶级之分了，只能说是中产阶级居于主流，真正富有的人居于塔尖，真正穷困的人也是少数，整个社会呈现橄榄球式的形状，在社会学家看来这是最稳定的社会结构。第三是民族国家界限的模糊化。这主要是讲欧洲国家之间。现在的欧盟是二战结束后西欧一体化的产物，在今天欧盟国家之间尤其是参加申根协定的国家之间，已经感觉不到民族、国家的界限了，他们国与国的界限已经类似于我国省与省之间的界限了，没有边境的检查也不需要过海关。在后现代化的国家中现代化中出现的问题已经得到解决，腐败问题比较少见，环境污染问题得到解决，高能耗的企业向发展中国家转移，建立了完善的社会保障制度，尤其是在医疗方面，实现全民医保，社会的贫困化问题尤其是极端贫困化问题已经得到解决。

后现代化社会有很多称呼，有的叫知识型社会，知识占有主导地位。还有的说后现代化社会注重人与自然的和谐、人的系统和生态系统的和谐，称为生态社会。但后现代社会也有自身的问题，比如恐怖主义的问题，体现在后现代社会中文化认同的危机，或者说是国家认同的危机。信仰不同的人在同一个社会中生活，但他们是不同的群体，虽然是同一个国籍，但是没有统一的对民族和国家的认同感，反而因为宗教信仰的不同而互相敌视和对立，没有建立起在文化意义上的认同，容易产生冲突和恐怖行动。2012年伦敦奥运会的袭击案，2015年巴黎《查理周刊》的袭击案，体现了在后现代社会中人们面临的挑战。

最后我们再谈几个问题。第一是目标的同质性与道路的多样性。现代化是一个共同的目标，经济上解决人民的温饱问题，提高人们的生活质量；在政治方面，保证每个人的人身自由权、财产权等权利，国家保持一个开放的民主制的构架，让每一个人通过不同的渠道参政、议政。这些是共同的目标，但是实现目标的道路不止一条，英国是通过改革的方式实现这个目标，法国是通过革命的方式完成了这个目标，今天的绝大多数发展中国家都会走改革式的道路，因为革命带来的消极影响和消极后果非常深远。我们中国提出的走社会主义现代化道路，是突出中国自有经济的特征，任何一个国家已经成功的模式都不可能直接照搬过来，因为每一个国家的历史文化传统是不同的，现实的国情也不同，只能借鉴他国的模式，开拓自己的模式。

第二是经济发展与政治民主化的关联。西方国家总是过多地关注发展中国家的政治改革和政治民主化，而绝大多数发展中国家都会把经济发展放在第一位。经济发展和政治民主化是现代化的两个最主要的方向，但是两者之间几乎不大可能同时推进，无论是英国还是法国或是其他国家很少将两个目标同时作为一个时期的目标来实行的。在经济高速发展的时候，很多经济发展成功的国家都是倾向于集权的国家，这种集权不是说权力集中在一个人手中，而是集中在一个群体、一个小集团的手中。所以经济要发展首先要保障政治的权威，一味地削弱政治的权威会对经济造成伤害。另外要提到的一点是，无论是哪一个国家，经济发展到一定的程度，一定会出现政治方面的诉求，政治改革也不可避免。英国1760年开始工业化，同时资产阶级和无产阶级要政治改革，成立各种各样的组织，政治改革的诉求一直在提。政府一直不理会或是压制着，一直到1932年，英国的工业化快完成了，经济目标基本完成以后，政府才开始注重于国家的政治改革，所以才会有1832年的议会改革。21世纪以来中国要求政治改革的呼声越来越高，就是因为人们在满足了基本的生活需要后，参与政治的热情提高了。特别是在我国的GDP总量成为世界第二，即将进入中等收入国家的行列之时，我国的下一个目标就是政治改革，即便是推行政治改革，也不可能一下子解决所有问题。我们现在在进行一系列的试验，西方所强调的直接民主、直接选举，不会马上在中国体现出来。现在中国村一级是直选制度，村民可以选举村主任，以后可能会过渡到直选镇长，这方面一步步在前进。

政治改革是各种利益团体妥协的过程，我们知道在政治领域里有红二代、官二代，在经济领域里有富二代。真正平民化政治的建立还需要一段时间，这就是我们讲的经济发展和政治民主之间的关联。

第三是中国现代化的机遇和挑战。先说机遇，为什么中国从1978年到今天，三十多年时间现代化这么成功，成为世界第二大经济体，这有赖于政府对现代化的主导，得益于经济全球化。英国的现代化缺少资本，是靠着掠夺和圈地运动，中国的现代化是靠着吸引外资，给外商各种有利的条件来华投资，同时在21世纪以前我们是以牺牲我国的农业和农民的利益来为现代化创造条件的，这是和当时的苏联学的。我们知道在改革开放之前，大米的销售价格是1毛4分左右，但是当时上海的钻石牌手表是60元钱，那时是计划经济时代，可以计算一下要买一块手表需要卖多少米。到现在一块上海的钻石手表是120元，翻了一倍，而大米的价格则在2元8角左右，优质的大米价格还要高些，翻了将近20倍，这就是市场经济调节的结果。还有就是“农业税”，这个政策到21世纪也被取消了，不仅取消了农业税还增加了农业补助。机遇还体现在可以引进国外先进的技术和人才，不用像英国在工业化时自己研发。科技日新月异的发展提升了我国经济的总量。

挑战体现在几个方面，第一是国际环境的挑战。一个国家实现现代化需要稳定的政治环境，我国现在处于上升时期，随着经济的增长、国际话语权的增加，中国可以逐渐维护自己的权益，所以在南海问题、钓鱼岛问题和东海问题上发出了自己的声音，主流依然是维护和平。

第二是国内的问题。首先国内的分裂势力是对国家现代化的挑战，所以对于分裂势力要采取严厉的打击，这是从稳定局势的方面来看的。第二是我国面临的一系列问题，诸如环境污染问题、腐败问题、贫富差距问题、国内治安犯罪问题等一系列问题，这些问题都是和现代化息息相关的，这些问题的解决需要时间，从历史经验来看是一个比较长的过程。

还有在国内的理论界出现一些争论。有些人认为现在所有的问题都是改革开放引起的。这些观点我是不认同的，我认为这些问题的产生，可以说不是中国的特例，它是大多数国家在现代化进程中必然的产物，这些问题的解决从历史的经验来看，我们要进一步地推进现代化，进一步地推进改革开放，随着改革开放的深入，随着现代化进一步的深入，这些问题会逐步得到解决。目前感觉最明显的就是反腐问题，每天中纪委的网站都会公布一些落网的官员，现在公务员的压力比较大，文官系统建设通过反腐得到加强，吃喝之风也得到了遏制。环境污染问题、腐败问题、社会的两极分化问题、贫富差距问题不是说不改革不开放不现代化就不会产生的，而是要进一步推进现代化才能得以解决。

从中国目前的形势来看，主要的任务就是把握住机遇，应付这些挑战。应对挑战也是一个长期的、渐进的过程，我预计环境污染问题、腐败问题、社会的两极分化问题、贫富差距问题在二三十年内会有本质性的改观，到时我国的现代化第一阶段就基本完成了。

我今天的讲座到此结束，谢谢大家！

主讲者简介：

刘金源，南京大学历史学系教授、博士生导师，中国世界近代史研究会理事。

志摩的诗

李杭春

在座的都是我的前辈，非常感谢大家能来听我做的一个小小的汇报。徐志摩无论在当时还是今天都是一位被大家纪念的诗人。徐志摩是新诗的代表人物，他对新诗的贡献和影响都是值得大家关注和研究的。

首先我们涉及的一个问题是新诗和旧诗。新诗到今天越来越受人们重视，也引起了业内人士的焦虑。新诗最早起源于1917年7月胡适出版的第一部新诗集《尝试集》，他的信条是自古成功在尝试。从胡适1916年创作新诗开始到现在，新诗的发展有100年的历史了。新诗有成就，也有很多值得我们反思的地方。新诗是对旧诗的革命和颠覆，这种颠覆是以破坏诗内在的格律和信条为代价的。胡适提倡的诗体大解放和白话入诗，改变了大家原来对诗的认识。人们一想到诗，就会认为是用格律、对仗、押韵、典故等等精雕细琢出的艺术珍品。诗和小说、散文的区别就在于形式上的桎梏。当新诗提出作诗像作文，就把诗的一些根本特性消解了，诗作为诗的合法性受到了冲击。一直以来都有人对新诗采取质疑的态度，比如大家熟悉的国学大师季羡林就直接说“新诗是一个失败”，“在文学范围内，改文言为白话，也是中国文学史上的一件大事……至于新诗，我则认为是一个失败。……纯诗主张废弃韵律，我则主张诗歌必须有韵律，否则叫任何什么名称都行，只是不必叫诗”。2008年的时候一批主张回归中华传统的诗人在北京举办了中华诗词（青年）峰会，对诗在文字结构上有了新的解释：“诗”是一个古老的汉字……所谓“诗言志，歌永言，声依永，律和声。八音克谐。无相夺伦。神人以和”。“诗”一分两半，是“言”和“寺”，足见诗是一种庄严的文体……也是古已有之的圣训，即“兴观群怨”。而“寺”必有戒律，因此“诗”一定要有戒律，恰如五声之美来自诸般戒犯错律。再回溯上去，在新诗诞生之初，鲁迅先生对新诗也是持不同意见的，他在《致〈窦隐夫〉》中写道，新诗“没有节调，没有韵，它唱不来；唱不来，就记不住，记不住，就不能在人们的脑子里将旧诗挤出……新诗直到现在，还是在交倒霉运”。毛泽东在1958年的成都会议上提到："中国诗的出路，第一是民歌，第二是古典。"他在1965年还说过：旧体诗词源远流长……它要发展，要改造，一万年也打不倒。因为这能反映中华民族和中国人民的特性和风尚。

新诗的成长是一个艰难的过程。在新诗的历史中徐志摩并不属于拓荒者这样一个地位。新诗的拓荒工作是由胡适、冰心、周作人、郭沫若、朱自清、刘大白、刘半农等这样一批诗人完成的。旧诗的影响力是非同小可的，要在这样的地盘上开拓新诗自己的形象和力量，这批拓荒者展现出来的努力和贡献是值得我们铭记的。胡适是最早的一批白话诗人，虽然现在看来他的诗像水煮大白菜。他的诗《两只蝴蝶》："两只黄蝴蝶，双双飞上天。不知为什么，一个忽飞还。剩下那一个，孤单怪可怜。"这是他在哥伦比亚读书时看见宿舍外一片草地，即兴创作的。

冰心的小诗受到了泰戈尔的影响。到了周作人和郭沫若，新诗已经完成了诗体大解放这个任务。郭沫若的诗形成了一种汪洋恣肆的与传统诗体完全不同的新的诗体。

徐志摩的意义在哪里呢？徐志摩和他的诗友们这样一批诗人的意义在哪里呢？他们是现代诗艺的拓荒者，在艺术和形式上给了新诗一个理由，给了新诗存在的、让大家喜爱、被大家认同的一个理由。他们要找出新诗创作的规律，是诗有别于散文和小说，使得诗成为诗的内在的机制。这些工作是在闻一多、徐志摩、戴望舒、艾青、穆旦等人的手里完成的。诗人敏感于自己的时代，敏感于自己的艺术追求，新诗是最早开始革命、最早开始尝试的一种文学形式，也是最早在前十年里完成自己变革的。到了1928年新诗已经产生了自己的经典作品。

徐志摩作为现代诗艺拓荒者这样一个地位，表现在哪里呢？我们可以以他的一首诗为例子。他在回国后不久读到郭沫若的一首题为《重过旧居》的诗，这是郭沫若离开旧居三个月后写的一首诗，写得非常煽情，感情澎湃，其中有一句“泪浪滔滔”，徐志摩评论道：这位诗人回到三个月前的旧居，这三个月也不曾有过什么重大变动，他就能感情强烈、泪眼富裕，眼泪像海浪一样滔滔而来。我举的这个例子说明作为徐志摩这样的一代诗人，对于在他之前非常有代表性的诗人，对于他们创作时形式的自由、情感的自由，那种奔放热烈、无节制已经有了警惕。不管新诗还是旧诗，其内在的规律可以总结为三个词：灵感、情感、韵律感。从情感的角度讲，诗抒发情感，在徐志摩看来抒情要有节制。古语有云："人贵直，诗贵曲"，所以徐志摩会认为“泪浪滔滔”是对诗的破坏。徐志摩和闻一多都提倡节制诗抒发情感的形式——新格律诗。

他们希望在创作诗时是戴着脚镣来跳舞，还诗以含蓄的美感。

徐志摩出生于1897年，浙江海宁一望族。他父亲徐申如是实业家，曾长期担任海宁商会的会长。徐志摩在北大预科读了两年，然后转到北洋大学预科，再转到了沪江大学，在美国拿到了硕士学位，然后去英国追随他热爱的哲学家罗素教授。他在国外一共待了五年，对美国和英国有不同的感受。他说他在美国时是忙上课、忙写考卷，忙一个学生该忙的事情，但到了英国剑桥大学之后，忙散步、忙划船、忙骑车、忙抽烟、忙闲谈、忙吃下午茶，这种感受影响着他的心境和灵感。他最早的诗歌创作是在英国开始的。我们还不得不提到他在英国认识了林徽因，徐志摩的一生是和几位女子分不开的，特别是林徽因和陆小曼。

徐志摩的诗在其在世时只出了三本：《志摩的诗》（1925）、《翡冷翠的一夜》（1927）和《猛虎集》（1931），最后一本集子《云游》（1932）是他的弟子兼好友陈梦家编撰的，从数量上讲并不多。他的诗受到了英国自由民主平等的思想以及英国人休闲自然生活方式的影响。

徐志摩在1931年出版的《猛虎集》序文里说道："整十年前我吹着了一阵奇异的风，也许照着了什么奇异的月色，从此我的思想就倾向于分行的抒写。一份深刻的忧郁占定了我；这忧郁，我信，竟于渐渐的潜化了我的气质。"十年前正是徐志摩来到英国剑桥大学并结识林徽因的时候，他感受到了剑桥独特的自由空气，触动了他诗歌创作的灵感。一份忧郁也正是他对林无望的爱情而产生的忧郁。所以灵感和情感都是得赐于剑桥。很多文人都有自己的文学大本营，徐志摩的就是剑桥，他的很多文学创作都是和剑桥相关的，如《我所认识的康桥》、《再别康桥》，等等。

胡适在《追悼志摩》中对徐志摩的表述是："他的人生观真是一种单纯信仰，这里面只有三个大字：一个是爱，一个是自由，一个是美。"这三个字就是徐志摩诗歌创作的主题，也是他最关注的情感，是他的生活行为方式。

徐志摩的同庚同学郁达夫在《怀念四十岁的志摩》写道："……他的那股不顾一切、带有激烈的燃烧性的热情。这热情一经激发，便不管天高地厚，人死我亡，势非至于将全宇宙都烧成赤地不可。发而为诗，就成就了他的五光十色、灿烂迷人的七宝楼台，使他的名字永留在中国的新诗史上。"

和冰心并称"冰雪聪明"的文学家苏雪林在《徐志摩的诗》中写道："徐志摩的诗变化极多且速……想模仿都模仿不了，他人是用两只脚走路，他却是长着翅膀飞的。"

朱自清说徐志摩的诗是跳着、溅着、不舍昼夜的生命水。

徐志摩诗歌的灵感和情感是这样丰富、活跃的状态，我们可以从他诗歌的题材、语言、节奏、格式中大概了解。

我们找到他诗歌中的三个关键词。第一个是“方向”。徐志摩是一位思想情感特别驳杂的诗人，这是他的个性使然，也使得他在意识形态为主的文学评论时期得到的评价不高。关于“方向”这个关键词，比较有代表性的诗作有《雪花的快乐》、《偶然》、《我不知道风是在哪一个方向吹》、《恋爱到底是怎么一回事》，都表现了徐志摩对方向的困惑和焦灼。以《雪花的快乐》为例，我截取了一节。

雪花的快乐

假如我是一朵雪花，
翩翩的在半空里潇洒，
我一定认清我的方向——
飞扬，飞扬，飞扬——
这地面上有我的方向。

我们可以看出徐志摩在努力还新诗以格式的美，和郭沫若那种以文为诗的自由格式是不一样的。徐志摩的格律诗的形式与闻一多也是不一样的，闻一多的诗是方方正正的豆腐干块，回到了旧体诗的诗有定节、节有定行、行有定字；徐志摩的诗特别轻灵，有一种参差美、曲折美，这是他同其他新诗的格律派诗人不同的地方，他的创造力更强。

这首诗的内容也非常有灵感，得之于从天飘然而下的雪花，雪花看似有明确的方向，可是我们还是可以看到诗人对于方向的困惑。诗的第二节写道：

不去那冷寞的幽谷，
不去那凄凉的山麓，
也不上荒街去惆怅——
飞扬，飞扬，飞扬——
你看，我有我的方向！

我们可以看出诗人对于方向的不自信，在为自己鼓气。下面一节写道：

认明了那清幽的住处，
等着她来花园里探望——
飞扬，飞扬，飞扬——

雪花在飞扬中寻找自己的方向。这首诗表面看来是一首爱情诗，表达了对刚认识的林徽因的好感，但是对自己的自信是怀疑的，表现的是自己的焦虑。

我们再看另外一首诗《偶然》，这时已经离开了林徽因。诗里写道：

我是天空里的一片云，
偶尔投影在你的波心——
你不必讶异，
更无须欢喜——
在转瞬间消灭了踪影。

你我相逢在黑夜的海上，
你有你的，我有我的，方向；
你记得也好，
最好你忘掉，
在这交会时互放的光亮！

其中的"方向"同样表现的是诗人的焦灼。

下面这首诗写得更晚，在他对苏维埃政治有了切身的体会后，这个"方向"有了更多的含义。

我不知道风是在哪一个方向吹

我不知道风
是在哪一个方向吹——
我是在梦中，
在梦的轻波里依洄。

我不知道风
是在哪一个方向吹——
我是在梦中，
她的温存，我的迷醉。

这首诗成了徐志摩思想驳杂的一个标签。

以上三首诗有同一个关键词——方向。他始终没有明确自己的情感立场、政治立场。他曾赞美过苏联，后来又进行了批判。他曾向往国内在新文化运动后能进行欧美式的改良，但我们可以看到他第二次从剑桥回来后心态也改变了，变得更加复杂。

第二个关键词是"平民"。在徐志摩的诗歌当中，虽然爱情诗和哲理诗占了大多数，但是他写作的关于平民的诗歌也非常出色，受到大家的重视。我列了一些篇目：《古怪的世界》、《天国的消息》、《太平景象》、《一条金色的光痕》、《灰色的人生》，等等。

徐志摩虽然家世优越，但对于五四倡导的平民关怀非常投入。比如他创作的这首《先生！先生！》：

钢丝的车轮
在偏僻的小巷内飞奔——
"先生，我给先生请安您哪，先生。"
迎面一蹲身
一个单布褂的女孩颤动着呼声——
雪白的车轮在冰冷的北风里飞奔。
紧紧地跟，紧紧地跟，
破烂的孩子追赶着铄亮的车轮——
"先生，可怜我一文吧，善心的先生！"
"可怜我的妈，
她又饿又冻又病，躺在道儿边直呻——
您修好，赏给我们一顿窝窝头，您哪，先生！"

这首诗是和人力车夫有关的。有许多现代文人都写过人力车夫，如老舍的《骆驼祥子》、鲁迅的《一件小事》、郁达夫的《薄奠》，这和"五四"的"劳工神圣"这个主题有关。对很多文人来讲，他们所能接触到的劳工以人力车夫为比较容易。

《谁知道》就是描写作者乘坐人力车的一个片段。

谁知道

我在深夜里坐着车回家——
一个褴褛的老头他使着劲儿拉；
天上不见一个星，
街上没有一只灯：
那车灯的小火
冲着街心里的土——
左一个颠播，右一个颠播
拉车的走着他的踉跄步……

这些诗充满了对底层人民的同情和关注。

还有描写小孩夭折的，如《盖上几张油纸》。徐志摩自己的第二个孩子也是夭折的。

盖上几张油纸

……

不是的，先生，不是的，
不是为钗钿；
也是的，也是的，我不见了
我的心恋。
那边松林里，山脚下，先生
有一只小木箧，
装着我的宝贝，我的心，
三岁儿的嫩骨！
昨夜我梦见我的儿
叫一声“娘呀——
天冷了，天冷了，天冷了，
儿的亲娘呀！”

第三个关键词是“爱情”。徐志摩诗歌作品中最主要的都是关于爱情的，和他追求爱、自由、美的人生有关。这样作品有很多，比如我们熟悉的《沙扬娜拉》、《落叶小唱》、《翡冷翠的一夜》，等等。

我们举他的《献词》为例。

献词（云游）

那天你翩翩的在空际云游，
自在，轻盈，你本不想停留
在天的哪方或地的哪角，
你的愉快是无拦阻的消遥。

你更不经意在卑微的地面
有一涧河水，虽则你的明艳

在过路时沾染了他的空灵，

使他惊醒，将你的倩影抱紧。

这首诗写在他认识陆小曼之后。整首诗文字柔美温婉，充满了两心相悦的欢欣。这和先前对林徽因那种不确定爱情中的焦虑是完全不一样的。

下面一首《杜鹃》，充满了灵感的张力，灵感与情感完美结合，非常出色。

杜鹃

多情的鹃鸟，他终宵声诉，
是怨，是慕，他心头满是爱
满是苦，化成缠绵的新歌，
柔情在静夜的怀中颤动；
他唱，口滴着鲜血，斑斑的，
染红露盈盈的草尖，晨光
轻摇着园林的迷梦；他叫，
他叫，他叫一声"我爱哥哥！"

徐志摩的爱情诗里也有感情非常浓郁、表达非常直白的诗歌，如《春的投生》。

春的投生

昨晚上，
再前一晚也是的，
在雷雨的猖狂中
春投生入残冬的尸体。
不觉得脚下的松软，
耳鬓间的温驯吗?
树枝上浮着青，
潭里的水漾成无限的缠绵；
再有你我肢体上
胸膛间的异样的跳动；
桃花早已开上你的脸，
我在更敏锐的消受
你的媚，吞咽

你的连珠的笑；
你不觉得我的手臂
更迫切的要求你的腰身，
我的呼吸投射到你的身上
如同万千的飞萤投向光焰？
这些，还有别的许多说不尽的，
和着鸟雀们的热情的回荡，
都在手携手的赞美着
春的投生。

这样的诗就显得比较腻。

《再别康桥》是徐志摩的代表作，它既是一首爱的诗，不仅仅是男女之爱，更多是一种大爱、泛爱，同时也表达追求自由和美。诗人对于康桥的感情特别的复杂，不仅在剑桥邂逅了林徽因，也感受到了剑桥独特的自由和民主的文化、闲适优雅的生活方式，改变了他原有的胸襟和情怀。在1928年，虽然他与陆小曼的爱情很热烈，但因为他要应付陆小曼的豪奢生活，不得不到处兼职。据说他一个月的薪水有1000元，但还是入不敷出，所以他和一位好友一同再去欧美云游。这首诗就是写在从印度回国的中国南海上，诗人思绪万千。我截取头尾两节讲一下：

再别康桥

轻轻的我走了，正如我轻轻的来；
我轻轻的招手，作别西天的云彩。
……
悄悄的我走了，正如我悄悄的来；
我挥一挥衣袖，不带走一片云彩。

这首诗头尾呼应，开头是“作别西天的云彩”，结尾处“不带走一片云彩”。前面是再见的状态，后面是再也不见的状态。再见康桥时已经物是人非，曾经憧憬的爱情，以前的政治信仰，在现实面前都显得那么脆弱和虚幻，诗人复杂的情绪促使他在1928年11月创作这首作品。

我们再将徐志摩与其他几位新诗诗人来比较。当徐志摩不认同郭沫若的大喊大叫的过于热烈奔放、过于自由散漫的诗的时候，我们看到了徐志摩诗的格律性，带着镣铐跳舞的诗的自觉，情感通过曲折的、委婉的灵感来表达。

我们还可以将徐志摩同戴望舒来进行比较，这两位诗人可以说是我们新诗史上最值得记忆的两位诗人。戴望舒在新格律诗之后又创造了另外一种诗的形式，被称作现代纯诗，也有人称作象征诗，这是对格律诗的一种超越和反动。在戴望舒看来，愚蠢的诗人削足适履，稍微聪明一点诗人是去寻找适合自己的鞋子，智慧的诗人是创造一种适合自己的形式。戴望舒又重新回到了自由体诗，看到了自由体诗能表达的诗的韵味、诗的韵律感。戴望舒跟徐志摩不同的地方有两点，一个是形式上的创造更自由，第二个是在情感的抒发上，戴望舒的意象的运用更加技高一筹。他的诗的格调更高一些，诗作为一种高贵的文学形式，在戴望舒的诗作里体现得更充分。

我们来看戴望舒的几首作品。《林下的小语》是写给他的初恋，施蛰存的妹妹施绛年的。

林下的小语

……

什么是我们恋爱的纪念吗？
在这里，亲爱的，在这里，
这沉哀的，这绛色的沉哀。
……

再一首《我的恋人》：

……
我的恋人是一个羞涩的人，
她是羞涩的，有着桃色的脸，
桃色的嘴唇，和一颗天青色的心。
……

戴望舒的诗里充满了色彩的描写，因为爱情才会有这样的表达。还有他的《雨巷》里的丁香、女郎等都是传统中国诗歌里的意象，但是表达的却是现代的爱情。

烦忧

说是寂寞的秋的清愁，
说是辽远的海的相思。

假如有人问我的烦忧，
我不敢说出你的名字。
我不敢说出你的名字，
假如有人问我的烦忧：
说是辽远的海的相思，
说是寂寞的秋的清愁。

这首诗是传统卷帘诗的形式。戴望舒完全忽视了新旧诗之间的界限。前一节诗是远景镜头逐渐拉近、落实的一个过程，第二节则是起于不敢说出名字的女子，宽泛到整个人类的情感，是烦忧、相思、清愁。这两节诗一卷一放，非常有意思。

戴望舒在香港期间还去过浅水湾萧红的墓，于是有了这样一首诗《萧红墓畔口占》。这首诗写得很伤感。萧红也是一位令人伤感唏嘘的女子。

走六小时寂寞的长途，
到你头边放上一束红山茶，
我等待着，漫漫长夜，
你却卧听海涛闲话。

像这样的一些诗，不论是情感也好，灵感也好，韵律感也好，都体现得非常充分。因为有这样的诗，使得新诗有存在的理由和价值。

新诗的命运一直很坎坷，在20世纪50年代有所谓的口号诗，完全是对新诗的亵渎，90年代又出现了一种口水诗，这些都是对新诗的丑化。我们的新诗有徐志摩、戴望舒、穆旦等好的诗人。

主讲者简介：

李杭春，浙江大学中文系中国现当代文学与文化研究所讲师。

体悟逍遥之境——《庄子》寓言解读

孙敏强

今天有缘一起来解读《庄子》的几则寓言。先看开篇：

北冥有鱼，其名为鲲。鲲之大，不知其几千里也；化而为鸟，其名为鹏。鹏之背，不知其几千里也；怒而飞，其翼若垂天之云。是鸟也，海运则将徙于南冥。——南冥者，天池也。

《齐谐》者，志怪者也。《谐》之言曰："鹏之徙于南冥也，水击三千里，抟扶摇而上者九万里，去以六月息者也。"野马也，尘埃也，生物之以息相吹也。天之苍苍，其正色邪？其远而无所至极邪？其视下也，亦若是则已矣。

且夫水之积也不厚，则其负大舟也无力。覆杯水于坳堂之上，则芥为之舟；置杯焉则胶，水浅而舟大也。风之积也不厚，则其负大翼也无力。故九万里，则风斯在下矣，而后乃今培风；背负青天，而莫之夭阏者，而后乃今将图南。

蜩与学鸠笑之曰："我决起而飞，抢榆枋而止，时则不至，而控于地而已矣，奚以之九万里而南为？"适莽苍者，三餐而反，腹犹果然；适百里者，宿舂粮；适千里者，三月聚粮。之二虫又何知！

小知不及大知，小年不及大年。奚以知其然也？朝菌不知晦朔，蟪蛄不知春秋，此小年也。楚之南有冥灵者，以五百岁为春，五百岁为秋；上古有大椿者，以八千岁为春，八千岁为秋。此大年也。而彭祖乃今以久特闻，众人匹之，不亦悲乎？

汤之问棘也是已：汤问棘也："上下四方有极乎？"棘曰："无极之外，复无极也。穷发之北，有冥海者，天池也。有鱼焉，其广数千里，未有知其修者，其名为鲲。有鸟焉，其名为鹏，背若泰山，翼若垂天之云；抟扶摇羊角而上者九万里，绝云气，负青天，然后图南，且适南冥也。斥鴳笑之曰：'彼且奚适也？我腾跃而上，不过数仞而下，翱翔蓬蒿之间，此亦飞之至也。而彼且奚适也？'"此小大之辩也。——《逍遥游》

一、有意味的开篇

让我们讶异的是，一部哲学著作竟然可以这样开篇！我们欣赏这样一个有意味的开篇，是因为其气势不凡，更是因为这奇思异想、横绝宇宙的境界画面，是那样突如其来地呈现在我们面前，没有什么引子和铺垫，也没有任何文法结构、规矩方圆（如寻常所谓避免重复、埋伏照应、起承转合等）可以去描述它、束缚它。你看到了话语的开头，却无法猜到他第二句会说什么；看完第一段，你不知道第二段会落到何处。莫可虑致，难以情测，如羚羊挂角，无迹可求。这样的开篇，是自由不拘的抒写，那样无所滞碍，酣畅淋漓。《逍遥游》本身，便是艺术上的一次逍遥之游。那关于时空的激情想象和关于小大之辩的哲学沉思，神思飞跃，墨气四射，充满了艺术的张力，开悟和启迪着我们的艺术灵性与心智，叫我们沉思，也让我们迷醉。这个发端，让我无法不联想到《红楼梦》第一回，第一大段，什么都没有发生，第二大段，一切早已结束……洵可谓才子之书！

“鲲之大，不知其几千里也……鹏之背，不知其几千里也；怒而飞，其翼若垂天之云。”“鹏之徙于南冥也，水击三千里，抟扶摇而上者九万里，去以六月息者也。”“上古有大椿者，以八千岁为春，八千岁为秋。”这是庄子关于小与大、时间和空间的浪漫想象。庄子的逍遥游境界，以其哲人的宇宙观为根基，以其诗心慧眼观照中的无限时空为背景。“上下四方有极乎？”“无极之外，复无极也。”“野马也，尘埃也，生物之以息相吹也。天之苍苍，其正色邪？其远而无所至极邪？其视下也，亦若是则已矣。”清初三大家之一的王夫之在《庄子解》中说：“野马，天地间气也。尘埃，蓊郁似尘埃扬也。生物犹言造物。此下俱言天宇之高，故鹏可乘之以高远。”大约两千三百年前，诗人庄子就已在想象中高高地飞翔到天上，俯瞰人间大地。在关于时空浪漫不拘的自由想象中，有一种深沉广阔的宇宙意识和人生情怀。请看一个来自科学网的短片，我们这里看到的某些光点和区域，对时空原点的追溯，一切的一开始的瞬间，那天地之母、万物之祖，那化生一切、涵容一切、等于一切的“无”。庄子的慧眼和玄思，在很久以前就已然神游探索过。

小标题借用了英国美学家克莱夫·贝尔（Clive Bell，1881—1964）在《艺术》一书中提出的说法。他说：“在各个不同的作品中，线条色彩以某种特殊方式组成某种形式或形式的关系，激发我们的审美感情。这种线、色的关系和组合，这些审美的感人的形式，我视之为有意味的形式。有意味的形式是一切艺术的共同本质。”他认为形式是艺术的核心，是艺术作品内部各成分和质素构成的一种纯粹关系，“有意味的形式”是能表述和唤起人类审美情感的形式。举例来说，“杨柳”，是意象，也是音节，但单个词，不成诗；复叠以后，“杨柳，杨柳”，仍然不是诗；但我们看：“杨柳，杨柳，啊青青的杨柳！”这就是诗了。通过意象的组合和音节的一唱三叹，产生美妙的韵律感，春天的心情，青春的情怀，对青春、春光和春景的无限留恋与叹惋之情便油然而生。是形式，将思想情感艺术化了；也是形式，把我们从日常生活流程中超拔出来。观《逍遥游》开篇，犹如聆听一曲美妙恢宏的乐章。由“北冥有鱼”一节发端，接以“《齐谐》者，志怪者也”，和“而后乃今培风……而后乃今将图南”两节，又间之以“蜩与学鸠”、“小知不及大知”两节，复以大段再现和归结鲲鹏之“怒而飞”与斥鴳腾跃数仞之小大之辩。鲲鹏迁化的意象类似音乐主题不断呈示和复现，以传示不拘的想象、飞跃的生命和无所滞碍、逍遥活泼的自由灵魂。而小大之辩，及大鹏怒飞无语、小雀嗤嗤笑之的情节，则穿插其间，犹如音乐旋律中主部主题与副部主题，或大、小提琴间的对话与对比，或雄浑、舒展，或庄严，或跳跃、急促和谐谑，应和而成一曲灵动变化、美不胜收的绝妙旋律，这是一个“有意味的”开篇。

值得注意的是，这个有意味的开篇还有另一层重要的象征意义。我们知道，春秋战国时期的中国，与当时西方的古希腊，同处文明史上开拓和奠基的重要时期。德国哲学家卡尔·雅斯贝尔斯在他1949年出版的著作《历史的起源与目标》中称之为“轴心时代”，或称“轴心期”。他认为公元前8至前3世纪（大约500年间），世界文明进入了一个文化学术异彩纷呈、硕果累累的特殊时期，东西方文明群星璀璨、交相辉映，各自奠定了文化的性格，及其基础、格局与框架，也确立了发展方向、基本理念与核心价值观。由此可见，庄子《逍遥游》呈现和预示的，不正是东方文明和中国文化有意味的辉煌开篇？这个开篇是如此气势不凡，前程远大。

我出生于20世纪50年代末，最早知道庄子时，无缘寓目文本，只能得闻批判的结论与所谓共识。当时给庄子其人其文贴的标签是“消极”，而且还被归为没落奴隶主贵族反动代表的那一类。进了大学，我才得观此书，从此喜欢上了《庄子》。我爱这位具有诗人气质的哲人，诚如闻先生所说，《庄子》“本身便是一首绝妙的诗”。“有大智慧的人们都会认识道的存在，信仰道的实有，却不像庄子那样热忱地爱慕它。在这里，庄子是从哲学又跨进了一步，到了文学的封域。他那婴儿哭着要捉月亮似的天真，那神秘的怅惘，圣睿的憧憬，无边际的企慕，无涯岸的艳羡，便使他成为最真实的诗人。”我以为，所谓消极积极，其实只在读书人自己知行合一的读书实践，谁都不可能超越时代的局限，病人倘先挑剔良药含有几分毒，那是病上加病。在给前人挑毛病、下结论前，还是先考虑自己是否能够以合理态度吸取古今中外一切好的思想因子，并积极付诸人生实践，看先贤甚或自己是否能够接受和提供一些积极乃至新的思想资料吧，这比贴标签更具建设性意义。慢说《庄子》，即如那位声称“拔一毛而利天下，不为也”的杨朱，对于两千多年后仍疲累于自我与他者边际不清的人情社会的我们，对于仍存在以血缘宗法制社会的某些显规则和潜规则处事，以血缘亲疏和好恶决定人际关系之远近、权益分配之大小，甚或以公众利益、社会道德、公平正义等名义随意侵害和剥夺他人生命财产的社会现象的当下而言，依然甚至特别有值得我们深思的意义和价值。我们欣赏孟子“性善”说，自己也一直在努力做个好人；但我们也理解“性恶”论，因为里面蕴含着对人性的深刻见解和包容态度，蕴含着建立现代真正法制社会的思想因子。“拔一毛而利天下，不为也”和《庄子》“相濡以沫，不如相忘于江湖”之说一样，着意于自我与他者、人与社会之间的合理边际、公平公正、平等地位与自由空间，这是建立现代公民社会的重要因素。他思想言论中透出的直率、勇气、犀利和可爱，令后人为之倾倒，其思想因子中含有近乎现代公民意识的可贵成分，可惜曾长期湮没不彰。他之所“拔”而贡献于世人的岂止一毛。在无更多和更确凿的证据证明杨朱就是庄子之前，可以说他是先秦诸子中，以最少言论赢得后人极深刻印象的最独特的思想家。我们礼敬和感恩所有以深刻思想、诗心乐思和智慧之光嘉惠后世、滋养我们心性的先哲。

二、一个永恒的主题——“在路上”

开篇呈现了文学的也是人生的一个永恒主题——“在路上”（on the way）。庄子告诉我们：寓言中的主体（你、我、他）正在路上，在路上发生着时空与质性的迁化，就像《西游记》、《约翰·克里斯多夫》所呈现的那样。《庄子》更出自以大写意的形式，宏大的叙事，不测其所由来。读《庄子》，让我们有如此意外的惊喜！

“逍遥”作为动词，意为行走；也用以描述步态，有徜徉、从容行走的意思（步态正表示着生命与精神状态）。而“游”，则是在水里“从容”行走。喜欢“昼短苦夜长，何不秉烛游”这句诗，倘知道背景，我们对此诗一定会有同情的理解，而决不会粗鄙地仅仅解释为及时行乐。我们现正遨游于世，在大地上留下我们的雪泥鸿爪。我们知道，“游”，并非一个始终轻松自在的过程，从挣扎、呛水和千锤百炼，到掌握水性以后的从容横渡，有一个过程（庄子笔下的庖丁、箍桶匠和那个捉知了的老人的故事，都说明了这一点），从行走到逍遥游，我们从必然王国走向了自由王国。可见，“逍遥游”包含双重意味：一是走在路上，我们首先得是行者，第二才是从容自由地行走。

老庄之书旨在言“道”，“道”就是路。《逍遥游》开篇由鲲鹏迁化的意象境界谈到行者适莽苍乃至百千里的路，即是以形而下的“道（路）”，直指那形而上的、至高无上的“道”。庄子这里用到一个字：“之”。“之”是一条江河的故事，也可以视为每个人一生的传奇。

“之”下有一横，象征着地平线，我们是行者，由此起步，在天地间留下一行脚印，地平线便有了新的意义。那遥远天边的一线，永远召唤着我们，无可抵挡。（《说文解字》：“之，出也。象艸过中，枝茎益大，有所之。一者，地也。凡之之属皆从之。”）

我们以自己行走着的生命体悟到，庄子言说中“在路上”的迁化，呈现着两个层面的意义：“迁”是关于时间和空间的，“化”是关于生命质性、人生境界的。由北冥到南冥，是生命的跃迁与飞翔。“水击三千里，抟扶摇而上者九万里，去以六月息者也”，“以八千岁为春，八千岁为秋”，那是对于有限时空的遐想与超越，那横绝宇宙的飞翔，展现的是怎样一个美丽优雅的过程啊！鲲化为鹏，是生命的提升与物化。今日之我，已非昨日之我。“九万里，则风斯在下矣，而后乃今培风；背负青天，而莫之夭阏者，而后乃今将图南。”值得注意的是，“而后”与“乃今”几乎同义，而庄子在这里不嫌辞费，连用两个“而后乃今”，让我们联想到《论语·泰伯》：“曾子有疾，召门弟子曰：‘启予足，启予手。《诗》云：“战战兢兢，如临深渊，如履薄冰。”而今而后，吾知免夫！小子！’”两个“而后乃今”和这一个“而今而后”，都是以语义上的复叠，强调生命中一个特殊的瞬间。大鹏背负青天“培风”“图南”的这一刻，即如庄生梦蝶的时分，那是多么让人惊喜的一个瞬间！因为，伴随那一个顷刻的，是“化”，是顿悟，是别开生面，是一个焕然一新的我。也许，一个人千万次的搏击，多少年含辛茹苦、惨淡经营，就是为了这一刻！这样的“迁”和“化”，合成了庄子的“逍遥游”境界。

庄子是思想巨子和语言大师，由《逍遥游》发端的诸多寓言，像精彩纷呈、层出不穷的百变魔方，亦如折射着智慧之光的奇妙三棱镜，读者借此可感知和把握哲人丰富的思想因子、情思色彩和多维视角。也唯有通过多角度的思考观照，才能尽量抵近其思理境界。我们喜欢庄子寓言，正因其呈现着莫测的思深意远的精神境域和令人目不暇接的智慧之光。且看《养生主》中的这则寓言：

> 庖丁为文惠君解牛，手之所触，肩之所倚，足之所履，膝之所踦，砉（huā）然响然，奏刀騞（huō）然，莫不中音。合于《桑林》之舞，乃中《经首》之会。
>
> 文惠君曰：“嘻，善哉！技盍至此乎？”
>
> 庖丁释刀对曰：“臣之所好者，道也，进乎技矣。始臣之解牛之时，所见无非全牛者。三年之后，未尝见全牛也。方今之时，臣以神遇而不以目视，官知止而神欲行。依乎天理，批大郤，导大窾，因其固然，枝经肯綮之未尝微碍，而况大軱乎！良庖岁

更刀，割也；族庖月更刀，折也。今臣之刀十九年矣，所解数千牛矣，而刀刃若新发于硎。彼节者有间，而刀刃者无厚；以无厚入有间，恢恢乎其于游刃必有余地矣。是以十九年而刀刃若新发于硎。虽然，每至于族，吾见其难为，怵然为戒，视为止，行为迟。动刀甚微，謋（huò）然已解，牛不知其死也，如土委地。提刀而立，为之四顾，为之踌躇满志，善刀而藏之。”

文惠君曰：“善哉，吾闻庖丁之言，得养生焉。”

这里，有经千锤百炼而至游刃有余自由境界的过程（从“所见无非全牛”到“三年之后，未尝见全牛”，再到“方今之时，臣以神遇而不以目视，官知止而神欲行”）；有臻于最高境域之后，神乎其技的状态（“以无厚入有间，恢恢乎其于游刃必有余地矣”、“謋然已解，牛不知其死也，如土委地”）；有由必然走向自由以后欣然自得的神情（“提刀而立，为之四顾，为之踌躇满志，善刀而藏之”）。在兵燹连年、哀鸿遍野的战国时代，书写一个关于屠宰的故事，这里有几分无奈，亦有几多直面的勇气？“手之所触，肩之所倚，足之所履，膝之所踦，砉然响然，奏刀騞然，莫不中音。合于《桑林》之舞，乃中《经首》之会。”能将鲜血淋漓的屠宰书写，转换为合乎乐舞旋律与姿势的精彩表演，从中寻找出诗意，所谓自适其适，无往而不适，才能诗意地栖居于人间世，这也许就是庄子所谓“善哉，吾闻庖丁之言，得养生焉”意思之所在吧？更绝的是，“合于桑林之舞，乃中经首之会”，前者是传说中商汤之乐，后者是为尧乐，那可都是圣君庙堂乐舞！伴随着《经首》、《桑林》、《大风歌》以迄历代圣君的庙堂之乐，中国的原野被战死者的鲜血覆盖过多少遍？我们从这则寓言中可以解读出庄子对于尧、汤圣君多么沉郁深刻的反讽啊！这，便是庄子《逍遥游》的背景。庄子的《逍遥游》，是与诗意、乐思和关于诗乐的想象联系在一起的。

三、三种飞翔方式

在《逍遥游》开篇，庄子写到了大小两种飞翔，而在《齐物论》末尾，他又耐人寻味地状写了他梦中的蝴蝶之舞：

昔者庄周梦为蝴蝶，栩栩然蝴蝶也，自喻适志与！不知周也。俄然觉，则蘧蘧然周也。不知周之梦为蝴蝶与，蝴蝶之梦为周与？

这是一个纯粹的瞬间，这一刻可与他在濠梁之上的一刻相媲美：

庄子与惠子游于濠梁之上。

庄子曰：“儵鱼出游从容，是鱼之乐也。”——《秋水》

在濠梁之上，庄子发现了自然之美：自然的美与自然而然的美，油然而生“是鱼之乐也”的赞叹。但惠子出现了。二子一直是一对有趣的抬杠者，惠子死后，庄子曾为之喟叹。此时，惠子是逻辑学家，而庄子则是真正的诗人。这一回合的论辩因各自逻辑不同无以判别胜负，更因庄子的审美精神和对自然之美的欣喜发现而著称于史。如果探讨逻辑学，我们从惠子，但从审美精神出发，我们心醉于庄子。

李白有一首似不起眼的小诗：“众鸟高飞尽，孤云独去闲。相看两不厌，唯有敬亭山。”试想平生能有多少这样宁静地面对自然和自我的时刻，纯粹到似乎只是在发呆。我们非常珍视和享受生命中这样的顷刻，那样纯粹的瞬间是可以和高峰体验、巅峰时刻相媲美的。总有一天，我们会感叹那连绵向远空的山脊线离自己那么遥远，但我们依然会有那样纯粹的瞬间，或许只需要一个梦，一段独处的时间。

庄周梦蝶，这物我两忘的纯粹瞬间，也便是庄子所标举的一种“物化”境界吧。《大宗师》借女偊之口说：“吾犹守而告之，参日而后能外天下；已外天下矣，吾又守之，七日而后能外物；已外物矣，吾又守之，九日而后能外生；已外生矣，而后能朝彻，朝彻而后能见独，见独而后能无古今，无古今而后能入于不死不生。”“外”即是忘，忘己，忘天下，忘物，忘生死，便能“朝彻”、“见独”。在这样的纯粹瞬间，物我两忘，无生无死，无喜无忧，纵浪于大化之中。“无不忘也，无不有也，淡然无极而众美从之。”（《刻意》）如此“忘乎物，忘乎天，其名为忘己。忘己之人，是之谓入于天”（《天地》）。《齐物论》也传示了这样的纯粹瞬间与境界：

> 南郭子綦隐几而坐，仰天而嘘，嗒焉似丧其耦。颜成子游立侍乎前，曰：“何居乎？形固可使如槁木，而心固可使如死灰乎？今之隐几者，非昔之隐几者也。”子綦曰：“偃，不亦善乎，而问之也！今者吾丧我，汝知之乎？汝闻人籁而未闻地籁，汝闻地籁而未闻天籁夫！”

形如槁木，心如死灰，和《达生》“呆若木鸡”的寓言一样，表现气闲神定的生命与精神的最高境界，也是最活跃最纯粹的瞬间。刘勰《文心·养气》说：“水停以鉴，火静以朗。”火经过最充分的燃烧，光色蔚蓝、清澈，近乎透明。在“吾丧我”的这一刻，今日之我已非昔时之我，在此纯粹瞬间，我忘了自己，却得闻天籁。由此，庄子从吾生之“大哀”中超脱出来，觉解和皈依大化，体道而履真，得到了自由和至乐。当庄周梦蝶之时，“梦也，觉也；周也，蝶也，孰是而孰非？物化无成之可师，一之于天均”（王夫之《庄子解》卷二）。庄周已然“丧其耦”，化去了庄生与蝴蝶（我与物）、醒与梦、形与神、生与死等的分野，一切复通为一，归于天均。正所谓：“天地与我并生，而万物与我为一。”（《齐物论》）由此，庄子在诗思艺境中神思飞跃，超越了生死和大忧患，找到了生命精神、自我灵魂安顿的家园。这也正是庄子蝴蝶之梦所昭示的大化境界！在这个瞬间，我处于最佳的审美状态，我与对象之间没有任何利害关系。这，就是纯粹的瞬间，那样的瞬间，便是逍遥游。庄子笔下，时时有如此纯粹、通透、空明和充满韵律感的语境："瞻彼阕者，虚室生白，吉祥止止。"（《人间世》）他倡论"心斋"、"坐忘"，以宁静、谐和、智慧和光明之心照鉴和书写着人世间的黑暗与光明，谛听那"天德而土宁，日月照而四时行，若昼夜之有经，云行而雨施"（《天道》）的自然节律。正是在这样的意境中，庄子实现着体认和皈依于"道"的超越和复归的过程。

当看到阳光下春风里翩翩起舞的蝴蝶，我常常会想起庄子《齐物论》的这个结尾。蝴蝶展开那薄如蝉翼的翅膀，轻盈地飞舞，这是生命中怎样的舞蹈啊！那如花的蝶翼，那透明的蝶翼，是如此柔弱，仿佛几点秋露就能沾湿它的双翅，将它打落到泥泞的地面，一阵秋风，会把它春天的梦想，连同它美丽的生命，吹散得无影无踪。更何况，这前后还有飓风暴雨、雷鸣电闪的夏季，和那冰封雪飘的凛冽寒冬。我们还会联想到作茧自缚这则成语，想到毛毛虫怎样由蛹化蝶的艰难过程。蝶的前身，吐丝作茧，以丝丝缕缕重重围裹自己，正可谓是呕心沥血，一生辛苦。终于有一天，她冲破了自设（他设）的重重围裹，化身为新的生命，翩翩地飞翔起来。"庄生晓梦迷蝴蝶"，想象这一清晨哲人庄子的梦境，人间多了一首诗，一份迷醉。那飞翔的蝴蝶，自由、忘我、如诗如歌般地曼舞着，在春天的花园里，在诗人的眼中和心里，在漫长的诗史上，翔舞了几千年。

这与庄子想象的另一种飞翔形成了鲜明的对应和对比，鲲鹏的"怒而飞"，是何等雄浑博大、横绝宇宙的力的舞蹈啊！

我们由鲲鹏之怒而飞，可以见出庄子的举轻若重；而由蝴蝶栩栩然之翔舞，则可以见出庄子的举重若轻。

宋玉《对楚王问》："鸟有凤而鱼有鲲。"《尔雅·释鱼》："凡鱼之子名鲲。"可见，鲲，是鱼苗，是小鱼儿，鹏则是传说中的凤鸟。而在庄子笔下，却被转换成横绝沧海与天空的形象。还有那一举千万里、一季千万年的生命。这不正是举轻若重吗？

蝴蝶的生命是如此微茫，何况其生命中流转的四季亦并非全是和煦的春风。化蝶之艰难，风霜雨雪之辛苦，庄子出之以"栩栩然"一语；庄子之为人，也许可谓既贫且贱，百事劳心。《齐物论》所谓："（人）一受其成形，不化以待尽。与物相刃相靡，其行进如驰，而莫之能止，不亦悲乎？终身役役而不见其成功，苶然疲役而不知其所归，可不哀邪！人谓之不死，奚益！其形化，其心与之然，可不谓大哀乎？人之生也，固若是芒乎？其我独芒，而人亦有不芒者乎？"（可知《红楼梦》中黛玉的《葬花吟》

不是《红楼梦》作者的发明，也不是李贺的发明，他的《苦昼短》有“吾不识青天高，黄地厚。唯见月寒日暖，来煎人寿”的诗句。）庄子同样面对着古今你我人所共之的大忧患，而庄子只出之以“蘧蘧然”一语，这不正是举重若轻吗？

“栩栩然”和“蘧蘧然”的对举，绝妙地传写了两种不同的生命状态。人之在世，注定不能摆脱“蘧蘧然”的状态，心性与生命因此而丰厚有分量；同样我们也不能没有“栩栩然”的状态，心性与生命会因此而轻盈和灵动。“栩栩然”和“蘧蘧然”的对举告诉我们：逍遥不受拘束的庄子，其实是非常认真和追求完美的人，包括对他所要否定的语言。

鲲鹏的怒而飞之与蝴蝶的栩栩然之舞，让我们联想到《周易·系辞上》所说“一阴一阳之谓道”。那雄浑博大与轻盈自由，恰似乾之与坤、刚之与柔、阳之与阴，然而，在庄子的审美观照中，小大一也，万物一也，自可等量而齐观，逍遥之游，自可无往而不适。不仅如此，在我们看来，如果说，鲲鹏的怒而飞昭示我们的是人生从生到死、由此岸向彼岸、由必然王国向自由王国的飞渡与超越的生命过程，那么，蝴蝶的翔舞所展现的则是自由逍遥的生命状态。

庄子在他的梦里，还是化身为了翩翩起舞的蝴蝶，他将他囊括宇宙的博大精神、精力弥满的健朗生命和新鲜、活泼的自由灵魂，将他诗人之心，寄托和安放于如此柔弱的生命、如此柔曼的翔舞。我想：庄子是想昭示人们，蝴蝶的翔舞是美的，蝴蝶的翔舞是自由的，如此短暂、有限而艰辛的存在，如此柔弱、微茫而无助的生命，都能这样美丽这样自由地舞蹈，那么，天地之间，还有什么样的生命存在不能成为逍遥之游呢？

其实，庄子是深知逍遥游之大不易的（这或许也是他在梦里，愿意化身为蝴蝶的原因之一）。这显然决不仅仅因为生命本来形同草木之脆，短暂如白驹过隙，也不仅是因为“迁”的艰难、“化”的辛苦，而且也是因为这人间世并不怎样如人所愿。“庄子行于山中，见大木，枝叶盛茂，伐木者止其旁而不取也。问其故，曰：‘无所可用。’庄子曰：‘此木以不材得终其天年夫！’出于山，舍于故人之家。故人喜，命竖子杀雁而烹之。竖子请曰：‘其一能鸣，其一不能鸣，请奚杀？’主人曰：‘杀不能鸣者。’”在这样的人间世里，或“以不材得终其天年”，或“以不材死”，庄子同样面临“材与不材”、“先生将何处”（《山木》）的问题。不要以为庄子和他的时代比我们逍遥自在，实际上，那是一个兵连祸结、民无所如的混乱年代，是一个朝秦暮楚、信义无节操的时代。“争地以战，杀人盈野；争城以战，杀人盈城。”（《孟子·离娄》上）“死者以量乎泽，若蕉，民其无如矣。”庄子就是在那样一个战祸四起，灾难看不到边缘，比我们今天不知糟糕多少倍的时代，当漆园吏，织屦，招收门徒，维持生计，甘愿过贫贱的生活，而保持自我的人格独立和精神自由，在人间世里诗意地栖居着。正是在这样的氛围和背景中，庄子如蝴蝶，如梦一般逍遥地翔舞尤其显得来之不易和难能可贵。在艰难时世，庄子活出了自己的精彩！也与诸子一起，成就了辉煌灿烂的一页。

庄子在梦中，没有选择鲲鹏的怒而飞，而是选择了化身为翩翩的蝴蝶，我想也许还有一个重要原因，那就在于蝴蝶飞翔的方向与方式。蝴蝶的飞舞简直匪夷所思，它的上下翻飞、左盘右旋，是我们无法预料的。蝴蝶并不像候鸟那样，沿着习惯的路径，循着特定的方向，以匀速或不变的节律、姿势，彼此排列成整齐的队形，相互鼓舞着，在空中划出舒展而优美的线条。蝴蝶的翔舞和翻飞是浪漫的，随心所欲的，纯乎出于灵感。蝶翼的鲜艳和美丽是千变万状的，而它透明的双翼一开一合之间，似乎也有着无穷的变幻、无限的可能。它有时合拢双翅，像一片树叶一样在风中飘扬、滑落；倏忽之间，它又会弹跳般地往斜刺里飞去；在烂漫的山花丛中，在稠密的绿叶底下，它“以无厚入有间”（《养生主》），游刃有余地飞舞着。庄子之为文，“以谬悠之说，荒唐之言，无端崖之辞，时恣纵而不傥”，“以卮言为曼衍，以重言为真，以寓言为广”（《天下》），无首无尾，“能短能长，能柔能刚，变化齐一，不主故常”（《天运》）。庄子无所滞碍、汪洋恣肆的自由文风和浪漫奔放、奇思异想、层出不穷的寓言境界，一如蝴蝶自由的飞舞，甚至更加变幻无穷。

除了鲲鹏的怒而飞和蝴蝶栩栩然的翔舞外，庄子还提到了另一种飞翔方式：“蜩与学鸠笑之曰：‘我决起而飞，抢榆枋而止，时则不至，而控于地而已矣，奚以之九万里而南为？’”蜩与学鸠的问题其实并不是在于它们的飞翔本身，而在于它们对于自己和他人的飞翔方式的认知和评价。庄子虽然齐万物、等生死，对各种各样的飞翔方式等量而齐观之，但是他还是在梦里将自己的飞翔定位于蝴蝶之舞。

我们不能为鲲鹏之“怒而飞”，不忍为蜩与学鸠之“决起”、之“抢榆枋”、之“控于地”，我们愿意效法庄周，为蝴蝶“栩栩然”之翔舞。

《庄子·逍遥游》以有意味的开篇，开始了关于时空的激情想象和关于小大之辩的哲学沉思。由北冥到南冥，是生命的跃迁与飞翔，那是一个舒展和美丽的过程。鲲化为鹏，庄生梦蝶，是生命的提升与物化，伴随那个顷刻的，是顿悟，是别开生面，是一个焕然一新的我。这样的“迁”与“化”，合成庄子的“逍遥游”之境。大鹏横绝宇宙的飞翔、蝴蝶栩栩然的翔舞和蜩与学鸠之“决起”、“抢榆枋”、“控于地”，呈现三种飞翔姿势，让我们寻味和深思。“儵鱼出游从容”，让我们领略纯粹的瞬间。逍遥，是一个动态过程，是一种生命姿势，诗意地栖居，努力而优雅地行走，自由地思想、书写和言说，与自然、自我和他者真诚地对话，这就是庄子的逍遥之境吧。逍遥的时空，取决于生命的长度和思想与想象所能游历的界域。

主讲者简介：

孙敏强，浙江大学中文系教授，博士生导师。

《红楼梦》为什么这么红？

潘知常

大家好，《红楼梦》与苏州关系密切。曹家在扬州和苏州都任过职，我每次看《红楼梦》都觉得曹雪芹先生对苏州很偏心，他在书中写有三个苏州女孩，这三个女孩无一例外都是大美女，比如说林黛玉、妙玉，还有一个香菱。我们读《红楼梦》就会想起苏州，谈起苏州就会想起《红楼梦》。

讲《红楼梦》我们可以从更大的范围来讲，我想从四个方面来讲：第一，《红楼梦》是众书之书；第二，《红楼梦》是爱的“圣经”；第三，《红楼梦》是文学宝典；第四，《红楼梦》是灵魂史诗。《红楼梦》为什么会这么红呢？即使到了今天《红楼梦》还是空前的，而且我不得不说也是绝后的。

首先，我们来讲《红楼梦》是众书之书。众书之书是我这几年提出的一个概念，什么是众书之书呢？这些年来，对于《水浒》、《三国演义》以及《西游记》都有人提出质疑，但是到现在我没有看见一个人在严肃的场合说《红楼梦》不好。我觉得还不够，我认为《红楼梦》的段位比这个还要高，说《红楼梦》是经典是不够的，《红楼梦》应该是经典的经典。我们设想一下，如果要选一本书来代表一个国家，比如犹太民族选一本书来代表整个民族，他们会选《圣经》，印度会选《奥义书》，英国会选《莎士比亚剧作》，法国会选雨果的小说，德国会选歌德的《浮士德》。我国在宣传自己国家形象的时候，会选一本什么书呢？我认为在中国只有两本书可以作为备选，一本是《论语》，还有一本就是《红楼梦》，正好是2132年中国封建社会一头一尾的两本书。还有人说：《庄子》行不行？《老子》、《大学》、《中庸》、《易经》行不行？但是我们说经典中的经典，众书之书，代表中国形象的，我认为或者是《论语》，或者是《红楼梦》。在《论语》和《红楼梦》中选择的话，我认为是《红楼梦》，因为《论语》的故事性、人物性都不如红楼梦强，如果我们选择《红楼梦》的话，可以很好地向全世界宣传中国。如果西方人想要了解中国，我们就可以很简单地说一句话：你可以去看《红楼梦》。我这些年常讲，我们中国应该有自己的国树、国花，还应该有自己的国书和国脸。中国应该有一本代表自己精神面孔的国书，我首推《红楼梦》。大家注意到，习近平总书记到美国给中学生送书。习总书记送的什么书呢？我注意到是三套书，首先一套是《红楼梦》，可见对于《红楼梦》大家是有一致认识的，第二套是《唐诗》，第三套是《史记》。我认为送的这三套书是很能代表中国形象的。

在我们开始正题之前，我让大家先稍微地了解一下曹雪芹。有人让我推荐红学专家，一下把我问住了，为什么呢？中国有很多红学家，但是他们不研究《红楼梦》，他们研究曹雪芹，其实研究曹雪芹的应该叫曹学家。中国所谓的红学家研究作者的很多，研究这本书的很少。有的时候研究一本文学作品，研究作者的意义不大，但是在研究《红楼梦》之前你一定要知道是谁写了《红楼梦》。我经常说换一个人写不了《红楼梦》，《红楼梦》是曹雪芹的家史，当然不能说是很严格的家庭回忆录，但可以说一定是经历过这样家庭生活的人才能写得出，如果没有这个特定的生活经历绝对写不出像《红楼梦》这样的书。原因在于《红楼梦》写的是中国大清王朝汉族家庭的首富。清朝一共275年，中间有很多汉人家庭兴旺发达，但是首屈一指的就是曹家。曹家有些人将其追溯到曹操，复旦大学经过基因的测试，认为曹雪芹的祖先是曹操，这样把曹家的地位提高了很多。有媒体就这个问题问我，我一般是不回答的，因为基因测验有很多漏洞，首先，曹操家的基因是怎样证明的？其次，曹雪芹的基因是怎样得到的呢？到目前为止，还不知道曹雪芹的埋骨之地。我和大家说一些确凿无疑的证据，曹雪芹的家族可以追溯到宋王朝的曹彬大将，曹彬是宋朝的开国元勋。现在可以确定的是曹家是河北人。历史变迁，经历宋、元、明，到了明末，曹雪芹的先人居住在东北辽阳或是铁岭，现在还不能确认，但这两地都有曹雪芹纪念馆。在大明王朝覆灭时，曹雪芹的祖先在铁岭做"军分区司令"，然后投降了清朝的多尔衮，跟着多尔衮打进了关内，打进了北京。大家要知道一件事，满族人主要生活在东北，对于出天花是一无所知，也一无所能的。所以满清王朝做了一个规定，凡是嫔妃生了孩子之后，没出天花之前，须找一位出过天花并且政治可靠的汉族少妇去抚养小孩。康熙是历史上五个"大帝"之一，只有像秦始皇、汉武帝、李世民这样的皇帝才可被称为"大帝"，清朝只有一位，那就是康熙大帝。康熙出生时他母亲没有出过天花，孝庄太后要求多尔衮在他东北的精锐部队中找个汉人家属来抚养康熙，多尔衮就找来了曹雪芹的曾祖母孙氏。历史记录里康熙一共有八位这样的奶妈。康熙长大以后六下江南，每次到南京去看的都是曹雪芹的曾祖母。康熙会带着南京地方军政要员去看望自己的奶妈，指着孙氏说，这是我家老人。孙氏是一个很有政治头脑的人，在康熙五岁时，孙氏的儿子曹寅出世，她便要求自己的儿子成为康熙的伴读，以后曹寅成为康熙帝最亲密的人之一。我去辽阳曹雪芹纪念馆看见了一份奏折，在清朝前期能以私人信件形式跟皇帝通信的只有一个人，他姓曹，后来又有一位，他姓李，是曹雪芹的舅姥爷。曹雪芹的曾祖父和祖父的职业就是康熙的卫队长。康熙十几岁的时候开始亲政，就封曹雪芹的曾祖父曹玺为第一任江宁织造，相当于王室的南京办事处。不要错误地认为织造只是负责云锦的制作和生产，王室的一应吃穿用度也兼由江宁织造采办。为什么只有曹雪芹能写《红楼梦》呢？我们要知道一件事，曹家过的生活在中国绝没有第二家人家有可能过。为什么呢？曹家有钱有到什么地步？我可以举一个例子，康熙六下江南，只有两次是花了国库的钱，有四次是花他奶兄弟曹寅的钱。

曹家在南京待了66年左右，一共有四个人当过江宁织造。但是曹家怎么也没有想到康熙一死，他们家就完蛋了。曹家原以为凭着和康熙帝的关系，即使康熙不在了，其继承者一定是康熙指定的，还是会庇护曹家。曹家还做过苏州和扬州的盐运使，现在可以看到康熙给曹雪芹爷爷写的信，其中写道：我知道你们为了我南巡花了很多钱，还借了国库的钱，现在我给你们家去苏州扬州做盐务的工作，赶紧去捞。或者会写道：这几天比较闷，送一个笑话过来。然后快马加鞭送到曹家，曹家也是六百里加急呈上笑话。我们知道有千里送荔枝的，清朝有千里送笑话的。可见这两家好到什么地步。可是曹家怎么也没想到雍正上台了，雍正一上台就给曹家一个警告：你们家贪污了好多钱，我已经知道，你们家是我爸的老臣，是我爸的奶妈家，我不能动你们，但国家的事还是要公事公办，我给你们一年的时间把贪污的钱还上，如果还不上我就不客气了。曹家怎么还得上呢？过去曹家都是靠要赖来蒙混过关，一年后曹家就被雍正抄家。瘦死的骆驼比马大，曹家还有500亩地，还有13处房产，483间房。曹家在南京的时间是1663年到1728年，曹雪芹是1715年生的，曹雪芹在南京生活了13年。对于曹雪芹的出生时间一直以来都争议，有人认为是1723年出生。我说一个最明确的证据，《红楼梦》前79回是曹雪芹写的，原来曹雪芹是写了110回，后来散失了，将第79回拆成两回，一共80回。我们可以看到曹雪芹特别喜欢写贾宝玉的13岁，用35个回目写了贾宝玉13岁时的风花雪月。为什么写13岁呢，因为那年给他留下的印象太深。

我们再回过头来说说曹家最后的故事。曹家全家被带到北京，关在西山。曹雪芹一辈子只在国家机关做过抄写文件的文书工作。曹家的一部分女眷被当时的政府卖到了妓院。所以史湘云是被卖到了妓院，如果后面的小说不丢，可以看到最后贾宝玉将史湘云从妓院里赎了出来，和她同居。王熙凤的女儿也是被卖到了妓院，刘姥姥将贾家送她的所有财物卖掉，将巧儿赎出来。曹家后来很悲惨，但我们也要说正是这悲惨造就了《红楼梦》。我们可以想象一下当时关在北京西山的都有谁？有北京“军区司令”王子腾，王子腾实际是《红楼梦》的核心人物。王夫人为何能当贾家的总经理呢？王熙凤为什么动不动就打人呢？《红楼梦》里有三个人善于打闪电巴掌，第一个就是王夫人，第二个是王熙凤，第三个就是贾探春。为什么呢？因为三人的后台都是王子腾。王子腾最后在《红楼梦》里做到的是“国务院副总理”。贾雨村借助王子腾和贾政的势力也做到了“国务院副总理”，他先在南京做过“县长”、“市长”，后来做到了“国务院副总理”。这是《红楼梦》里两个最大的官。贾政是“国家建设部基础建设司司长”，贾珍是“江苏省军区司令”。还有李纨，我们看《红楼梦》可能不会去注意李纨，贾宝玉的嫂子，《红楼梦》里最悲情的人物，同时也是最能干的人，藏得最深的阶级敌人还是李纨。因为什么呢？如果贾宝玉的哥哥不死，《红楼梦》的主角就不是贾宝玉而是贾珠了。贾珠在贾家比贾宝玉气焰更嚣张，所以李纨才会嫁给他。我要问李纨凭什么嫁给贾珠？李纨的老爸相当于今天的北京大学校长兼科学院院士。本指望嫁给贾珠能攀上高枝，没承想贾珠20岁就死了。所以李纨只好成为稻香村的隐士。她明明志比天高，还要装出一副无所谓的样子。要知道关在西山的那批人是汉族里面的精英，他们每天吃完晚饭坐在东北大炕上讨论什么问题呢？指着贾珍问：你跟什么人谈恋爱不好，非要跟自己的儿媳妇谈恋爱呢？又会有人指着贾政说：你怎么这么不会教育孩子，非逼着小孩读书，你看现在都没有“大学”可上，早知道当年不打他，和儿子的关系也不至于这么糟糕。贾政就会说：我现在好后悔，我当年管儿子怎么就管成这个样子。每天都在回忆贾家的家事。大家要知道，从《红楼梦》出版到如今，没有人能找得出其中细节的错误，这是一个奇迹，很少有小说能够做到。要知道曹雪芹18岁开始写红楼梦，28岁写完。我给大家的解释就是，贾家在东北大炕上每天做的事就是回忆他们的每一顿饭、每一次宴会，曹雪芹听了十几年才写的，不会有错。还有一个我要更郑重地交代，他们家到了曹雪芹18岁那年，在北京已经关了5年了。他们原先是达官显贵，现在却是不如乞丐，家族里的家长都想要把这段曾经辉煌的历史写下来，他们一致看向了18岁的天才——曹雪芹，要他把这段历史写下来传颂后世，于是就有了《红楼梦》。曹雪芹是中国大家族里唯一可以不被称为败家子的人。中国有过很多的大家族，也有很多的家史，但是都没有成为传世名著，中国只有一个人做到了，他虽然是大家族的尾声，但又是新时代的开拓者，他就是曹雪芹，曹雪芹将他们家的故事写成了传世经典。他突然顿悟，是中国社会的根本问题导致了我们家和所有其他家族的覆灭。他用《红楼梦》写了中华民族的悲剧，中华民族的新生，我们知道这个，就知道什么是《红楼梦》了。

《红楼梦》在出世时是以手抄本的形式流传的，一出世大家就觉得好，到现在还是中国人的骄傲。什么是伟大的作品？它不能输给时间。比如中国文学史上有不少人都输给了时间。鲁迅没有输给时间，始终排在第一位。张爱玲和沈从文没有输给时间，开始他们是不被看重的。有一个人即使是一千年也不会输给时间的，尽管他现在还只有三百年的历史，那就是曹雪芹和他的《红楼梦》。一个最典型的例子就是全中国的学问都是专家做的，只有一门学问是老百姓做的，那就是红学。中国的红学家基本上都是专家之外的红粉、红迷。我的专业是美学，偶尔一次以《红楼梦》为主题做讲座，讲得不错，被邀请到电视台开始做讲座，然后还出了四本关于《红楼梦》的书。毛泽东是中国最大的一个超级红粉、超级红迷。毛泽东经常劝我党的中高级干部要读《红楼梦》至少五遍以上。在中国有这样一种情况，家家爱读《红楼梦》，人人都爱曹雪芹。张爱玲从小有一个志愿就是能够有一个时光机，即使花再多的代价都愿意回到300年前，去寻找那丢掉的三十回红楼梦。张爱玲说人生三大憾事，第三恨就是红楼未完。网上还流行着一句话：“生子当如孙仲谋，娶妻当娶史湘云。”我在讲课时提出过一个问题：“如果让你娶妻，你是愿意娶林黛玉还是薛宝钗？”男生们清一色举手说愿意娶林黛玉，我说，不急着回答，可以回宿舍卧谈讨论一番，明天再递纸条给我。过了一晚，答案又变成了薛宝钗。他们说林黛玉只适合谈恋爱，薛宝钗结婚过日子还行，但是和薛宝钗谈恋爱，她会直奔主题，只有史湘云既可以谈恋爱也可以娶回家过日子。

这就是为什么《红楼梦》是众书之书，是我们的国书、国脸。

我下面讲《红楼梦》是中国的爱的“圣经”。我从一个很小的角度来说明，如果我们今天重评四大名著会是一个什么情况？明朝评出的中国最好的四本小说，分别是《三国演义》、《水浒传》、《西游记》、《金瓶梅》。明朝有260多年，清朝270多年，只产生了一部小说进入四大名著，就是《红楼梦》。经过了民国和到了现在中华人民共和国，现在重评四大名著会是一个什么情况呢？在民国和共和国这100多年的历史里产生了一部可以进入四大名著的小说了吗？我很遗憾地告诉大家，没有。

以今天的眼光来看，《三国》和《水浒》输给了时间，《金瓶梅》、《西游记》经受住了时间的考验。我们今天重评四大名著的话，我坦率地说只能评出三本，《红楼梦》、《金瓶梅》、《西游记》。

我先来讲两句《西游记》。《西游记》有两大问题，首先是唐僧的塑造称不上是高僧大德。早在20世纪20年代，胡适曾和鲁迅谈论过，唐僧既然是高僧，就该有舍身喂鹰的慈悲，妖怪要吃他的肉，就该舍去，即使不舍也不应该将妖怪打死。所以胡适先生决定给《西游记》重新加上一个结尾，在唐僧取经成功后，重新召集那些被打死打残的妖怪，说当初是为取经大业才将你们打死，现在可以将我的血肉拿走。这样才符合一个高僧大德的形象。第二，《西游记》并不是一个适合小孩的读物，《西游记》写的是人和人之间的不信任和没有安全感。当年高僧玄奘偷越国境西去取经，他没有带着任何武器，也没有一支武装到牙齿的武工队。在玄奘的《大唐西域记》中根本没有提到自己遇到歹徒的经历，他身上钱粮带的都很少，换洗的衣服也没几件，却在17年中完成了取经。他遇到的是一个善良的、慈悲的世界。为什么过了这么多年，到了明朝写作《西游记》时，唐僧取经路上妖魔鬼怪横行呢？《西游记》教会我们不善良，不相信他者。我常建议中国的小朋友应该读安徒生的童话，《西游记》这样的作品是给成年人看的。中国教育最大的失败在于没有教会孩子爱之前，先教会了他们仇恨。这个源头很大的一部分就是来自于《西游记》。

我们再来看一下《三国演义》、《水浒传》的问题。《三国演义》对中国历史的认识有其独到之处。我先来简略说一下中国2132年封建历史，一共有五次大流血事件，其中两次是内乱，三次是“外患”。第一次就是三国时期，一共乱了96年。第二次是发生在公元755年的安史之乱，中国历史倒退了一千年，因为失去了对北方的控制和失去了四大养马场，军队没有了战马，唐朝逐渐衰败。在宋朝以前中国主要是内乱，宋朝以后则是外患增多。第三次是五胡乱华300年，第四次元朝破国98年，有人认为元朝是中国最强大的时期，其实那时是汉人生活最悲惨的时期。最后一次是清军入关，统治了汉人275年。知道那时汉人的惨状吗？我说一个数据，大家就知道了。大明王朝人口有一个亿，清朝有70万人，70万人是如何战胜有一亿人口的大明的呢？明王朝有200万军队，清军只有14万。14万是如何战胜200万的呢？中国王朝交替频繁，罗贯中写三国就是为了回答“合久必分，分久必合”。为何只有中国的历史会出现这种现象呢？罗贯中的回答是让一部分人在中国先道德起来！我认为这不对。在公元755年，身处“安史之乱”的杜甫，对这个问题的回答是：让一部分人在中国先富裕起来！

曹雪芹在《红楼梦》中提出的则是让一部分人在中国先爱起来。《红楼梦》里的大家族是一个非常好的家族。《红楼梦》里为何没有刘文彩，没有南霸天，也没有喜儿？《红楼梦》里开除人，常说的是拉出去“配小子”，被开除的丫鬟往往会选择跳井或是撞墙，那是为什么？因为贾家是她们最幸福的家园。贾家是中国传统文化能塑造的温良恭俭让的家庭，是中国文化的骄傲，但是它失败了。当你按我的思路再看《红楼梦》，你就跟上曹雪芹了。贾家是中国儒释道文化的精华，但还是衰落了，这是为什么呢？因为这个家庭没有爱，是建立在仇恨的基础上的。曹雪芹在七十三回时借贾探春的话说这个家在“自杀自灭”。曹雪芹在写《红楼梦》其实是在写整个中国社会，他和罗贯中、杜甫是一样的，他告诉我们一个道理，没有爱的地方就没有快乐，有仇恨的地方一定是“合久必分，分久必合”。在中国没有人像曹雪芹对历史有如此深刻的认识，中国人只有先爱起来才能现代化起来。所以探春才会说道：“外头看着我们不知千金万金小姐何等快乐，殊不知我们这里说不出来的烦难，更厉害”，“可知这样大族人家，若从外头杀来，一时杀不死的，这是古人曾说的‘百足之虫，死而不僵’，必须先从家里自杀自灭起来，才能一败涂地！”

所以说《红楼梦》是爱的宝典。

第三个方面，《红楼梦》是文学宝典。这是有共识的。我简略地说一下，《红楼梦》好在哪儿？如果一本书问世以后，一个民族可以分成它之前和它之后，中国只有一本书可以做到，那就是《红楼梦》。宋人评价孔子道：“天不生仲尼，万古长如夜。”我说：“天不生曹公，万古长如夜。”是曹雪芹发现了爱。曹雪芹在自序中道，我的小说“令世人换新眼目”。鲁迅也评价道：“自有《红楼梦》出来以后，传统的思想和写法都打破了。”

什么是伟大的文学？英国小说家西雪尔·罗伯斯曾经为一句墓碑上的话而感动：“全世界的黑暗也不能使一只小蜡烛失去光辉。”还有一个比喻就是萤火虫，萤火虫是人类生态世界的底线，如果环境被破坏了，萤火虫就消失了，在中华民族的精神天空，曹雪芹和他的《红楼梦》就是这样一只萤火虫。

第四个方面是《红楼梦》是中国人的灵魂史诗。我读到海涅的一句话：《圣经》是犹太人的袖珍祖国。我认为《红楼梦》就是中国人的袖珍祖国。在《红楼梦》里可以看到中国文化所有的好东西，还能看到世界文化的精华，佛经、圣经都能在《红楼梦》中找到。在《红楼梦》中看得见你，看得见我，也看得见他，看得见过去、现在、未来。

红楼梦里秦可卿是最先死的。可是为什么呢？论美丽她是第一，美貌度是宝钗加黛玉，又是最能干的一个人，而且还很得人心。为何要让这样一个人在开场没多久就死去呢？一个大作家写人性，是人类的普遍性，曹雪芹是要说明一个人在最美丽的时候碰见谁很重要。我们来回顾一下秦可卿的故事，她是贾珍的儿媳，他俩恋爱了。曹雪芹并不是想从道德上批判它，他是要写一个人人生中有很多偶然，很多让人扼腕叹息的失败，一个不得不如此的飞蛾扑火式的失败。贾珍也不是个坏人，红楼梦没有写坏人。秦可卿有一大人生弱点被贾珍抓到：秦可卿是一个孤儿，在育婴堂长大，特别渴望长者的关爱。秦可卿在贾珍那里体会到了父爱，这是在贾蓉那里得不到的。

我们再看尤二姐和尤三姐，有首歌唱到：有多少爱可以重来。尤二姐本是一个小地方的美女，在见识了北京的繁华后离开了自己未婚夫张华。很多人在看文学作品时喜欢做道德谴责。曹雪芹对二人的经历是充满同情的，在两姐妹最美丽的时候所遇非人。

我们民族的健康的正能量，不在《三国》、《水浒》，不在《四书》、《五经》，而在《红楼梦》。

主讲者简介：

潘知常，南京大学国际传媒研究所所长，南京大学新闻传播学院教授、博士生导师。

刀与水——江南文化的特色

朱恒夫

中国由于幅员辽阔，各地的生产方式、地理环境、宗教信仰、教育水平、宗族组织等的不同，造成文化上存在较大的差异。按其文化的质地来划分，可以分成七大文化区域，即京都文化、中原文化、巴蜀文化、岭南文化、江南文化、关外文化与海派文化。今日我们要讨论的仅是江南文化。尽管江南文化特色鲜明，但是，无论是长期生活在江南的人，还是江南之外的人，大都不能将江南文化的特色概括出来，或不能准确地概括出来。我认识到的江南文化的特色，就是两个字："刀"与"水"。

一、江南文化区域

江南，字面意义为江之南面，在人文地理概念中特指长江以南。它的范畴有一个历史演变的过程。在六朝之前，江南指长江中下游流域以南，南岭、武夷山脉以北，即今日之湘赣浙沪全境与鄂皖苏长江以南地区，如汉乐府民歌《江南》中"江南可采莲，莲叶何田田"之"江南"的地域就十分宽泛。

我们所熟知的"江东"与"江西"的区域概念，早期都涵盖在江南之中。因长江在安徽境内向东北方向斜流，而以此段江为界确定东西和左右。江东指安徽芜湖以下的长江下游南岸地区，即今苏南、浙江北部及皖南部分地区以及今江西东北的地方。江西则是今江西省的大部分地区——所谓吴头楚尾，粤户闽庭。项羽兵败，临江而不肯过，言道："且籍与江东子弟八千人渡江而西，今无一人还，纵江东父兄怜而王我，我何面目见之！"此"江东"的概念即为此。唐宋时，人们将"江南"的区域缩小至皖南、苏南和浙江的杭嘉湖地区，杜甫《江南逢李龟年》"正是江南好风景，落花时节又逢君"、王安石《船泊瓜州》"春风又绿江南岸，明月何时照我还"中之"江南"就是此概念。近代以来，则缩小到长江三角洲。长江三角洲指长江和钱塘江在入海处冲积而成的三角洲平原，包括江苏省东南部和上海市、浙江省东北部，面积约5万平方公里。但是，上述的是江南的地理区域概念，它和江南的文化区域概念不一样。以人们约定俗成的江南文化区域概念而论，除了长江三角洲外，还包括南京、扬州、南通、宁波。扬州、南通虽然在江之北，但是，它们在文化特质方面和江南的核心区域苏州几无不同。扬州的园林近似于苏州的园林，苏州的昆曲在扬州有很大的市场，扬州的手工艺品和苏州的手工艺品是同样的风格。故从古到今，人们都是把扬州看作江南。南通原是海涂，成陆较晚，它的大多数人是从江南迁移过来，所以，南通人说吴语、唱吴歌、行吴俗，食品更是与吴地无异，因此，南通应划入江南文化区域。

可以这样说，划分文化区域的标准，不在于地理、方言，而在于有相同的生产方式、相同的风俗、相同的生活习惯、相同的人生理想、相同的伦理观念、相同的审美趣味，因为这些质素能够构成有别于他地的文化特质。

二、江南文化的发展历程

江南文化的特色并非一蹴而就，而是在经历了漫长的积淀与演变过程后形成的，其演变的催化剂则是不断吸收外来先进文化。

江南文化的根基可以追溯到河姆渡文化。河姆渡遗址考古资料表明，早在7000多年前，江南的人们就大量使用耒耜来从事农业生产。由发掘出来的150吨之多的已经炭化的囤积稻米来看，那时的吃饭问题就基本得到了解决。到了马家渡与马桥文化阶段，北方山东地区的岳石文化和中原地区的二里头文化开始融入江南的文化，江南文化主动地接受相对先进的北方文化的影响。

而从周代开始，北方文化不断地汇入江南，使得江南文化不断发展。回顾它的历程，约有六个阶梯。

一是泰伯建立勾吴国家，奠定了江南文化的基础。泰伯、仲雍为周太王之子，为避王室权力之争，来到江南，建国勾吴。他们定都梅里，建筑城郭，兴修水利，发展农业生产，使江南的文化得到了迅速的提升。到了寿梦的时代，文化水平已经相当高了。比如王子季札出使鲁国，在欣赏了周乐之后，以深密的感受力和卓绝的见识，分析了礼乐之教的深远蕴涵，以及周朝的盛衰之势，语惊四座，使众人为之青目。听到《唐》，他听出了思接千载的陶唐氏遗风；听到《大雅》，他在乐曲深广的气魄里，听到了文王之德；当《魏》歌四起，那“大而宽，俭而易”的盟主之志，辉映着以德辅行的文德之教。季札的音乐修养折射出了当时江南的文化水平。

二是秦汉统一全国，北方文化深入江南。秦王政二十四年（前223），秦灭楚。

二十五年（前222），秦将王翦“定荆江南地，降越君，置会稽郡”，以吴县（今苏州市姑苏区）为郡之首府。郡领春秋时的吴、越两国之地，大致相当于今江苏长江以南、安徽东南、上海西部以及浙江北部的地区。汉初，会稽郡又称吴郡。由于全国大一统，南北文化交流畅通。汉武帝元狩四年（119），又将大量中原百姓迁居会稽郡。随着北方人口的迁移，北方的文化亦汹涌而入，教育普遍开展，开始陆续出现影响全国的文化名人，如政治家陆贾、严助、朱买臣、严光、王充、赵晔等。

三是西晋末年北方士族南迁，江南文化掀起第一次高潮。《南史》卷七十二有这样的记载：“自中原沸腾，五马南渡，缀文之士，无乏于时。降及梁朝，其流弥胜。盖由时主儒雅，笃好文章，故才秀之士，焕乎俱集。”能够避难南方者，大都是士绅儒士。大家所熟知的东晋永和九年（353）三月初三的“兰亭雅集”，其参加者王羲之、谢安、谢万、孙绰、王凝之、王徽之、王献之等多是逃难江左的北方人。他们都是文化界的精英人物，定居南方之后，自然会发挥文化的传播与建设作用。不久，江南的文化就有了卓著的成绩。我们仅以镇江一地为例，就能让人惊叹不已。葛洪（284—364），在炼丹的试验中，了解到了汞和硫黄相互转化合成硫化汞的事实，认识了铅的化学变化特性，了解了铁与铜盐进行金属置换的作用，以及炼丹与医药学的密切关系，为世界近代化学的发展做出了里程碑式的贡献。

任南徐州（即今镇江）从事史的祖冲之，32岁时，在前辈数学家刘徽割圆术的基础上，计算出的圆周率的过剩近似值和不足近似值为8位有效数字（准确到小数点后7位数字），即$3.1415926<\pi<3.1415927$，领先世界一千多年。他还把数学方面的成就应用到历法研究上，制订出新的历法《大明历》。

齐梁时人刘勰（约465—约521）所撰写的《文心雕龙》，被公认为是中国文学理论批评史上第一部有严密体系的文学理论专著，标志着文学理论这一门独立学科的诞生。

梁武帝萧衍的长子萧统（501—531）编纂的《昭明文选》，收集了129位著名文人的诗歌与文章，时间跨度有七八百年，是中国文学史上的重要文献。

刘义庆（403—444）会同门生所编纂的《世说新语》在中国小说史上具有里程碑的意义，对后世影响很大，为后世戏曲、小说创作提供了不少素材，如元代关汉卿的《玉镜台》、《三国演义》中的望梅止渴和七步诗等，都取材于《世说新语》。

梁代中叶徐陵编成的《玉台新咏》是继《诗经》、《楚辞》之后又一部具有代表性的诗歌总集，语言通俗明白，保存了许多珍贵的文学资料，如《孔雀东南飞》、《木兰诗》、《陌上桑》和曹植的《弃妇诗》、庾信的《七夕诗》，等等。

这一时期镇江的石刻艺术在中国和世界雕塑史上有着非常重要的位置，所雕刻的石兽矫健灵动、精美动人。它们给人以完美的三维空间感，无论从什么角度看，都能获得实体感觉；整体与局部比例十分和谐，雕刻线条遒劲洗练，节奏非常明快。

四是大运河连接南北，江南文化追上北方文化。隋朝开凿了大运河，使南北交通空前便捷，有力地推动了江南经济的发展。到了唐代，全国经济中心南移，江南的中心苏州经济日趋繁荣，文化也随之发展，使得苏州不仅山清水秀、物华天宝，且人才济济、人文荟萃，诗人李白、杜甫、张继、杜牧、杜荀鹤等都曾驻足苏州，韦应物、白居易、刘禹锡等则任职于此。

苏州本地亦出现了名闻全国的诗人，如崔国辅、张旭、顾况、张籍、陆龟蒙等。唐大历十三年（778），苏州升为江南唯一的雄州。据李吉甫《元和郡县图志》记载，元和时苏州有十万零八百八十户。唐时一户五六人，则苏州人口已达五十万以上。

因经济富饶、文化发达，隋唐时即有歌曲《望江南》（或称《江南好》《忆江南》），表达了人们对江南的向往之情，代表作则是白居易作词的《江南好》："江南好，风景旧曾谙。日出江花红胜火，春来江水绿如蓝，能不忆江南？"

五是南宋迁都杭州，使中国文化中心南移。杭州在北宋时已经建设成了大都市，由柳永《望海潮》中的描述可以想见其繁华程度："东南形胜，三吴都会，钱塘自古繁华。烟柳画桥，风帘翠幕，参差十万人家。云树绕堤沙，怒涛卷霜雪，天堑无涯。市列珠玑，户盈罗绮，竞豪奢。"北宋灭亡之后，朝廷驻跸杭州，时称为"临安"。因临安成为国都，不仅北方的百姓纷纷迁移至此，南方其他地区的人也来此居住，于是这里人口骤然增加，据不完全统计，大约在250万。都市扩展了，形成了庞大的市民阶层，而应这一阶层精神需要的市民文化便应运而生，歌舞百戏，品种繁多，且技艺高超。

据时人耐得翁《都城纪胜》一书记载，当时杭州的表演艺术极为发达，瓦舍中以说为主的有说话、小说、讲史、说经，以唱为主的有唱赚、覆赚、鼓子词、诸宫调、陶真、涯词、合生、商谜、小唱、嘌唱、叫声、耍令、唱京词、唱拨不断、学像生、学乡谈、说药等，还有踩高跷、耍和尚、舞鲍老、胡旋舞以及相扑、幻术、傀儡戏、影戏等。

南宋之初或稍前诞生于浙江温州的戏剧，因唱南曲又名"南曲戏文"，其发展、盛行则在都城杭州，流传下来的代表性剧目为《张协状元》。

六是因明清江南教育大发展，文化从此领先全国。从明初开始，江南除了府学、县学之外，还有书院、社学、义塾与私塾等，学校可谓星罗棋布，当然，苏、锡、常、松、杭、嘉、湖的教育普及率更高一些，就是许多女性也享受着教育。清初的钱谦益编写的《列朝诗集小传》，在"闰集"中共收明代女性诗人123名，其中江南的才女就有40余名。清代嘉庆年间，许夔臣编辑《香咳集》，共收女诗人100名，其中江南女诗人即有20多名。千万不要以为，这些女子一定是像薛宝钗、林黛玉那样的大家闺秀，其实，江南许多普通人家的女孩子在明清时一样读书识字。

吴江的《同里志》记载了该镇许多女性诗人，其中有一人最能说明江南教育状况：“汪玉轸，字宜秋，陈昌言室。家赤贫，夫外出五年，撑拄家务，抚养五儿，俱以针黹供给，而有才如此，著有《宜秋诗钞》。”

一个经济赤贫，靠给人做针线活而抚育五个儿子的家庭妇女，居然会作诗，还结集成一本诗歌著作。若她生活的地方没有浓郁的读书风气，没有能给女子提供读书的条件，没有宽松的创作环境，这种事情是绝对不会出现的。

女子如此，男人读书就更没有问题了。江南在明清两代的教育成绩，我们可以通过科考的状况来了解。今据《明清进士题名录》统计，明清两代自明洪武四年（1371）首科到清光绪三十年（1904）末科，共举行殿试201科，外加博学鸿词科，不计翻译科、满洲进士科，共录取进士51681人，其中明代为24866人，清代为26815人。江南共考取进士7877人，占全国15.24%，其中明代为3864人，占全国的15.54%，清代为4013人，占全国14.95%。

总体而言，明清两代每7个进士，就有一个以上出自江南。这么高的比例，毫无疑问在全国独占鳌头。

教育是文化的基石，有了一流的教育，自然就有先进的文化。明清的小说家至少有三分之二出自江南，而产生于江南的昆曲则传播四方，雄踞剧坛达250年之久。

三、江南文化的特色

一是认准目标，坚忍不拔。江南文化刚露出端倪时，孔子就认识到江南人有不同于北方人的性格：“宽柔以教，不报无道，南方之强也，君子居之；衽金革，死而不厌，北方之强也。”意思是南方人不凭勇力做事，对于无道之人，他们不会用以牙还牙、以恶制恶的方式回应对方，而是以宽厚谦逊的君子之风去感化和消融对方。南方的人强在有君子之道。北方风气刚劲，人们以兵革为床席，不怕死，以勇武之力胜人。其实，这样的认识也不够全面。江南人的秉性主体上是以柔克刚，但是也有好武斗狠的一面。先秦之时，能够制造出最精良武器的地方是江南，干将莫邪的故事和当代出土后仍锋利无比的越王勾践剑就说明了这一点。如果彼时的江南人不喜舞刀弄剑，就不可能有人研制出精良的武器。著名的军事家孙子虽为北方人，但是让他成就一番事业的却是吴国。

清兵入关之后的情形，也能说明江南人不畏死亡的品性。清军入关之后，所向披靡，很短的时间内就席卷了北方，然而，到了江南，却遇到了顽强的抵抗。扬州、江阴、昆山、嘉定等地，合城军民，誓死守城，尤其是嘉定，清军共屠城三次，每一次被杀男女老幼都在万人以上，但是嘉定人毫不屈服。清军所到之处，强制推行“留头不留发，留发不留头”的剃发令，唯有江南许多士绅“头可断，发决不可剃”。

“卧薪尝胆”的故事则表现了江南人坚忍不拔的精神。亡国之君勾践已经被囚禁为奴，然而他能在无望中求希望，为了雪耻复国的伟大目标，作不惜一切的努力。

二是虚怀若谷，善于学习。由上述可知，一直到东晋之前，江南大部分地区仍属蛮荒之地。之所以能够在后来不断地前进，就在于他们有着宽广的襟怀。江南人不因泰伯是北方人而把他视为入侵者，相反，由于他带来先进的文化，自觉归附者有千万家之多，使得他在不动刀枪的情况下就能够建立起一个国家。两宋之际，江南的民间小戏虚心向北方的汴京杂剧学习，南北演唱艺术交汇融合，孕育出了后来遍及大半个中国的“南戏”。就是近代，在西方文明来到中国时，也只有江南人迅速接纳了西方的科技与文化，最早开办了西式的工业、金融业、城市服务业以及报纸、电台等传媒业。

三是浪漫情怀，富于想象。从文艺作品中最能看出这一点。北方的文学作品多是生活的写照，而江南的文学作品则多融入浓郁的情感。吴歌《子夜歌》的内容则完全不一样：“夜长不得眠，转侧听更鼓。无故欢相逢，使侬肝肠苦。”表现了恋爱男女浓郁而痛苦的思情。南北方的戏曲剧目亦有这样的差别。北方的剧目多表现帝王将相的政治生活与金戈铁马的战争故事，如《群英会》、《杨家将》等，而江南的则多是爱情故事，如《梁山伯与祝英台》、《红楼梦》等。

“一方水土养一方人”，江南文化的特色实际上就是江南人的特色。那么这些特色与江南人所在的地理环境有没有关系呢？有的。江南地理最突出之处就是水多，故称江南为“水乡”。诗人墨客吟咏江南的风光，无不表现其水。王安石在其《题西太一宫壁》中谓：“三十六陂春水，白头想见江南。”水造就了鱼米之乡，为了保卫天堂家园，江南人敢于拼斗；水能克刚，培育了江南人“君子之强”的性格；水联通了外部世界，使得江南人视野开阔，开拓进取；水的荡漾流动，养成了江南人浪漫的情怀。

“上有天堂，下有苏杭”，江南的风光之美、人物之美是无法用一次演讲说完的，让我们用五代词人韦庄的《菩萨蛮》来领略江南之美的意蕴吧：

人人尽说江南好游人只合江南老。 春水碧于天，画船听雨眠。 垆边人似月，皓腕凝霜雪。 未老莫还乡，还乡须断肠。

主讲者简介：朱恒夫，上海大学教授，博士生导师。

苏州地方文化系列

话说《蝶恋花》

周明华

今天正好是三月八日国际劳动妇女节，在今朝来谈谈《蝶恋花·答李淑一》（后简称《蝶》）这首词有着特殊的意义，因为这与两位伟大的女性有关，她们就是杨开慧与李淑一。我们先来欣赏一下由著名评弹演员余红仙用苏州评弹曲调谱曲演唱的《蝶》（作者：毛泽东）：

我失骄杨君失柳，杨柳轻扬直上重霄九。
问讯吴刚何所有？吴刚捧出桂花酒。
寂寞嫦娥舒广袖，万里长空且为忠魂舞。
忽报人间曾伏虎，泪飞顿作倾盆雨。

一、发表的背景与意义

毛泽东的《蝶》脍炙人口，家喻户晓，1958年却是最先发表在湖南师院院报元旦专刊上。毛泽东诗词大多数是在《诗刊》、《人民文学》、《解放军报》、《人民日报》、《红旗》等中央级报刊首发，为何唯有这首词，是在一所地方高校的院刊上首发呢？

1957年1月，毛泽东十八首诗词在《诗刊》创刊号发表。长沙第十中学语文教师李淑一（杨开慧的同窗好友）拜读后，回想起毛泽东早年曾用"虞美人"词牌填过一首词赠杨开慧，但只记得头两句了，便在1957年2月7日写信给毛泽东。信中她谈了自己读毛泽东诗词的感想，也附上了自己在1933年夏悼念丈夫柳直荀的词《菩萨蛮·惊梦》："兰闺索寞翻身早，夜来触动离愁了。底事太难堪，惊侬晓梦残。征人何处觅，六载无消息。醒忆别伊时，满衫清泪滋。"

李淑一在信中说："1933年夏，道路传言直荀牺牲，我结想成梦，大哭而醒，和泪填《菩萨蛮》一首。”同时请求毛泽东将赠杨开慧的《虞美人》全词抄赠给自己。

原来，1921年，毛泽东曾书赠杨开慧《虞美人·枕上》一词：“堆来枕上愁何状，江海翻波浪。夜长天色总难明，寂寞披衣起坐数星寒。晓来百念皆灰尽，剩有离人影。一钩残月向西流，对此不抛眼泪也无由。”

1957年5月11日，毛泽东复信给李淑一：“大作读毕，感慨系之。开慧所述那一首不好，不要写了罢。有《游仙》一首为赠。”并抄录了这首词。

李淑一收到毛泽东复信后，正在长沙第十中学实习的湖南师院中文系54级学生读到了这首词，激动万分，他们去信恳请毛主席同意他们将此新词在他们的“十月诗社”油印诗刊《鹰之歌》上发表。1957年11月25日，毛泽东给当时已升入四年级的“十月诗社”社长张明霞同学复信，欣然同意他们的请求：“张明霞同志：来信早收到，迟复为歉！《蝶恋花》一词可以在你们刊物上发表。《游仙》改《赠李淑一》。祝你们好！”

毛泽东还在“十月诗社”抄录并请求给予校正的词稿上，用铅笔将标题《蝶恋花·游仙》中的“游仙”二字删掉，改为“赠李淑一”。

毛泽东同志一生追求革命，投身于中国人民的解放事业。毛泽东一家共有六位亲人为中国革命献出了宝贵的生命：

——妻子杨开慧，1930年11月14日，在长沙浏阳门外识字岭被湖南军阀何健杀害。

——大弟毛泽民，1938年由党派到新疆工作，任财政厅厅长，1942年9月17日，被军阀盛世才逮捕入狱，次年9月27日被害于迪化（今乌鲁木齐）。

——二弟毛泽覃，1934年红军主力，长征后，留在赣南坚持游击战争，任独立师师长。同年4月，在掩护战友撤离时，被子弹射中，倒在了血泊中。

——堂妹毛泽建，是衡山游击队长，1929年8月，在湖南衡山县马王庙英勇就义。

——长子毛岸英，1951年10月随中国人民志愿军总部来到烽火连天的朝鲜。11月25日，志愿意军总部遭敌机轰炸，敌机扔下的凝固汽油弹吞食了整个房子，也吞食了这个年仅28岁的生命。

——侄儿毛楚雄，1946年8月10日，在随八路军谈判代表赴西安途中被胡宗南扣押。22日深夜，敌人将张文津、吴祖贻、毛楚雄等三位谈判代表押至城隍庙背后，活埋在石坎下的小渠旁。毛楚雄就义时年仅19岁。

全词用“骄杨”、“失柳”来体现作者对烈士们的无限哀思和念恋；用神话人物“吴刚”的“桂花酒”与“嫦娥”的“广袖舞”迎接二位“忠魂”的到来，来为英烈庆贺；用“伏虎”表示中国革命取得了成功；用“泪飞”、“倾盆雨”宣泄作者的一腔热忱和不可抑制的思想感情。

这是毛泽东同志怀念自己的亲人杨开慧与战友柳直荀，是用革命的英雄主义与革命的浪漫主义相结合的艺术手法创作而成的诗篇，表达了中国革命取得成功来之不易，是革命先烈们抛头颅、洒热血所换来的胜利成果。

《蝶》构思巧妙、用语精当，渲染着作者对“骄杨”的追恋之情和对“君柳”的战友之意，天上人间，忠魂泣神，革命胜利，来至不易。半个多世纪以来一直为人们所传颂。

《蝶》还是一幅令人赏心悦目、艺术极高的书法艺术品。毛泽东的狂草书法体现了一代伟人的博大胸怀和深厚的书法造诣，它不拘一格，差落有致，笔锋劲利，精妙娴熟，上下呼应，一气呵成。

二、关于词中的几个人物

毛泽东：1893年12月26日生于湖南湘潭韶山冲一个农民家庭。1976年9月9日在北京逝世。中国人民的领袖，马克思主义者，伟大的无产阶级革命家、战略家和理论家，中国共产党、中国人民解放军和中华人民共和国的主要缔造者和领导人，诗人，书法家。曾任中国共产党中央军事委员会主席，中国共产党中央政治局主席和中央委员会主席，中华人民共和国中央人民政府主席和中华人民共和国主席。

李淑一：1901年出身于书香门第，1997年逝世。上中学时与杨开慧（毛泽东夫人）结为好友，经杨介绍与柳直荀（革命先驱）认识，1924年与柳结婚，结婚三年左右，柳革命离家，李独自在家教书，养育儿子，两人再也没有见面，直到中华人民共和国成立后，李才知柳早在1932年就死在王明“左”倾路线的手里。她守了几十年的寡，一生十分坎坷。1957年5月，毛泽东给李淑一写信：“你如去看直荀的墓的时候，请为我代致悼意。”李淑一在接到毛泽东的这封信后，即将她早年写下的一首《菩萨蛮·惊梦》（1933年夏，一天晚上，李淑一在梦中见到丈夫衣带褴褛、血渍斑斑，不禁大哭而醒，于是连夜写下了《菩萨蛮·惊梦》一词）赠予毛泽东，毛泽东因此而写下了著名的《蝶恋花·答李淑一》以寄托他对杨开慧和柳直荀的哀思。按照有关标准，李淑一早年并没有参加革命，所以称她为柳直荀烈士的夫人。

杨开慧：毛泽东的第一任夫人。生了三个儿子：毛岸英、毛岸青、毛岸龙。1901年生，1921年加入中国共产党，是我国最早的社会主义青年团员、最早的共产党员之一，也是最早牺牲的中国共产党的早期党员之一。1921年与毛泽东结婚。1925年随毛泽东到韶山开展农民运动，担任过农民夜校教员，领导妇女开展反对封建势力的斗争。1927年大革命失败后，毛主席上了井冈山，杨开慧因三个儿子年龄太小，不能随军行动，再加上革命工作需要，就留在长沙做地下工作，担任中共湖南省委机关的交通、秘书。1930年在长沙被国民党反动派何键逮捕。为了能从杨开慧嘴里得到党中央和湖南省委的有关情报，国民党反动派特务对杨开慧施加了几乎所有重刑，严刑拷打，威逼利诱，但杨开慧同志打死不开口，视死如归，没有吐露一个字的秘密，坚贞不屈，她拒绝退党或声明与毛泽东脱离关系，并称“死不足惜，唯愿润之革命早日成功”。1930年11月，在长沙英勇就义，时年仅29岁。

柳直荀：李淑一的丈夫。1898年11月出生于湖南省长沙县，1912年考入长沙广益中学，结识了进步人士杨昌济，以及毛泽东、何叔衡、张昆弟等人，在毛泽东等人影响下开始学习和研究马克思主义。1924年2月，经何叔衡等人介绍加入中国共产党。大革命兴起后，柳直荀按党的要求，到湘潭等地开展农民运动。1926年7月，北伐军攻占长沙，柳直荀当选为新成立的省政府委员，并任省农民协会秘书长，为推动湖南农民运动蓬勃发展做出重要贡献。“四一二”反革命政变后，他立即发出声讨蒋介石的联合通电，动员民众与国民党新军阀作坚决的斗争。1927年5月21日长沙马日事变发生当天，他迅速发动农民自卫军奋起抵抗，组织数万农军进攻长沙。同年7月，与郭亮等人经武汉到南昌，被党组织编入贺龙的部队，参加南昌起义，后随军南下广东。不久被党派往上海、天津等地从事秘密斗争。1930年4月，受命到洪湖革命根据地工作，任红二军团政治部主任、军团前敌委员会委员兼红六军政委。1931年3月，柳直荀任红三军政治部主任和前委委员。他与贺龙、段德昌等同志率部队打退了敌人的多次围攻，为巩固和发展革命根据地做出了巨大贡献。在此期间，因他坚决反对党内和根据地内已经发展起来的“左”的错误方针和政策，被撤销在党和红军中的领导职务。1932年9月，柳直荀在湖北监利因肃反扩大化被错杀，时年34岁。1945年4月，中共中央给柳直荀平反昭雪，追认为革命烈士。

吴刚：《酉阳杂俎》称汉朝西河人吴刚，学仙犯错，被罚在月宫砍桂树。树高五百丈，刚砍过的地方立刻长好，因此他一直在砍。中国神话中的人物。

嫦娥：《后汉书·天文志》注：“羿请无死之药于西王母，姮娥窃之以奔月。”中国神话中的人物。

三、苏州评弹与《蝶恋花·答李淑一》之缘

苏州评弹被誉为“中国最美的声音”，2006年6月被列入首批国家级非物质文化遗产名录，而且在排行榜上名列榜首（曲艺类）。曾几何时，那么美好的优秀传统说唱曲艺艺术，竟被诬陷成“评弹是靡靡之音，听了要死人的”。

1959年《诗刊》公开发表毛泽东十九首诗词后，全国引起很大反响。尤其是《蝶恋花·答李淑一》一词，全国文艺界纷纷用各种不同的艺术形式来谱曲，来演唱此词牌，其中有李劫夫谱写的流行歌曲《蝶》、京剧演唱的《蝶》，等等。那么评弹《蝶》是怎么产生的呢？

1. 采访赵开生（作曲）

为此，我分别于2015年1月30日采访了作曲者赵开生老师（著名弹词表演艺术家，现年82岁）及江文兰（著名弹词表演艺术家，现年84岁）等。现将采访备忘录摘要如下：

周：赵老师《蝶》是您谱曲的？

赵：是的。当时主席的《蝶》一发表，引起全国轰动。当时的形势是提倡文艺要说新创新。我看到《蝶》一词非常优美而且意义深远，我就动手用我们苏州评弹的曲调来谱曲演唱。我在创作的过程中还得到了我的老师周云瑞先生的帮助，徐丽仙老师也为我出主意。

周：那么一开始是由谁演唱的呢？

赵：开始由我唱，后来男声高八度，上不去，只能用小嗓，不好听，所以由女声来唱。

江：后来叫石文磊唱，她唱得味道好，可惜嗓子喝不干（不够响亮），所以叫余红仙来唱，余嗓子好。

周：听说余红仙被称为“唱不死的余红仙”。还听说周总理也听过《蝶》？

赵：是的。那是大约1959年，中央在上海开会（八届七中全会），地点在锦江饭店。晚上休息有舞会，在五楼也开设了一个小型书场。那天晚上是陈云同志介绍周总理来听书，余红仙唱了《蝶》。听完后周总理接见我和余红仙。总理说：“唱得很好。”因为我是谱曲的，我对总理说：“那不是评弹老的唱腔，是重新谱写的。”周总理说：“不一定要原封不动的唱腔，只要能唱出情感、表达情绪，评弹革新就是成功。全盘继承，不是有出息的文艺工作者。”

赵：我问：“总理您听了觉得怎么样？”总理说：“好啊！不要管他是不是评弹，能表达主席的感情、革命的浪漫主义和革命的英雄主义就好。”

周：《蝶》影响很大，尤其是北方，人们只要提起《蝶》三个字，那就是评弹，评弹是什么？回答：《蝶》。

赵：是啊，周总理做了推广工作。成都军区、四川清音还有云南等地到上海来，专门来学评弹《蝶》。我问:“你们怎么知道评弹《蝶》的呢?”“是周总理介绍的呀!”

周:毛主席听过评弹《蝶》吗?

赵:是啊。我和李淑一在上海见过面。她说,她到中南海两次,在毛主席的书房里桌子上看到78转的老式唱片《蝶》,是主席在听评弹《蝶》。

周:《蝶》推广了评弹,宣传了评弹,但也带来了负面的影响。尤其是在“文革”十年,评弹遭摧残。

赵:“文革”初期,江青到上海搞样板戏,上海文化局召开文艺晚会,当时局长叫李太成,要我们上海评弹团唱一曲《蝶》。谁知道,演员刚出场,司仪报节目:“请听用评弹演唱的毛主席诗词《蝶》。”坐在下面的江青带了一伙人立即站起来,转身就走了。后来,又有几次晚会,当报的节目是评弹表演,江青起身就走,非常不礼貌。我们见了也很奇怪,我说了一句:“真没有礼貌。”谁知,被其他人听见了。文化局领导找我谈话:“赵开生你说话注意点。”粉碎“四人帮”后,我碰到赵丹(著名电影演员,和江青共事拍过电影),他对我说:“赵开生,你已经上了黑名单,只是江青要整的人太多了,你呀,还来不及整你,逃过一劫!”

周:所以“文革”中有一句话:江青说:“《蝶》是靡靡之音,听了要死人的。”后来评弹遭劫难,不准演唱,是吗?

赵:确实如此。

2. 采访吴宗锡(团长)

2015年2月14日采访吴宗锡(原中国曲艺家协会副主席、上海市文联副主席,原上海评弹团团长,现年91岁),地址:苏州评弹光裕社(苏州市第一天门8号)。

周:吴团长,听说中央在上海开会,在锦江饭店还办了一个评弹演出的小书场?

吴:当时,中央开会(大约1959年左右)在上海锦江饭店八楼,有一间面积不大的地方,搭了一只书台,晚上演出评弹。具体是我和弁局长(中央警卫局)一起操办的。

周:为什么会办书场呢?

吴:因为中央开会在白天,晚上休息。会议期间晚上有舞会,有人喜欢跳舞。陈云说:“那我们也来听听评弹吧。”所以才搞起这个书场,有70—80平方米,摆好位子,就是一只小书场,每天有演员来表演。后来听书的人越来越多,包括陈云、周总理、吕正操、薄一波等。

周:听说周总理也听了《蝶》?

吴:是的。当时周总理很忙。有一次周总理来书场,正好余红仙已唱好下台了。台上是沈伟辰、孙淑英演的《西厢记》。周总理坐下后就说:“再来一个!”我当时没搞清楚，就叫沈孙档不要走，再来一个。后来我明白了，我搞错了，总理要再来一个是要听《蝶》。这样，就叫余红仙出来，再唱一遍。总理说："唱得很好。"

周：赵开生是谱曲作者？

吴：是的。其实，作曲也有其他人如周云瑞也修改过。

周：那为什么是余红仙唱呢？

吴：开始也叫石文磊唱，但石的嗓子没有余的好，所以后来由余红仙唱了。

吴：后来，上海交响乐团著名指挥家司徒汉为评弹《蝶》专门谱伴奏曲交响乐《蝶》，气势很大。还拍了电影，影响很大。

从1959年到2015年，半个多世纪以来，由我们苏州评弹团用评弹曲调演唱的《蝶》红遍大江南北。如今，在北京、广州、深圳尤其是江浙沪评弹演出场所、风景旅游区、茶楼书场等，只要有苏州评弹表演的地方，《蝶》是必唱的经典节目。

在中国的北方地区，你问："什么是苏州评弹？""《蝶》啊！"因此，在北方，"蝶恋花"三字，已经成为一个代表性的名词——苏州评弹。如：著名歌唱家宋祖英在维也纳金色大厅演唱所选的曲目也是评弹《蝶》。最后保留下来，流传最广泛的是评弹版本的《蝶》。评弹演员余红仙靠《蝶》也因此一曲成名了。据说，周总理听了《蝶》后非常高兴，还纠正了余红仙一个表演动作，即关于"泪飞顿作倾盆雨"的表达方式。周总理提出"泪飞顿作倾盆雨"这一句，不是个人伤心落泪，而是体现诗人的革命浪漫主义和革命英雄主义气魄。

评弹因《蝶》而出足风头，也因《蝶》吃足苦头。因为江青听到《蝶》就吃醋，而怪罪于所谓"靡靡之音的苏州评弹"。她说"听了要死人的"，各地评弹团便相继停演并解散。大批评弹演员下放苏北农村"改造思想"，下放苏州灯泡厂吹电灯泡，接受工农再教育，而因演唱《蝶》而走红的评弹女演员余红仙被定为"文艺黑线培养出来的黑尖子"而受到批判。

据有关资料显示，《蝶》的发表还殃及众多相关人员，如著名电影导演郑君里。1937年在杭州六和塔，他曾当过蓝萍（即江青）与唐纳（苏州人，住平江路胡厢使巷，电影导演，和蓝萍结婚后，曾在苏居过住个二月）结婚时的男傧相和司仪。因毛主席写了《蝶》，江青醋性大发："我要找唐纳！"她给郑君里写信，问唐纳现在在哪里。（因为唐纳曾为了追求蓝萍二度自杀）郑接信后十分紧张，后将其信烧了。"文革"中，江青是中央文革小组副组长，又是文艺革命旗手，由"四人帮"之一的张春桥出面（张是上海市革命委员会宣传部部长）找郑君里谈话，要他把有关和蓝萍的材料交出来。郑君里被抄家，因其交不出信，被隔离审查，最后惨死监牢中。

四、关于《蝶恋花》词牌押韵问题

我讲一讲关于《蝶》的词牌问题。因为现在一般人心目中都有个误区，讲到《蝶》只知道是毛泽东的那首《蝶》，其实蝶恋花是词牌名。

词，又称“诗余”、“长短句”、“倚声”、“填词”，是诗歌的一种形式，调有定格、句有定数、字有定声。词分为小令、中调、长调，这是依字数多少来划分的。小令的字数在58个字以内，59—90个字为中调，而长调是91个字以上。

词的标题和词牌有着严格区别，词的标题是词的内容的集中体现，它概括了词的主要内容。词牌是一首词词调的名称。例如《沁园春·雪》这首词，“沁园春”是词牌，“雪”是词的标题；《卜算子·咏梅》这首词，“卜算子”是词牌名，“咏梅”是词的标题。因此，《蝶》人人可写，只是标题内容不同罢了。

词牌《蝶》又名《鹊踏枝》、《凤栖梧》，唐教坊曲。双调，六十字，分上下二阕，各四仄韵。宋代苏东坡和李清照也写过蝶恋花。

蝶恋花·春景　宋·苏轼

花褪残红青杏小。燕子飞时，绿水人家绕。
枝上柳绵吹又少，天涯何处无芳草！
墙里秋千墙外道。墙外行人，墙里佳人笑。
笑渐不闻声渐悄，多情却被无情恼。

蝶恋花·泪湿罗衣脂粉满　宋·李清照

泪湿罗衣脂粉满，四叠阳关，唱到千千遍。
人道山长水又断，潇潇微雨闻孤馆。
惜别伤离方寸乱，忘了临行，酒盏深和浅，
好把音书凭过雁，东莱不似蓬莱远。

我在研究毛泽东写的《蝶》的过程中发现最后几句在押韵方面好像出了点问题，不是同韵。请注意，苏轼和李清照的《蝶》都是一韵到底的，而毛主席的《蝶》却不一样。

上阕用“柳”、“九”、“有”、“酒”，属“头圆”韵。下阕用“袖”、“舞”、“虎”、“雨”，最后三句不是一韵，“舞”、“虎”为“歌苦”韵，“雨”为“支始”韵。怎么会出现三韵呢?

于是我就请教了不少苏州的词曲专家，90高龄良老专家告诉我，这是突破，古今有之。李白诗就有突破，沈德潜评论李白的《塞下曲》前四句说：“四语直下，从前未具此格。”又说：“一气直下，不就羁缚。”诗为五律，依惯例当于第二联作意思上的承转，但是李白却就首联顺势而下，不肯把苍凉情绪稍作收敛，这就突破了格律诗的羁绊，以气脉直行、豪纵不拘、语淡而雄浑为其特色了。

我又请教了苏州评弹学校的教务处长，著名词曲作者邢晏春先生。他发了条短信给我，内容大家可以看一下：“明华：主席《蝶恋花》关于“舞”、“雨”押韵事，今查，佩文诗韵上声七虞，词林正韵八语上声，中原音韵鱼模韵上声皆押韵，主席词完全正确。该词牌别名“鹊踏枝”、“黄金缕”、“卷珠帘”、“一箩金”、“鱼水同欢”、“凤栖梧”等。游仙是体裁，不是词牌名。此告。邢晏春上。”

第三种意见，就是毛泽东自己回答，其实，对这首词的不押韵之处，一向重视用韵、深谙格律的毛泽东是很明白的。1961年他自己注解“上下两韵不可改，只得仍此”。毛主席一直主张诗言志，认为格律是为内容服务的，所谓情动绳墨外，笔端起波澜，不必拘泥于格律。

五、关于“骄杨”与“杨花”及其他

毛主席所写的《蝶》题目经过几次改动：最早是《蝶恋花·游仙》，后改为《蝶恋花·赠李淑一》，后又改为《蝶恋花·答李淑一》。其词牌内容也作几次修改。

国学大师章士钊曾问毛泽东：“骄杨”为什么不用女字旁“娇”？因为一般词人写《蝶》都是抒发男女情感，形容女性则用“娇”字。毛主席写《蝶恋花》有他的意境和创意。毛泽东的老师杨昌济很喜爱毛泽东，当年他受聘去北大任教时毛泽东也一同跟随前往。毛住在杨家中，杨的女儿杨开慧很欣赏毛泽东，两人花前月下自由恋爱，所以毛泽东对杨开慧是一往情深。词中开篇称杨开慧为“骄杨”，为何不用“娇杨”？毛泽东解释：“女子为革命而丧其元，焉得不骄？”就是借骄阳的谐音书写了杨在自己心中的如日中天的生命形态、为革命洒尽热血的精神品格，同时还透露了自己不无骄傲的内心自豪与积聚多年的无限怆痛。

但是，在1961年9月，毛岸青、邵华请求父亲把《蝶》手书给他们作纪念。毛主席当即铺纸握笔，沉思片刻：“我失杨花君失柳，杨柳轻飏直上重霄九。问讯吴刚何所有，吴刚捧出桂花酒。寂寞嫦娥舒广袖，万里长空且为忠魂舞。忽报人间曾伏虎，泪挥顿作倾盆雨。”岸青、邵华问：“爸爸，不是‘骄杨’吗？”

毛主席答：称“杨花”也很贴切。同稿中毛主席还把“泪飞”改“泪挥”。

2014年4月还有一个资料显示，毛泽东早在1930年曾写过另一首《蝶恋花》：

蝶恋花·向板仓　毛泽东　1930 年寒冬

霞光褪去何凄楚，万箭穿心不似这般苦。
奈何吾身百莫赎，待到九泉愧谢汝。
无感霜风侵蚀骨，此生煎熬难与外人吐。
恸声悲歌催战鼓，更起刀枪向敌仇。

据文献记载，杨开慧壮烈牺牲时，毛泽东正在江西境内组织中央红军进行第一次反“围剿”。噩耗传来，毛泽东悲恸欲绝，写信给杨开慧堂哥杨开益，信中有“开慧之死，百身莫赎”内容，并附亲自拟就的碑文“毛母杨开慧墓 男岸英 岸青 岸龙刻 民国十九年冬立”，及立碑费用30块大洋，通过党的地下交通线设法转板仓杨家。杨开慧的牺牲对毛泽东精神打击很大，通过这首从未面世的《蝶恋花·向板仓》词可感受到。

主讲者简介：

周明华，苏州市评弹团一级艺术监督、苏州市曲艺家协会副主席、中国曲艺家协会会员。

苏州庆年堂

仇庆年

一、传统中国画颜料的研究

1964年春，我由苏州市工艺美术局安排进当时在市内皋桥头、东中市30多号的苏州市姜思序堂国画颜料生产合作社，随副主任（原私方代表）老艺人薛庚耀先生学艺，后一直从事各种绘画颜料的研究、制作工作。曾先后研制了铅锡管装国画色、瓶装广告色颜料、水彩色颜料、软管广告色颜料、水粉画颜料、浓缩广告色颜料、油画色颜料、蜡笔等。为了企业的生存，还研究墙粉涂料与建筑用胶水；提高、扩大书画印泥的生产，开发了精品八宝印泥、朱膘印泥、岱赭印泥、藏蓝印泥、象牙黑印泥等，称多彩印泥，使书画印泥向多彩化方向发展；还开发了精制套盒装中国画颜料，使传统产品高档化。从技术科长到技术副厂长，时间真快，五十年过去了，现已古稀之年。退休后，成了非物质文化遗产传统中国画颜料制作技艺代表性传承人。2005年5月，原姜思序堂在《苏州日报》登报倒闭。2006年，本人成立了苏州庆年堂仇氏颜料、印泥研究室。为申报传统国画颜料市、省、国家级非遗产与传承做了大量的工作。经几年的努力，在市文广电出版局、市文化保护中心的关心与支持下，本人将数十年来的工作经验、体会等做了一些总结，以传给后人，供大家分享。

1. 绘画来源于人类的劳动与生活

中国画是中国的民族绘画。不同于世界上其他民族的绘画，中国绘画具有独特的中华民族风格，有着悠久的历史，在人类的绘画史上有着举足轻重的地位。有人类的劳动活动，就有人类的绘画，有人类的绘画，便就有了颜料的创造和使用。原始人只是用木炭黑、铁矿石粉、石灰石粉、单色矿质粉在大石山壁上、山洞壁上绘粗线条，用动物、人、马、车等来表达当时人在劳动、生活中的感受。绘画艺术是从简到繁、从粗到细，有一个漫长的历史演变过程，是伴随人类劳动生活发展进步而逐渐发展起来的。

史前，新石器时代出土的陶罐上的红土、赭土，殷墟甲骨上的赤黑，洛阳出土的周朝的彩壶上使用了黄、青、朱、墨颜色，都证明人类很早就开始使用颜色，并在不断增加与发展。绘画的会合五色，即赤、黄、青、白、黑，这便是人类最初使用的天然颜色。

2. 传统颜料是绘制中国画的物质基础之一

我们今天在接受民族文化遗产时，对于绘画的物质和技法方面的了解，决不能忽视。如何认识和使用中国画颜料，是一个重要课题。除笔、纸、砚之外，墨（墨既是黑，黑色就属于颜料范畴了）即颜料是中国画的物质基础之一。对创造民族绘画艺术，发挥了极其重要的作用。

现在有不少绘画工作者不完全了解我们祖国优秀的传统绘画颜料，有些青少年在绘画中把软管的化工合成颜料当成传统中国画颜料。这一情况在一定程度上影响了人们特别是青少年一代。继承、传承、发展中国特有的传统绘画颜料，对传统中国画的发展也必然会产生影响。

3. 战、秦时期

当今人们可以看到彩色的文物，如古代建筑、字画、壁画遗存。我早年为寻找原料参与会议，路经长沙，去了2000多年前的马王堆古楚墓。该墓位于长沙东部，是20世纪60年代我国考古史上的一重大发现。三座古墓，从封土到墓底，深度20.5米。其中开挖出的一墓主人棺材，是二椁三材：二层椁是存放主人生前的青铜器、漆器、陶器、编钟乐器等大量随葬品。而三层棺木，每层有五十厘米之厚，漆棺大小有四层，层层套盒，用楸木制成。每层外面雕漆彩绘，富丽堂皇。棺内壁是朱砂大漆，尸主身上覆盖着T型帛白画（即丝绸画）。帛画上的人物、车马、仪仗，也以天然朱砂为画的主色调。是古代帛白、器物、漆画的大展览，更是古代颜料的大展示，让我们现代颜料制作人为之敬佩、感叹！

用天然颜料的绘画，作于2200多年前，展现了长沙王丞相轪侯利苍与妻子生活的场景，色彩鲜明的画面。朱砂漆内棺，有力证明了朱砂石、青石绿等颜料确实能经久不变，同时也真实反映出颜料使用发展过程。此外也证实，在绘画的源流上，颜料与绘画有密切不可分割的联系。

中国画颜料的发展过程并没有人记录下来，但历史遗物的记录更为珍贵。

马王堆楚墓中最引人注目的发现是一号墓中出有一具保存完好的女尸（湿尸）——利苍妻子。外形保存完整，全身润泽，毛发大都尚存，指纹清晰，皮下脂肪丰富，软组织尚有弹性。解剖后，发现内脏器官也保存完整外形。组织保存最好，胶原纤维接近新鲜样品，软骨细胞的膜和核仍清晰可见。蛋白质、糖类均有不同程度的保存。还能测出她的血型为A型，套的假发为B型。古人历来将朱砂、贡丹作为镇邪之宝，女尸为仰在地下埋藏2200多年经久不腐。专家的研究认为，由于深埋，女尸处在密封、恒湿、恒温、缺氧无菌的环境，棺椁中的朱砂贡液亦是帛画、漆器、女尸保存的不可缺少的条件。后为更好地保存文物、女尸，将女尸解剖，各脏器分别存放在装有防腐液的不同玻璃器皿内。

马王堆汉墓的出土，是封建遗族豪华生活的缩影，是古代劳动人民劳动和智慧的结晶，更是中华民族使用天然颜料绘画文明的光辉一页。

经过三年的考古发掘，轰动世界的陕西西安秦始皇兵马俑一号坑中出土彩俑。兵俑头脸彩色，使用了蛤粉、朱膘颜料，而兵俑身上是靛青与黑棕黛青色衣甲，并第一次发现了一件与战车伴出的盾牌。根据测量，盾牌高70厘米，宽50厘米，其尺寸正好是秦始皇陵铜车马上发现铜盾的两倍，刚好印证了之前对秦军使用盾牌大小的推测。据研究，这件秦盾是一件皮质、漆制彩绘盾，是战车上的士兵用于防护的兵器。使用朱砂、线文条、赭石底色，并绘有石绿色画案纹，纹饰勾勒非常细致。这些兵马俑的出土，对研究秦时军制、秦人葬俗等均具有重要意义。

4. 晋魏时期

从晋朝起，历经十六国、北魏、北周、隋、唐五代。北宋、西夏、元时期保存下来的壁画，大约5000平方米，是珍贵的历史遗产。这些壁画采用粗线条加平涂的技法，用色主要以铁红、石绿、石青三种，配以黑、白、灰等色，构成了早期壁画的基础色。

留存至今的甘肃河北走廊、丝绸之路上，其壁画的规模绝不是一个时间、一个朝代形成的，而是经历了千年的发展，直至唐武则天时期到达高潮，形成画廊。

敦煌、莫高窟壁画上使用的色彩，有红、黄、石青、石绿、白黑、朱砂，采用强烈的色调，有着大漠西北山林的野趣，还用上了靛青、橘黄、红花。前几种制法相对比较简单，只要研碾成粉，再加水洗漂即可。而后几种要通过比较复杂的制造加工过程，才能在绘画中使用。这说明我国当时已能利用天然原料，辅以较优良的技术来制作颜料了。后来的资料表明所用的这些原料大多不是敦煌地产，因为就是现在敦煌也不容易弄到这些原料。

有的使用银朱、黄丹，到现代看壁画上的“飞天”会变成黑人，就是人工银朱、黄丹日久变化的原因。这是古印度传入的技法，为部分民间画工所接受。一直到唐代武则天之后很长一段时间里，壁画造像还在发展，绝大部分在敦煌还有麦积山一侧，可以说是世界上时间最长、范围最大的天然颜料的绘画长廊。作为绘画工作者、艺术家、颜料制造者、颜料色彩的研究工作人员，敦煌壁画是值得我们去参观、考察与研究的宝地。

中科院原兰州化工研究所夏鼐先生集列的研究材料证实，敦煌壁画中有十一种原料，烟灰、高岭土、赭石、石青、石绿、朱砂、铅粉、靛蓝、胭脂等，这表示当时人们已掌握较复杂的制造工艺了。

中科院原兰州化工研究所周国信、夏如蕾等研究人员，在对敦煌壁画颜料进行考察研究时曾来苏州我技术部门调研。他们将壁画上因长期日晒雨淋、风化后而剥落下来的青色、绿色、赭色等颜料碎片带来让我看，我将近似的颜料样子让他们带回甘肃。后来研究人员告诉我说，他们通过先进的光学光谱色谱仪器分析，证明两种颜料虽然相隔有1600多年，但二者的化学成分是相同或是相似的。这又一次证明，这一时期许多天然矿物植物颜料已被人类所应用。同时又证实，这些自然的颜料确实有保持至今而不变的性能与成就。

5. 唐代

《历代帝王图》，初唐，阎立本作，绢本绘制，现在美国波士顿美术馆藏。颜色为单色、间色互相为用，对技术要求高。经过一千多年直到现在，只见绢本已斑驳，但颜色并未完全剥落。这就说明我们古代的画家不但善于运用色彩，而且运用他们的智慧使颜料抓紧了绢帛，经过多少年的舒卷，不脱、不落、不剥。

画家薛稷画雀，不但是形神姿态如生，而且一望即知鹤的雌雄和鹤的南北，所以李白、杜甫都写诗来称赞他。新罗国送来一只孔雀给皇帝（唐德宗李适）。这孔雀善于舞蹈，皇帝就命边鸾画孔雀，画成，仿佛孔雀真的按着音乐的节奏婆娑起舞。又说萧悦画竹，被当时的诗人白居易看到了，作诗题他画竹说："举头忽见不似画，低耳静听疑有声。"又说郭朝晖善画鸡，他常居郊外，养禽鸟玩弄，偶然心有所得，当即用笔作画，画成格律老劲，曲尽物性妙。

上面虽仅是文献上的记载，但可以说明，入唐以后，中国绘画进入一个新的发展时期。在故宫博物院陈列的《簪花仕女图》，其中人物、花和鹤、狗等反映了这一时期在绘画、壁画、器物方面显示出了生动、活泼的更高层次的艺术水平。同时，图上使用了朱砂、胭脂、赭石、蛤粉、花青、藤黄等颜料，反映出画家在颜料使用上的多样性和使用颜料的水平更加高明。

6. 五代

进入到五代，有一人叫顾闳中，江南人，南唐皇家画院的画师，擅长人物画。他所画一幅画卷长342厘米，高29厘米，是我国古代人物名画《韩熙载夜宴图》，分五段描绘。当时南唐统治集团日趋没落，内部矛盾尖锐，后主李煜为挽救其濒危的国运，想起用中书侍郎韩熙载做宰相，但又嫌其“北人”。韩熙载由于政治上的原因，于是“多好声伎”专为“夜饮”，李煜乃命画师颜闳中夜至其第，窥之。顾目视心记，描绘出《韩熙载夜宴图》。李煜见后，思想更加矛盾，不敢委以重任。《夜宴图》就是这样的历史背景下的产物。

此画以浓艳丰富的色彩表现，全卷四十六个神态各异的人物，衣冠装饰、帐幔、乐具、床椅、桌屏等均是封建统治阶层腐朽生活的记录。

从历史角度看，这是1000多年前的艺术绘画作品，画面上，颜料之丰富、色彩之鲜明、彩绘之细腻，经久而不变，同时反映了当时颜料色种、颜料制作工艺的进步与发展，供我们后人可借鉴之处还多矣。

画家顾闳中的作品传世仅此一卷，堪称“世界孤品”，尤为珍贵，真迹很难见得。如今看到的是水硬木刻版，历时八年印刷完成，因印刷程序烦琐，生产受很大限制，装潢形式保持原来面貌，借供国内外博物馆及有关艺术研究部门收藏家研究参政之用。

7. 宋代

进入宋代，绘画继承唐代的写生传统，发扬创造出更丰富多彩的形式，特别是花鸟画方面，到北宋后期，已经达到了光辉鼎盛。主张写生，主张从生活中塑造高韵的形象，尽可能地避开工巧。在设色的时候，反对流于轻薄，强调设色要委婉鲜华，不要只注重局部的描写，讲求形式和细密、分析和比较，集中地加以提炼，不失整体的精神，需要“形神兼备”，有高韵、有骨气，更巧妙地使用多种自然的颜料。“妙造自然”得到章法，设色周密不苟，达到“我师造化”的效果。

北宋赵佶《芙蓉锦鸡图》，绢本设色，故宫博物院藏。有高韵，有气骨。妙造花鸟图，形神兼备，显出他个人不同的风格，画的落款为瘦金体，细而有劲，柔中带刚。图上使用花青、朱砂、朱膘、赭石、蛤粉、白蕉等颜料。

还有《虢国夫人游春图》（宋摹本），赵佶，绢本设色，现辽宁博物馆藏。图面工整、细腻，在用色上已经是多种多样，越来越丰富多彩了。

宋徽宗时期，指导性理论的影响和刺激促进了创作，加上皇帝本人喜欢作画，朝中设立有翰林国画院。宣布：天下画家以不模仿古人而物之情态形色俱若自然，笔韵高简为上。并为民间画家设题考试，以古诗词名句作题目，画一幅画，考中者，在画院中拥有待诏、侯、画学、学生等官价，以表示绘画技术的等级区别。

我们看宋代的院画，有它特别的优点，但也存在缺点，特别是后来有颓废的萎靡不振的东西，这需要一分为二。

到南宋时，虽仍继承北宋的传统而有所发展，但深度变化不够大，继承的成分比较多，如故宫博物院陈列的李迪的作品，他是学习徐熙和崔白的，由他又传给他儿子李德茂，绘有《骏犬图》、《雏鸡图》。

当然，像故宫博物院绘画馆陈列的《双鸳鸯图》、《枇杷绣羽图》、《群鱼对藻图》、《梅竹双雀图》等，都是这一时期周密不苟、色泽文雅的被人喜爱的作品。这一时期有名画家马远和马麟父子，马远用他创造性的山水的画法写梅画溪，描写群鹭在溪水中的动态，都富于创造性，特别是在构图方面，为群鹭创造出优雅美静的环境，一角画出梅花出枝、广宽水面、多姿群鹭，虽然使用颜料色种不多，在于妙巧施色，更使人觉得冷艳芬芳，有一种素净的自然美感。

北宋政和三年（1113），翰林书画院学子，十八岁的青年画家王希孟惴惴不安地将自己为时半年多绘制而成的《千里江山图卷》恭呈御前。宋徽宗赵佶对这位年轻人以石青、石绿为全基调创造而成的山水长卷颇为嘉许，以为“其性可教”，并亲授笔墨技法。近12米长的《千里江山图卷》以大量的天然矿物为颜料，用两面着色法，使用颜料很讲究。大青大绿，染天染地，在传承有序的千余年来，依旧保持着初绘时的灿烂芳华，成为中国十大传世名画之一，是青绿山水画中的鸿篇巨作，名赫千古。

在翰林书画院，对于颜料的选择和使用，真可谓百花齐放。

8. 元朝

这时期“高人逸士”的水墨画大行其道。大青大绿的重彩绘画被所谓文人墨客当作“院体”，不被看重。这段时间，只有十几位善喜颜色的画家，真是屈指可数，这是画风变化所致，其中还有主张要清雅着色的。

元末明初，画家陶宗仪在他的《辍耕录》中写有绘画十三科，第三科便是“雕青嵌绿”，是一种青绿山水方法。尽管所谓士大夫们提倡水墨画，追求淡雅。而劳动人民喜爱雕青嵌绿，鲜明地被列入第十三科而依旧存在。所谓世俗，还是民众欢迎喜爱的东西，需要发展的东西。书中还介绍画人像用的“彩绘法”，是元代王铎传授的写像彩绘法，详细介绍人像如何使用各色传统颜料的技巧，值得今日人物画家一读。还是一篇重要的记述，从中可以看出中国画颜料的发展。

9. 明朝

基本上，到了明朝，绘画沿着兼工的方面发展，也设立翰林图画院，在武英殿置待诏。在仁智殿置画工。这一时期，画已发展成了多种形式。写意图画细分成了小写意与大写意。其中翰林画家边文进等继承南宋的画技而发展下去。

进入明朝，文艺复兴，中国画的发展进入了一个高度发展的繁华鼎盛的时期。

10. 清代

清中期，来中国的西方传教士逐步增多，纷纷传扬西方天主，基督教，西方的文化随着经济的往来频繁也逐渐渗透。

传教士与朝廷也有往来。意大利传教士画家被请进宫中。当时，照相机还未见世。清宫中，皇家逢过节祭祖，便请出“喜神”进行叩拜。何为“喜神”？就是请西洋画家用素描法画好祖先如康熙、乾隆等太祖太宗的面像，再用传统国画颜料绘上他们生前的龙袍服饰，再裱成中堂轴，所用颜料有蛤粉、铅粉、朱膘、石青、石绿、胭脂、洋红、赭石、朱砂等，这种后人供奉用的祖宗像就是喜神。民间官家、有钱商家也要挂上喜神，让后人供奉纪念用。随着照相机的发明，照片代替了画像。当时有著名的意大利西洋画家，专为皇家画像，慈禧等就由郎世宁画像。

时间长了，郎世宁喜爱上中国的传统画与中国颜料，所以郎世宁绘有很多中国画，有人物、山水、花鸟等多种题材，西方的一些洋颜料如西洋红、钛白粉等就是在那个时期传入中国的。郎世宁的画结构严谨、色彩鲜艳，可以讲是当时外国人中绘画中国画较有成就的一位，为中西方绘画的交流做出了贡献。至今故宫还藏有他的不少传统题材的画作。

二、传统国画颜料在苏州地区使用的历史实例

20世纪70年代初，苏州南门地区的瑞光塔还未修缮，我有几个小孩玩友，大家胆子大，爬入塔中，游玩中偶然发现佛龛盒宝箱。事后，经文物考古工作人员挖掘，塔中出土了瑞光舍利宝幢，现为苏州博物馆收藏。宝幢外有一龛盒为四方形，色泽以赤色为主，主要采用朱砂、赭石、石青、石绿、泥金、蛤粉等颜料。龛盒上面有天王像图，威严生动。据专家说它是在继承唐代设色风格的基础上发展而来的，是那一个时期佛像画的代表作品。这一出土现是苏州博物馆镇馆藏品之一，是北宋时期的物品。

还有一例：原吴县东山镇紫金庵，现属苏州市吴中区境内，坐落在东山镇近太湖西卯坞里。庵内大殿左右两壁，塑有十六尊泥塑彩绘罗汉像，距今已有1400多年。塑像比例适度、容貌各异、惟妙惟肖、五彩缤纷，尤以“慧眼、经盖、华盖”三宝著称于世。世人称：天下罗汉两堂半。苏州紫金庵罗汉堂就是其中一堂。

据“文革”前一位庵中工作人员对我们一起去参观的制色同志介绍，当初罗汉、经盖、彩云等就是使用了天然的颜料，石青、朱砂、雄黄、石黄、蛤粉等。相传为南宋时期民间雕塑名人雷潮夫妇二人的手笔，2006年已被列入全国重点文物保护单位。

从苏州瑞光塔中出土的四天王像和吴中区东山紫金庵罗汉彩绘都是传统国画颜料绘材在苏州城区使用的古代实例。

姑苏，从吴国开国之祖泰伯到明代，手工业逐渐发展，到了明中期，特别是在阊门一带，水、陆交通发达，手艺商贾来来往往，乡镇、中心城市空前兴盛，市民、工匠阶层人口日益增长。在这经济繁荣、文化发达的环境条件下，一个以沈周（沈石田）、文徵明（文衡山）、唐寅（唐伯虎）、仇英（仇实父）四人（明四家）为代表的吴门画派逐渐形成。

伴随物质生活富足而来的，必然是市民精神、物质、消费需求的增长，代表着城市文明进步、百姓生活提高，称为都市的民间文艺复兴。其主要代表人物是苏州、扬州、金陵、杭州等画家、画工、画匠、书法家、民间艺术、文化艺术家。

“明四家”是吴门画派的领军人物。分别为沈周，字启南，原吴门，今相城老阳澄湖人；文徵明，字征仲，阊门内曹家巷人；唐寅，字伯虎，别属六如居士、桃花庵主，苏州阊门吴趋坊人；仇英，字实父，号十洲，江苏太仓人，后只身来到苏州阊门当漆工，后来在桃花坞一带学画，成为“明四家”之一。他们也是吴门画派的代表人物，是中流砥柱。他们为世人留下了不朽的名著，是使用中国画颜料的高手，也是享誉全国乃至世界的画家。

在中国绘画史上，沈周、文徵明、唐寅、仇英为代表的“明四家”，承前启后、继往开来，在中国占有极为重要的地位，对今日乃至后世都必将产生深远的影响。至今，“明四家”的作品为北京故宫博物院、台湾“故宫博物院”、美国国立博物馆、大英帝国博物馆、法国巴黎博物馆等博物馆收藏，私人收藏家也将其作为世界精品而收藏。他们的绘画作品，对人类有着非凡的意义。他们的作品，不但是中国的实物遗产，同时是世界人民不可再造的宝贵遗产。画上的颜料自然是传统中国画天然颜料，因为五百年前，还没有软管装的国画颜料。

吴门画派基本上继承发扬“明四家”的艺术风格，不少画家拓展视野，突破程式，创作出极为精美的珍品，发扬光大了吴门画派。

时间进入清代。董其昌（1555—1636），字玄宰，号思白，华亭人（今上海市松江县）。董其昌、莫是龙、陈继儒、沈士充等人对文人画变革的贡献概括为实践和理论这两大部分。继后，有“清四王”：王时敏、王翚、王原祁、王鉴。王时敏（1592—1680），字逊之，号烟客，江苏太仓人。王鉴（1598—1677），字玄照，江苏太仓人，明代文人王世贞曾孙。王原祁（1642—1715），字茂京，号麓台，是王时敏的孙子，入仕清廷，位至高官。王翚（1632—1717），字石谷，号耕烟散人，江苏常熟人。另有恽格

（1633—1690），字寿中，号南田（江苏武进人）。重视对客观对象的观察体验。对花临写，创造一种新风格“没骨法”。他的花卉、鱼鸟重色轻墨，善于使用颜色。色泽湿馨，不艳、不腻、不俗，毫无脂粉华糜之态。

清廷画家徐扬，苏州专诸巷人。1700年左右，因乾隆皇帝南巡江南，看中他的山水作品，他调至京城成为宫廷画家。徐扬表示感谢，用了十年的时间将他熟悉的家乡苏州，从虎丘、山塘、阊门、胥门、胥江、石湖、上方山，直到木渎、天平，在长卷上绘制出来。作品构图完整，笔法细密，色彩绚丽、文静，几乎用上了天然颜料所有色种，生动反映了三百多年前苏州的繁荣情景，称“盛世滋生图”，亦称“姑苏繁华图”。清末皇帝溥仪，见画上盖有乾隆等帝的御章，认为爷爷的爷爷喜欢的宝贝定是无价之宝，出宫时便带在身边。直至日本战败，此画被政府收回。现此图为辽宁省博物馆所收藏。此图与宋开封《清明上河图》长卷并称南北两大国宝级长卷，是中国绘画史上罕见的长篇画作。

清末画家任颐（1840—1895），字伯年，浙江山阴人。他是一个全才型画家，人物、肖像、山水、花鸟，无所不精。早年师承任熊、任熏，中青年后从八大山人。绘作正义化身钟馗，人物脸部正气浩然，从帽、脸、衣袍、靴全用真朱砂描绘，定有镇邪之效果。2008年初夏，应邀去香港净莲志院（寺院）作苏州传统颜料文化的讲学。院主持讲，抄写佛经一定要使用真金、真朱砂，才能敬佛、镇邪。历代皇帝都是使用真朱砂下旨御批，说是威严、镇邪。

吴门画派画坛，在民国有吴大澂、陆廉夫、吴昌硕、倪墨耕等人。吴昌硕（1844—1927），安吉人，三十岁移居苏州，研究书法与国画，其画风学八大山人、石涛，工于藤本花卉，是后期海派画坛领导。

吴门画派，六百多年来，生生不息，如长江之水，滔滔不绝。代表人物有北京齐白石、徐悲鸿、吴作人、刘海粟、唐云、程十发、傅抱石、宋文治、言恭达……

苏州著名画家张晋、谢孝思、费新我、张辛稼、许十明、蒋咏秋、吴石渔、柳君然、瓦翁、沈子丞、崔护、许绍青、周天民、朱欣生、曹逸如、沈彬如等都是吴门画派的代表人物，使用着苏州的传统国画颜料。

20世纪80年代以来，改革大潮席卷祖国大地，新的吴门画派跟随时代浪潮，新人新画新事辈出，大批新吴门派人才涌现。代表人物有苏州工艺美术职工大学原校长，花鸟大师张继馨老先生；苏州市国画院原副院长，山水园林大师孙君良；山水人物大师马伯乐；苏州国画院原副院长，山水（油画）大师刘懋善；人物花鸟画大师，苏州市文广新局原副局长，苏州市国画院院长周矩敏；水乡画大师杨明义；人物肖像大师，市政协原副主席刘振夏；花鸟大师徐源绍；书法大师谭以文；人物大师王锡麒；山水人物大师张晓飞；山水画家邵文君；人物画家程宗元；传统山水画家顾荣元；花鸟画家吴湛园、宫音；口笔花鸟画家冯涌源；花鸟、金鱼画家王亚平；实力派山水动物画家陈如冬；苏州市美协主席，人物画家徐惠泉；山水花鸟画家姚新峰；山水画家冯豪、徐贤、张青涛、王葵、王为民等。后起之秀有孙宽、张迎春、沈宁等。

三、中国画颜料的来历

上述中国绘画历史几个代表性的发展阶段，也是制造、使用颜料历史性代表阶段。颜料是绘画的物质基础之一，伴随绘画的发展，颜料需求日益增加，颜料制作也随之进一步发展起来。

在商业还不够发达的时期，社会分工也没有那详细。可以说，在中国有相当长的一段时期，并没有专门的颜料制作行业，一般是使用者自己寻找原料，自己做颜料，自己作画。

据说明时，大游行家，地理、地质学家徐霞客，从长江口一直西行至长江中上游，考察祖国深山大川，至云贵高山地区，就曾发现珍贵的朱砂矿源。回来后，制作了朱砂颜料，自己使用外还送于其他画家与友人使用。朱砂历来是名贵的药材与画材，从汉唐以来，历代皇帝就都会用朱砂颜色作御批，书写奏折与圣旨，以示正气、神圣、庄严。

我们从曹雪芹《红楼梦》第四十二回中可见，说宝玉道：“家里雪浪纸，又大又托墨。”宝钗说道：“那雪浪纸，写字、画写意画儿，或是会山水的南宗山水，托墨，禁得皴搜？……就是配这些青绿颜色并泥金泥银也得他们配去。你们也得另拢上风炉子，预备化胶、出胶、洗笔……”“箭头朱四两，南赭四两，石黄四两，石绿四两，管黄四两，广花八两，蛤粉四匣，胭脂十片，广匀胶四两、净矾四两……”可以说明曹雪芹不但是一位伟大的文学家，并且是不凡的国画家。还从宝玉书录：“宝钗要的颜色。咱们淘澄、飞跌着……”这里的“飞跌”指“水飞法”。水飞是漂洗颜料的一种方法，是兑入胶水后，根据颜料颗粒的大小、浮沉的难易、胶水上浮的性质，应用比重的原理，使颜料明显由深至浅各有效出。宝玉还记下顶细绢箩四个、粗绢四个、大小乳钵四个、大粗碗二十个、五寸粗碟十个、风炉两个、砂锅大小四个、新瓷罐二口、新水桶四个、布袋四条、生姜、酱半斤等工具。写得如此详细，更说明曹雪芹本人还是熟知天然颜料的高手。书中多处对绘画、颜料的描述就更可知一斑了。

1. 雪浪纸：一种优质纤维的宣纸，造于画山水、树石。

2. 皴搜：疑为“皴擦”之误。皴擦又叫皴染，传统国画的一种技法，多用于表现山石峰峦及树身的纹理。先勾出山石等轮廓，再蘸水墨，染出层次、向背、质感来。常需要多次染色。

3. 化胶、出胶：制色过程中的俗语。

4. 箭头朱：箭簇朱砂矿，属朱砂矿中一种，是上好朱砂。

5. 管黄：竹管藤黄。由一种稀少野生藤树汁慢慢滴入竹管自然干燥而成。

6. 蛤粉：水生蛤壳。去壳内外表层，取其中层，经细研精漂、沉淀而成。

7. 胭脂：取胭脂虫的巢，经古老手法取炼其色，染在棉花饼上，干燥后使用，故称胭脂片，属动物性颜色。古代妇女用此染嘴。

8. 广匀胶：出在广东佛山郊外，用牛皮制得，亦称黄明胶。传说佛山间有泉水出，最适宜洗制明胶。

传统国画颜料的原材与中国古老药材同源。传统颜料的原料主要以矿物、动物、植物等为主，大多来自大自然，与许多中药材原料是同根同源的。

从古至今，传统绘画中的红色，古人称朱。《本草纲目》李时珍曰："丹乃石名，其字从井点一点，象丹在井之形。后人以井为朱色之名，故呼朱砂。最上者，如镜面发光为光明砂，光明照彻，大者如鸡卵，小者如枣栗，入药及画俱善。"

绘画中使用的朱砂，从天然朱砂矿中提取而来。而西药降压片出现之前，中药中的"朱砂"丹药，就用于镇静去邪、养精神、安魂魄、通血脉、治惊厥，起降血压之效。

历代皇帝都是用朱砂颜色写圣旨、作御批的，以示庄严、压邪，色赤而能经久不变。例如，传统国画颜料中的重要颜色，植物性颜料花青，画家都叫"花青"，实际上是一种文静、优雅、透明的深蓝色。画面用上花青，就会使画面出现与其他画种不同的富有中国画气息的特别氛围。中药中的青黛、青黛散都是植物性原料，都取自蓼草中的蓝靛素。

又如，传统颜料的赭石原料与中药中的石类药材赭石，都是天然大山中的赭铁矿石。还有，传统绘画中使用取自雄黄橘黄颜色和雌黄的石黄颜色作为颜料，而中药里雄黄粉、雌黄粉是用于外敷、消毒、消肿、去毒、收敛等，称之为"以毒攻毒"。成分相同或近似，而在使用上全然不同。

绘画是用其色泽，而中药是用其成分。

梁代画家、古中医学家陶弘景（452—536）在《名医别录》上载：空青生有铜处。这与近代学者认为的兰铜矿不是盐基性碳酸铜而是产于赤铜矿是相吻合的，有空青、扁青、曾青、白青、沙青等。（注：空青即指兰铜矿石）说明陶弘景不但是一位画家，并且是一位名医，不仅会制作绘画颜料，还是会制中药的好手。

早期中药材的加工器具和手工颜料制作的器具也是极为相同或相类似的，例如有研钵、研柱、研架、“铁船”、乳钵等。中医药材与中国画颜料，都是中国古老的医道与技艺，是悠久的文化与珍宝。中医药材是治病救人的大遗产，而中国画颜料因自然资源越来越稀缺，至今面临消亡，但二者都是人类文明悠久的遗产。

四、中国画颜料在绘画中的重要性

把中国画叫“丹青”，是我国劳动人民对绘画艺术特定的称谓，是一种泛指。这不仅说明了我国绘画常用“丹红”即朱砂和花青、石青作为作画中的常用代表性颜色，而且也突出了国画传统着重敷彩的特点，如“没骨”、“全碧”、“浅绛”等，固然借重色彩的表现，甚至“水墨”作品也往往求助色彩的烘染，如王叔明画，全不设色，只以赭石澹水润松身，略勾轮廓，便风采绝伦。

由此可见，颜色与绘画就像音符与乐章一样，是艺术表现必用之物。同样，中国画用中国画颜料来表现，就像中国曲子用中国乐器来演奏一样，皆是构成中国独特的民族艺术的重要因素。当然，艺术领域的民族性，主要是取决于内容和形式，但也涉及方法和工具。即如上述，漫长的历史中，画工、画家对研漂提炼，各有技长，心得不尽相同。有关制色研究的文字，散见在各种著作中。对颜料的要求，总的来讲，色泽鲜净、细腻腴润、经久不变、多裱不脱。可以说，中国画颜料和笔墨纸砚一样是绘画的必备之物，是书画的物质基础，都是中国的文房之宝。

五、近代以来中国画颜料的制造与使用简化

百年来，由于天然矿物、植物、动物类的原料日益稀少与短缺，原料越来越难寻。在我当艺徒时，石绿原料已经要从几个大的玉雕厂做玉器的下脚料中购得，来制作颜料。原材料有时好，有时坏，没有保证。传统颜料没有成为单位主产品，加之外国颜料的大量进入，合成颜料、人造颜料、化工颜料的发展，国二、三家生产传统颜料的厂家因各种原因，产量极低，其售价亦越来越昂贵。（注：与软管装的国画色价格相比而言。）

大部分美术工作者、画家使用的是软管装的国画色，它是由化工颜料、填充料调和成近似传统的石青、石绿等。真正懂行的老画家称它为“代用品”，价格低，使用方便。

就连桃花坞的木刻“文革”前还使用传统颜料，而后，也因价格、销售方面的缘故都改用化工颜料、染料来印制年画了。大部分青年画家、习作者更多是学生，对传统颜料的价格望而生畏，因而也造成青年绘画者对传统国画颜料的性能及使用方法越来越不了解。外行人就更不知道什么是传统国画颜料了，不知道如何使用传统颜料。在一幅优秀绘画艺术品中，他们对颜色对其作品的重要作用没有根本的认识。我国的传统颜料已濒临失传的危机。

历代以来，遗承下来的壁画、古建筑图、寺院画、石窟画、字画卷轴上的设色及绘制技法是先辈留传下来的，是可见的实物遗产，对于继承古代艺术很有研究参考的价值，所以有必要对我国古代绘画颜料的成就、色彩的运用进行深入的分析、研究。我国绘画作品具有很高的历史和艺术价值，这些宝贵的艺术遗产远的有两千多年的历史，近的也有五六百年的历史。历代画家在运用笔墨颜料上给我们留下了极其珍贵的财富，这归功于历代画家与颜料工匠们对颜料的钻研劳动和辛苦的创造。

软管装国画颜料是20世纪60年代初才开始试制出的绘画用品，它主要成分是化工原料及必需的填充料，至今只有近五十年的使用历史，颜色的持久性还有待历史的考验：是否能保持千年不变？这是绝大多数画家没有考虑过的问题。

所以，我在此慎告绘画爱好者们，特别是博物馆的画家、裱画师们，在修复历史真迹，修复、复制精品时，还是使用传统颜料为妥。

由于近百年来，传统国画颜料没有得到应有的重视和开发研究，而传统颜料在绘画中具有流芳千年的重要作用，有必要对于传统颜料的运用及色彩的调配进行宣传辅导，以致推广。

已故画家王定理先生指出，在前些年清库时，发现一批比较好的艺术品。他参加法国的沙龙美展，负责国画部分，在挑选参展作品时，选了较好的作品参加，但将原作打开时，发现画作的色彩已起了变化，失去了原有的气氛，故而落选。这说明了颜色在一幅绘画作品中具有十分重要的作用。如果在颜色上用之不当是经不起时间考验的。从历史的角度看，又怎能放置千年呢？我们当代画家对颜料的选择和应用是否需要思考与研究呢？

六、传统国画颜料产品介绍

天然的颜料，借于自然，还入画中。深藏地下千万年的矿藏，到了制色人手中，便会脱胎换骨，成为世上至纯至牢的颜色。中国画中的设青山以“丹青”为名，这是因为颜色给了它精、气、神。然而如今，传统的中国画颜料几乎都被化学颜料取代，只有我仇庆年一个古稀之年的老颜料匠和少数钟爱传统的画家，还坚持古法制色。用这种颜料绘制的国画中的色彩，不会因为时间而淡化、枯谢。马王堆古墓的出土、敦煌壁画的佐证，其艳丽永固的原因，是由于使用了珍贵“石色”。种种性质稳定的矿物，粉身成尘，最终化为斑斓众色。

想想，这些天然之石做成的颜料，怎么可能不牢固，怎么可能不美？传统颜料的色彩不是人造的，我们只是把它们从自然中“借”出来，再由画家返还到画中的“自然”中去，这才是真正的中国画。

自然万物为我们所用，分辨细微的差异，制成有梯度的色彩，这使得古人所用的颜料更为丰富。更重要的是，这种获取颜色的渠道与西式颜料进行化工合成的方法迥异。自然、清新、细腻、逼真，又有千年不褪色的品质，是一些现代化工原料望尘莫及的。

中国画颜料以天然矿物、植物及动物、真金银等为主要原料，经过艺人鉴别到产地采集，回来精心挑选、分类、粉碎、去杂、研磨、沉淀、漂洗、分色。膏状颜料还需经炼胶、制胶、浸润、煮炼、烘焙等多道工艺过程。因各种原材料性质不同，制作过程与方法也就各不相同了。

根据传统颜料的性质差异，有些制成膏状颜料，有些只能制成粉状颜料，所以，一般来讲，传统颜料可分为：

第一类：为膏状（膏子）颜料（含胶原卵）；

第二类：为粉状（粉子）颜料（无胶颜料）；

第三类：锦盒、酒盅装十四色（内加一盒镜面八宝印泥）中国画颜料套装盒，是为传统中国画颜料走向高档化、礼品化而设计制造的。

主讲者简介：

仇庆年，“姜思序堂国画颜料制作技艺”代表性传承人。

苏州老街巷

潘君明

苏州是一座具有2500多年的历史古城，文化底蕴十分深厚。别的不说，就说苏州城的街巷，文化底蕴也非常了得，不是吗？城市内的一切，都存在于街巷之中。城市内的人文典故、特色风貌、社会风情，也在街巷中体现出来，由此形成了深厚的街巷文化。本人在2012年出版的《苏州街巷文化》、2013年出版的《苏州古城街巷梳辨录》两本书，就体现了这一点。

苏州城的街巷名称，有着本地的特色。具体有哪些呢？

1. 与历史人物有关的街巷（历史人物姓名、官衔、荣誉等）；

2. 与文化性建筑有关的街巷（园林、宝塔、寺庙、道观、皇宫、官衙、学校等）；

3. 与桥梁河浜有关的街巷（桥梁、河浜、河沿、码头、水井等）；

4. 与自然环境有关的街巷（花卉、树木、飞禽、走兽、地理方位、数字大小、自然特点等）；

5. 与行业作坊有关的街巷（食品、用品、匠作、养殖等）；

6. 与民间故事有关的街巷（神话、传说、故事等）；

7. 与吉祥语言有关的街巷（福寿、安康、吉庆、长春、新风、劳动等）；

8. 与其他方面有关的街巷。

这些特色，在全国历史名城中也是罕见的。还有，苏州人的老话很多，有不少与街巷有关，如“三关六码头”、“七塔八幢九馒头”、“三宫九观廿四坊”等，还有“吃煞太监弄”、“着煞旧学前”、“饿煞仓街”、“晒煞十全街”等。一句老话，往往概括着一段历史、一个故事、一段掌故，真是十分有趣的。这些街巷特色和老话，将在讲座中列出专题开讲。

一、苏州城早期的街巷

公元前514年，伍子胥“相土尝水，象天法地”建造了阖闾城（即今之苏州城）。那时有没有街巷，确切地说，街巷的格局已经形成，但没有像现在的街巷，也没有街巷之名。从这个意义上说，好像还没有街巷。

从《越绝书》等古籍记载来看，那时的路称为“陆道”。《越绝书·卷二》记载：“吴小城，周十二里……邑中径从阊门到娄门，九里七十二步，陆道广二十三步；平门到蛇门，十里七十五步，陆道广三十三步。”“里”、“步”是古代计算的长度单位。学者们认为，那时的一里是三百步，大致相当于现在的四百米，“平门到蛇门，十里七十五步”，相当于现在的四公里多。而现在的人民路（城内）全长4681米，用“十里七十五步”计算，其长度与今日之人民路基本相当。书中所说的“陆道”，即是街道，从平门到蛇门的陆道，即今之人民路也。这是有关苏州城内街巷最早的记载。

有人问，城内无街巷之名，那么，地方是怎么称呼的呢？那时，无街巷之名，但有“市”之名，统称为“市”。古籍上记载：阖闾舞鹤于市，伍员吹箫乞食于市，“吴市，春申君所造，开两城以为市”（《越绝书》），等等。

据明卢熊《苏州府志》记载，城内有“市”三十处，如干将市、天宫市、富仁市、丽泽市、布德市、迎春市、迁善市、黄鹂市等。

所谓“市”，是集中在一处进行买卖活动的场所，或者是划定市场区域。“市”，是居民生活的重要场所，也是最热闹的地方。因而，在古籍中，对“市”上发生的故事记载较多。秦代，设有市门之官，名曰“坊正”，是管理“市”的小吏。

这里所讲的“市”，以后演变为“坊”，称为“坊市”，就是居民居住的地方。明卢熊《苏州府志》上说：“盖古之市即今之坊也，市门即坊曲也。”并说：“坊，方也，言人所在里为坊。”但，从秦汉至魏晋，苏州城究有多少个坊，史籍上没有记载。直至唐代，才知苏州城内有多少个坊，而此时，连坊名也有了。

二、唐宋时期的坊

唐宋时代，城市与乡村的地名是有区别的。《旧唐书·食货志上》说：“在邑居者为坊，在田野者为村。”可见，城市居民的住处，称为“坊”，郊外居民的住处，称为“村”。据史料称，唐代的京城长安有108个坊，是全国设置坊最多的一个城市。苏州城有多少个坊呢？唐敬宗宝历元年（825），诗人白居易任苏州刺史时，曾写有“七堰八门六十坊”的诗句，就是说在唐代苏州城有60个坊。唐人陆广微撰的《吴地记》上，也录有古坊60所，并一一列出坊名。这60个坊是：

通波坊、三让坊、水浮坊、阖闾坊、坤维坊、馆娃坊、调啁坊、平权坊、金风坊、南宫坊、通关坊、盍簪坊（现作合村坊）、吴趋坊、白贲坊、南祀坊、长干坊、望馆坊、曳练坊、苌楚坊、处暑坊、棠棣坊、白华坊、即次坊、甘节坊、吴愉坊、洊雷坊、义和坊、噬嗑坊、嘉鱼坊（现作嘉余坊）、陋蜀坊、迁善坊、旌孝坊、儒教坊、绣衣坊、太元坊、黄鹂坊、玉铉坊、布德坊、立义坊、孙君坊、青阳坊、建善坊、从义坊、迎春坊、载耜坊、开冰坊、丽泽坊、释菜坊、和令坊、夷则坊、南政坊、仲吕坊、必大坊、豸冠坊、八貂坊、同仁坊、天宫坊、布农坊、循陔坊、富春坊（现作富仁坊）。

宋代，苏州有65个坊。范成大撰的《吴郡志》上，列出了65个坊名。初看起来，坊名增加了5个，比唐代多了。但是，我们与唐代的60个坊名一对照，问题就来了。唐代的坊名大部分没有了，仅存27个，半数都不到（注：上面黑体字的33个坊名已不存在）。就是说相隔300余年后，有一半坊名已经消失。宋代，新增了38个坊名。可以清楚地看出，旧的坊在消失，新的坊在增加，所谓时兴时衰，除旧创新，这是社会发展，也是城市发展的自然规律吧。现将宋代新增的坊名抄录如下：

孝义坊、绣锦坊、旌义坊、孝友坊、玉渊坊、儒学坊、衮绣坊（现作滚绣坊）、状元坊、吴会坊、晋宁坊、孔圣坊、积善坊、阜通坊、干将坊、真庆坊、闻德坊、崇义坊、乘鲤坊、闾邱坊、大云坊、碧凤坊、庆源坊（现作庆元坊）、武状元坊、和丰坊、宾兴坊、好礼坊、灵芝坊、昼锦坊、西市坊、太平坊、流化坊、武状元坊、文正范公坊、德庆坊、乐圃坊、清嘉坊、仁风坊、至德坊。

那么，宋代的坊名与唐代的坊名有如此大的变化，其原因在哪里呢？主要在两个方面：一是在北宋后期，金兵入侵，进城后大肆烧杀抢劫，城市遭到严重破坏，整个苏州城几成了一片废墟，旧的街坊焚毁很多，坊名由此消失。二是靖康之难，宋王朝的皇帝、朝廷官员及百姓纷纷南逃，特别是贵族大家、富商大户，带着财富南逃。南宋小朝廷设于临安（今杭州），苟安一方，出现了一段稳定时期。在这种情况下，苏州经济迅速发展，十分繁荣，新建了许多街坊，给予新的命名。所以，将宋代的坊名与唐代的坊名相对比，有了很大的差别，这就不足为怪了。

“坊”的设置，是一种封闭式的管理，类似现在的居民住宅小区，呈方形或长方形，四边砌有围墙，只在正面围墙上开门，称为“坊门”。坊门上写着××坊，即是街坊之名，便于识别，犹是现代的小区名称。坊门由专人看守，即“市门之官”也。汉唐时代，在城市实行“里坊制度”。《旧唐书·职官志》上说：“有百户为里，五里为乡。两京及州、县之郭内为坊，郊外为村。里及坊、村皆有正，以司察督。四家为邻，五邻为保。保有长，以相禁约。”这里的“正”，是秦代官名，为管理坊、村的小吏。这段文字充分说明了设置“坊”的目的：完全出于统治阶级的考虑，主要是便于“管理”民众，维护社会秩序。当然，居民住在坊内，可以防止犯罪分子侵入，较为安全。所以坊也有“防”的意思。

宋代的65个坊，历经年代的风雨侵蚀，有所损坏。绍定二年（1229），由郡守李寿朋逐一立坊，竖于巷口或巷尾，面貌一新，极为壮观。这种“坊”统称为“街坊”。现在我们所说的街坊邻居，即由此而来。

但是，到了南宋后期，在城市发展、经济繁荣的同时，居民思想开放，觉得坊是一种束缚，很不方便，必须打破。于是，就出现了民侵街衢的状况，有的打通围墙，开设店铺，做起生意来了。有的干脆将坊的围墙推倒，开门筑路，可以自由进出。这样，坊内出现了一条条的里弄。由此，坊名也逐渐消失，街巷就应运而生了。

三、明清时期的坊

唐宋时代苏州城的街坊，牌坊立于巷口或弄尾，十分显眼，家家经过，人人看见。当时的坊门，基本上是牌楼式，但形式各不相同，有二柱、四柱甚至有六柱的，有木结构的，有石结构的，也有木石混合结构的。有的较为简陋，有的很有气势。宋代后期，经济繁荣，城市人口增多，随着街坊的改造，围墙被推倒，或开店，或通行，坊门已失其作用，几成废物。但人们发现，在坊门上写字，倒是一种非常好的宣传工具。于是，宣传者就借用坊门的形式，专门建立牌坊，有高至二三层者，有画栋雕梁者，雅称“牌楼”。牌楼上挂有匾额或刻有文字，两边坊柱上刻有楹联，用于表彰某个人的功绩或德行。这在宋代后期及明清两代都十分盛行，那时候的街巷之口，几乎都竖有牌坊，成为一种十分时尚的宣传工具或纪念性的建筑物。

苏州城内的街坊，唐代60个，宋代为65个。街坊转化为牌坊以后，牌坊之多，大大超过了街坊。明清时期的苏州，大街小巷几乎都有牌坊，随处林立，泛滥成灾。以山塘街为例，一条街有牌坊数十处。现在尚存的还有九处：1. 吕袁氏节孝坊，山塘街540号；2. 贝程氏节孝坊，山塘街万福桥西；3. 唐孝子坊，山塘街696号；4. 俞胡氏节孝坊，山塘街840号；5. 陶张氏节孝坊，山塘街701号；6. 佚名节孝坊，山塘街704号；7. 陈张氏节孝坊，山塘街707号；8. 宗仁主义坊，山塘街787号；9. 佚名功德坊，山塘街渡僧桥下塘沿河。那个时候，牌坊接牌坊，居民出门走在街上，真可谓抬头见牌坊，走路过牌坊，这是常事。那么，这一时期，苏州究竟有多少牌坊呢？

打开史籍：明代洪武年间（1368—1398）编纂的《苏州府志》上，收录牌坊名134个；清乾隆年间（1735—1796）编纂的《苏州府志》上，收录牌坊名199个；同治年间

（1862—1874）编纂的《苏州府志》上，收录牌坊名235个；民国年间编纂的《吴县志》上，收录的牌坊464个。即明坊184个，清坊280个。坊名逐渐增多，数字可谓不小。这么多的牌坊，系何人所建？从牌坊的内容上看，既有官方出面建的，也有民间私人建的，主要是表彰某个人的功绩或德行。从牌坊的表彰内容来说，大体有这样几种情况：

一是因考取功名后树立的牌坊，如状元坊、武状元坊、探花坊、榜眼坊、会元坊、解元坊、进士坊等，以示荣耀。宋淳熙十一年（1184）林嵘为廷魁，苏州郡守谢师稷为表彰他获得的殊荣，在乐桥之南竖立武状元坊。明成化八年（1472）吴宽高中会元，在鱼行桥北（今嘉余坊处）立会元坊。苏州文风极盛，朝廷每科开考，苏州人考中进士的很多，不可能每人立坊，即以考试的年份集体立坊。尤其是明清两代，每考一科，便立进士坊，如戊戌进士坊、甲辰进士坊、庚戌进士坊等，进士坊多如牛毛，难于计数。

二是当官后有了荣誉、政绩树立的牌坊，如翰林坊、尚书坊、学士坊、太宰坊、太史坊、阁老坊等，以示声望。宋代，钱塘人元降，官至参知政事（副宰相），年高辞官时皇上赠予太子少保，他定居于苏州，死后又赠太子少师，由此位列“三公”。苏州知府在他住处的巷口竖立牌坊，名衮绣坊。“衮绣”者，“三公”所穿之礼服也。后讹“滚绣坊”。明代嘉靖状元申时行，官至建极殿大学士，入参机务，成为朝廷首辅，为相九年，料理国家大事，有所建树。为此，在他的家门口竖立了“师柱清朝坊”，以显殊荣。再有“宫保尚书坊”、“父子济美坊”、“兄弟联芳坊”等。

三是妇女守节、子女孝顺树立的牌坊，如节妇坊、贞节坊、烈妇坊、旌节坊；甚至有父子、母子、姑媳同时建坊的，如母节子孝坊、姑节媳贞坊、孝子坊、父子孝行坊、两世节孝坊、孝友坊以及忠孝节义坊等，以予褒彰。在封建礼教的束缚下，此种坊竖立较多。民国年间编纂的《吴县志》记载，明清两代的“节孝坊”就有191个，其中大多为节妇所立之坊。这些牌坊大多竖立在有关人员所住的巷内或巷口。因而，有的小巷内多至三四个牌坊，牌坊林立，目不暇接，记载着封建社会妇女的血泪与苦难。最近，笔者经过望星桥北堍，在一条小巷口看见一个残存的贞节牌坊，怕是苏州城内仅有的贞节牌坊了。

四是为人积德，做了好事，也要树立牌坊。这有两种情况，一是当官的为民办了好事，为他竖立牌坊，如德庆坊、泽被东南坊、藩屏硕望坊、经元肃宪坊等，以予纪念。阊门外下津桥东为御史徐申立“殿中执法坊”，中街路为文洪、文林、文森（文徵明的祖父、父亲、叔父）立“父子济美坊”，等等。二是义士见义勇为，为民办了好事，百姓也为其立坊。明天启六年（1626），义士颜佩韦、杨念、沈扬、马杰、周文元等五人，为反对奸珰魏忠贤而被害，在山塘街上竖起义风千古坊。

五是老人长寿，活到百岁以上，子女表示孝心，为长寿的长辈树立牌坊。如百岁坊、人瑞坊、贞寿坊等。明嘉靖年间，葑门外张灏妻年届百岁，为她建立“人瑞坊”。有的妇女既守节而又长寿，就两者合一，建立节寿坊。

牌坊真是名目繁多，内容丰富。所以说，明清两代的牌坊，多得不可胜数。这种牌坊，虽由街坊演变而来，但它完全脱离了街坊的意义，成为单独的褒扬、宣传工具了。

清末民初，封建礼教受到严重冲击，特别是中华人民共和国成立以后，推翻了“三座大山”，反封建较为彻底，一些所谓尚书坊、学士坊、贞节坊、忠孝坊、功德坊，大都被拆毁推倒，予以废除。有些牌坊，也因年代久远，自动倒塌；或被人拆除，石料挪作他用；有些残存的牌坊，文字模糊，坊名湮没，也认不出是什么牌坊了。牌坊既不在，名自然也不存。现在的苏州城内，已经看不到这种牌坊了，难得见到有一根柱、二根柱残存的牌坊，孤零零地竖在那里，也是屈指可数了。

四、现在的坊

时至今日，古代原有的坊自然是看不到了。坊虽已消失，但至今仍保留着少数古老的坊名，成为街巷的名称。据笔者统计，现存唐以前的古坊名有5个，即通关坊、阖簪坊（现讹为合村坊）、吴趋坊、嘉鱼坊（现作嘉余坊）、富仁坊等；宋代的古坊名有6个，即孝义坊、衮绣坊（现作滚绣坊）、干将坊（现为干将东路之一段）、闾邱坊、碧凤坊、庆元坊等，两者合计11个。这些古老的街坊名称，历经社会变革的洗礼，城市街巷改造的折腾，总算躲过了劫难，依然排列在当代街巷名录之中，算是幸存者了。

坊，后来演变为街巷，街巷名称是怎么来的，它的标志字是什么，要在下一次讲了。

主讲者简介：

潘君明，市非遗专家组成员、市政协文史委专家组成员、市方志文化建设专家库成员、市地名咨询专家。

漫谈清代苏州科举

许文雅

一、清代科举制度及苏州科举概况

（一）简述清代科举制度

官吏选拔制度是中国古代政治制度中的重要组成部分。科举制度是中国封建社会实行时间最长、影响最为深远的官吏选拔制度。科举始建于隋炀帝时期，形成于唐，发展于两宋，盛极于明清，至清末废止，共存在了1300余年。

清代在建立之初，为了拉拢汉族知识分子，消除其反抗外族的敌对情绪，于顺治二年（1645）大开科举。《清世宗实录》记载，顺治二年七月，浙江总督张存仁因地方上存在着反清势力，建议清政府“速遣提学，开科取士，则读书者有出仕之望，而从逆之念自息”。大学士范文程也上疏说：“治天下在得民心，士为秀民，士心得，则民心得矣，宜广其途以收之。请与丙戌会试后，八月再行乡试，丁亥二月再行会试。”清政府接受建议，于同年举行乡试，成为清代科举考试的开端。此后历经九朝260年，方被废除。

而清代的科举制度，在沿袭明朝科举制度的基础上有所变化，科举制得到进一步的发展。

1. 完善考试程序

清代的科举考试沿用了明代的考试方式，分为童试、乡试、会试、殿试四级。

童试是清代科举的最低一级考试，考中者称为“生员”，也就是俗称的“秀才”。要想通过童试，需要经过三次考试，分别是县试、府试、院试。

县试由各县的知县主持，报考者不论年龄大小，都称儒童或者童生。考生需要由五人联保，写明保结，证明身家清白。考试内容主要是《四书》文、试帖诗、《性理》论或《孝经》论，并要默写《圣谕广训》百余字。只有经过县试，方可进行府试。

府试一般由各府的知府主持，报名方式、考试内容大体与县试相同。

经过府试，还需经过由各省学政主持的院试，方能成为生员。成为生员，是清代科举考试的第一步，能够享有一定的特权，例如免服劳役，不受衙皂侵害，“无笞、捶之辱”，且可出入公堂，结交官府。成为生员，自然是参加乡试必备的条件之一。

清代的乡试也是沿用明代的制度，各省的生员、贡生、监生都可以参加本省的乡试，考中者称为举人，第一名为解元。乡试每三年举行一次，逢子、卯、午、酉年八月在省城举行，称为“秋闱”。然清代的科举考试除却正科之外，还有不少加科。每逢皇帝登基、太后大寿之年也都会加开恩科。清代实行科举考260年，共开科112科，平均每两三年开科一次，这在一定程度上增加了士子录取的机会，对于选拔人才有一定的积极作用。

乡试的主考官一般由皇帝拣选翰林院庶吉士，或者由六部副职担任，规格较童试要高很多。士子在成为举人后，就可以直接做官，这是生员所不能的。

乡试的录取名额根据各省人口多寡和文风高下来决定。“顺治初定额从宽，顺天、江南皆百六十余名，浙江、江西、湖广、福建皆逾百名，河南、山东、广东、四川、山西、陕西、广西、云南自九十余名递杀，至贵州四十名为最少。”后来又在此基础上进行了调整，“定顺天南、北皿各三十六，中皿改二十取一，贝字百二，夹、旦各四，江南上江四十五，下江六十九，浙江、江西皆六十，云南五十四，湖北四十八，湖南、广西皆四十五，贵州三十六。自是率行罔越”。其后虽然仍有调整，然变化不大。从录取人数来看，清代江浙地区文化教育十分兴盛。

在分省取士外，清代还将副榜制度固定化。在正榜之外，另设副榜，录取落选举子中较为优秀的举子。康熙以前，副榜的设立比较随意，时有时无，并无固定名额，也没有形成制度。康熙十一年（1672）规定：“各省直率正榜五名中一名（副榜）。”自此以后成为定制。这在一定程度上增加了录取名额，同时也为落选举子中较优秀者提供了一种进身的途径。

会试是在乡试的次年举行，清初为次年二月，雍正时改为三月，乾隆后固定为三月。会试考试大体与乡试同，会试一般由礼部主持，通过会试者称为贡士，第一名称为会元。落选者也可以通过大挑、拣选等方式步入仕途。

殿试是清代科举考试的最后一关，在会试结束后举行。清初在四月份，雍正、乾隆之后定为五月举行，通过者即金榜题名，成为进士。殿试通过者分三等，“天子亲策于廷，曰殿试，名第分一、二、三甲。一甲三人，曰状元、榜眼、探花，赐进士及第。二甲若干人，赐进士出身。三甲若干人，赐同进士出身”。特别是一甲三人，可谓“一朝成名天下知”，既为士林表率，且仕途要比普通进士显赫得多。清制规定：一甲一名授翰林院修撰，第二名和第三名授翰林院编修。翰林院虽从事文书工作，然为机要部门，为皇帝秘书，有更多的机会接触到封建社会的权力核心，极易升迁，这也是清代的士人所向往的地方。

2. 厘定考试内容

清代科举考试的内容也是沿用明代的八股文，“有清科目取士，承明制用八股文。取四子书及《易》、《书》、《诗》、《春秋》、《礼记》五经命题，谓之制义”。后来又进一步限定了考试范围。“《四书》主朱子《集注》，《易》主程《传》、朱子《本义》，《书》主蔡《传》，《诗》主朱子《集传》，《春秋》主胡安国《传》，《礼记》主陈澔《集说》”。也就是说，清代的命题范围有着严格的限制，完全按照程朱理学来命题，不能超越这个范围。举子应答也应按照这一标准，既不能够随意曲解，也不能任意发挥，答题格式完全以八股文形式。

清代科举中因为违反考试内容而遭革职、判刑乃至灭族的事情屡见不鲜，最著名者如查嗣庭案。

查嗣庭在江西主持乡试时，出了四道题目：第一题是“君子不以言举人，不以人废言”，第二题“正大而天地之情可见矣”，第三题“其旨远其辞文”，第四题“百室盈止妇子宁止”。雍正以为试题中先有“正”，后有“止”字，同于“去年正法之汪景祺文稿中有《历代年号论》，指正字有一止之象”。雍正皇帝认为查嗣庭“心怀怨望，讥刺时事”，“阴怀二心”，将查嗣庭革职查办，后者死于狱中。除株连者众多之外，雍正皇帝还认为浙江风气颓敝，暂停浙江乡、会试。

这种严格的出题范围和答题方式，极大地限制了举子的创造力。同时，文字狱这种文化恐怖政策也造成了许多知识分子不敢关注时事，埋首故纸堆，故而明清以来，八股取士积弊日多，直至消亡。

3. 明确考试规则

清代科举考试规则严密，在报名、考试、阅卷等各个方面都有着严格的规定。

县试开始前，童生向本县署礼房报名，填写姓名、籍贯、年岁，父母、祖父母、曾祖父母三代存殁，已仕、未仕之履历，出继者兼写本生三代，取具同考五人之五童互结，亦有无须取具互保者，与本县认保廪生之保结，保其实无冒籍、匿丧、顶替、假捏姓名，身家清白、非优倡皂隶之子孙，方准应考。

清代因为实行南北卷，以及分省取士制度，这对江苏、浙江等文风较盛的地区是一种压制，故而很多士子冒籍北方士子，这又对北方士子产生巨大影响，清政府采取严厉措施来阻止这种科场投机行为。从顺治到嘉庆，都对这一行为进行了严厉的制裁：

顺治时规定："生童有冒籍假冒者，尽行斥革，仍将廪保惩黜。"康熙三十九年（1700）规定："中式举人有冒籍者，其收考送考出结官学臣，及地方官教官，皆议处。"乾隆时又规定："一经发觉，除本生斥革，廪保治罪外，定将不行查出之各官，交部从重议处。"

开考之前的报名规则严格，考试之后的阅卷规则之严格有过之而无不及。《钦定科场条例》规定了几乎涵盖阅卷所有过程的章程。

规则的完备，以及惩罚措施的明确，使得清代的科举考试制度日益完善，除此之外，还进行了一系列的制度革新。

4. 革新考试制度

清代科举考试在沿用明代的科举制度同时，许多方面都做了很多积极的革新。《清史稿·选举志三》中也记载："有清以科举为抡才大典。虽初制多沿明旧，而慎重功名，严防弊窦，立法之周，得人之盛，远轶前代。"重要的如搜落卷制度、复试制度、磨勘制度，以及增加考试法规，等等。

清代首创搜落卷制度。收查落卷始于康熙年间。康熙五十年（1711）议准："主考官向止阅房考呈荐之卷，今既宽限揭晓。嗣后主考官应将房考荐卷外余卷亦加偏阅。庶佳卷不致遗落。"雍正元年（1723）得以强化："主考官有收查落卷之责，每因方考已经批抹，文字虽佳，不肯取中。恐磨勘时干碍房官处分，今照会试例，房官抹误之佳文，主考搜出，仍行取中。"收落卷制度的实施，使得一部分有真才实学的落榜士子能够获进身的机会。

清代还创始了复试制度。《清史稿·选举志三》中对其做了详细的记载：

> 顺治十五年，帝以顺天、江南考官俱以贿败，亲复试两闱举人，是为乡试复试之始。康熙三十八年，帝以北闱取士不公，命集内廷复试。列三等以上者许会试，四等黜之。五十一年壬辰，顺天解元查为仁以传递事觉而逸，帝疑新进士有代倩中式者，亲复试畅春圃，黜五人。会试复试自是始。乾隆间，或命各省督、抚、学政于乡试榜后复试，或专复试江苏、安徽、江西、浙江、广东、山西六省丙午前三科俊秀贡监中式者，或止复试中式进士。或北闱举人，临期降旨，无定例。五十四年，贡士单可虹复试诗失调讹舛，不符中卷，除名。诏旨严切，谓"礼闱非严行复试，不足拔真才，惩幸进"。至嘉庆初，遂著为令。道光二十三年，定制，各省举人，一体至京复试，非经复试，不许会试。

从材料中可见，清代的复试制度，从康熙年间就已经出现，直到道光年间成为定制，中间经过了五朝，才逐渐固定下来。复试制度在一定程度上遏制了科举中的舞弊现象。

清代科举创新的又一个制度是磨勘制度。磨勘之名始于唐代，原为复验官吏考绩。清代将之引入科举乡、会试之中，即对科举试卷进行检查，以“防弊端，正文风，所关綦重”。清代乡试磨勘始于顺治二年（1645），会试磨勘始于乾隆二十五年（1760）。磨勘官“乡试六十员，会试四十员。礼部将科甲出身之京堂、科道、詹事、读讲学士以下，至编修等官，乡试除本科各省考官，顺天同考官，会试除本科同考官外，其余一体开列，于揭晓前请旨派出”，赴天安门外朝房磨勘。

磨勘的主要内容包括命题、阅卷、答卷、誊录等多方面，并且规定了详细的惩罚措施。

如命题方面，法律规定：“场中出题讹错字句，并二场《五经》题目前后刊刻颠倒者，一次主考官罚俸三个月，二次罚俸六个月，三次罚俸九个月，自行检举者，罚俸三个月”；答卷方面，“试卷内字句有可疑者，及文理悖谬、文体不正、不遵小注章旨、策内所对非所问者，本生俱行黜革。举子黜革一名者，同考官革职，二名以上，革职提问。主考官，举子黜革一名者，降二级调用；黜革二名，降三级调用；三名以上革职。举子罚停三科者，每一名同考官降一级调用，主考官罚俸一年；罚停二科者，每一名同考官降职留任，主考官罚俸九个月；罚停一科者，每一名同考官罚俸一年，主考官罚俸六个月”。这种严格的处罚措施，一方面限制了考官利用职权，进行科举舞弊的行为，另一方面也在一定程度上打消了士子的投机心理，能够有效地降低科举考试中的舞弊行为，有利于国家选拔真正的人才。

磨勘之外，还有复勘，即进行第二次的磨勘，这也是防止科举舞弊的有效手段。搜落卷制度、复试制度和磨勘制度可以说是清代科举的三个创新之举，对于防止科举舞弊，保持科举公平、公正性有着积极的意义。

清代统治者在完善考试制度的同时，在考试法律方面也做了重要的革新，其中最重要的就是考试法令的不断健全。

明清以来，科场舞弊现象屡禁不止，仅以乾隆九年（1744）为例，《清实录》记载有关科场舞弊的条目就多达十三条，其中包括乾隆皇帝关于严查科场舞弊上谕六条，关于科场搜检制度的奏议五条，科场舞弊现象二条。特别是七八两月，乾隆皇帝连发四条上谕，严查科场舞弊。如八月十六的上谕：

谕：国家设科取士，原欲遴选真才，以备任使，典至重也。近来士习不端，不惟文风未见振起，抑且怀挟作弊，行类穿窬，诡计百出，竟有意想所不到者。朕早已闻知，屡行训饬。今年顺天乡试，特遣亲近大臣严密稽查，头场搜出夹带二十一人，其《四书》三题系朕亲出，不过取其略冷，不在外间拟议之中，而场内多人遂尔阁笔，交白卷者六十八人，不完卷者三百二十九人，真草违式及文不对题者二百七十六人。头场如此，伊等尚不知儆，二场仍有搜出夹带者二十一人，见及稽查严密，临点名时散去者竟至二千八百余人之多。

作为封建社会最重要的选官制度，一场考试，有问题者竟然有这么多人，由此可见清代科场舞弊风气之恶。清代名臣阮元也曾因嘉庆十四年（1809）刘凤诰科场舞弊案被牵连革职。嘉庆十四年，御史陆言参奏浙江学政刘凤诰科场舞弊，嘉庆皇帝令阮元查办此案“以示大公于天下”。阮元因和刘凤诰为同年进士，为其辩解，后查实此事，嘉庆皇帝责阮元“止知友谊，罔顾君恩。轻重倒置，即著革职”。

除却夹带，科场中还存在各种各样的关节等。在考试前，士子先和主考官用暗语联系，考试中士子将暗语藏于文章中，考官在誊录和录取的时候加以关照，如鲁迅的祖父周福清就是因为光绪十九年（1893）贿赂浙江乡试主考官殷如彰，企图为子侄打通关节，事发而被革职，身陷囹圄。

各种各样的科场舞弊活动严重影响了科举取士的公平性，对封建社会的官吏选拔产生了非常恶劣的影响。为了打击科场舞弊现象，主要采取了两方面措施：

一方面，用严酷手段制裁打击舞弊的官员和考生。如顺治十四年（1657）顺天乡试案，考官李振邺等七名舞弊考官和考生被处斩，家产全部查抄，100余人被杖责和流放；雍正十一年（1733）河南学政俞鸿图买卖举人，被处斩；咸丰八年（1858）顺天乡试主考官柏葰因替人说情，录取考生，事发后被处斩，当时柏葰官军机大臣、内阁大学士，位极人臣，仍难免身首异处。由以上史实，不难发现，清代统治者面对科场舞弊现象绝不手软，均采用严苛的刑罚来制裁。纵然清代统治者采取了如此严厉的手段，仍然不能杜绝科场舞弊现象的发生。

另一方面，则在法律制度上不断完善科场规则。为了规范科场规则，先后颁行了数部法律，包括《钦定科场条例》、《兵部题准武场条例》、《钦定礼部则例》、《钦定大清会典事例》、《钦定学政全书》等。这些法律对清代科举考试的各方面都做了非常详尽的规定，包括考生的资格、考试的时间与地点、考试的方式与内容、考官的选拔与回避、阅卷的程序与规则、录取的名额与标准、考取后的待遇、各省学额分布、避讳等问题。可以说，这些法律文献涉及了清代科举考试的全部内容，从最基础的学校教育到最高级别的殿试都有详尽的规定，甚至还涉及了死后的封赠和承袭问题，这些法律从制度上保证了科举制度的最大可能性的公平。

然而，不管措施如何严密，惩罚手段如何残酷，法律制度如何完备，在封建社会，科举制度不能保证选拔人才绝对的公平、公正，科举考试本身就不是所有人都能够参加的，这只能够最大限度地保证考试制度的公平性。

（二）苏州科举概况

1. 苏州科举兴盛

苏州府在“顺治初，因明制，州一县七。雍正二年。升太仓为直隶州，割崇明、嘉定属之。又析长洲置元和、昆山置新阳、常熟置昭文、吴江置震泽。乾隆元年，又设太湖厅。光绪三十年，设靖湖厅，隶府”共领九县二厅。

据不完全统计，有清一代全国录取进士26391名，共出状元112名，江苏占49名，而苏州一府共取进士763名，其中状元26名，多出自官学，依次为：顺治朝，常熟孙承恩（翰林院修撰），昆山徐元文（国子监祭酒、明史馆总裁，官至文华殿大学士兼翰林院掌院学士）；康熙朝，吴县缪彤（侍讲学士），长洲韩菼（礼部尚书）、彭定求（侍讲学士），常熟归允肃（少詹事），长洲陆肯堂（侍读学士），常熟汪绎（翰林院修撰），长洲王世琛（少詹事）、徐陶璋（翰林院修撰），常熟汪应铨（左春坊赞善）；雍正朝，长洲彭启丰（兵部尚书）；乾隆朝，镇洋毕沅（湖广总督），吴县张书勋（右中允），元和陈初哲（湖北荆宜施道），长洲钱棨（内阁学士），吴县石韫玉（山东按察使）、潘世恩（国史馆总裁、军机大臣、体仁阁大学士）；嘉庆朝，吴县吴廷琛（云南按察使）、吴信中（侍读学士）；道光朝，吴县吴钟骏（礼部侍郎），太仓陆增祥（湖南辰沅永靖道）；咸丰朝，常熟翁同龢（军机大臣、协办大学士，同治、光绪帝师傅）；同治朝，常熟翁曾源（翁同龢侄，翰林院修撰），吴县洪钧（出使俄、德、奥、荷兰四国大臣，兵部左侍郎），元和陆润庠（国子监祭酒，官至东阁大学士、弼德院院长，宣统帝师傅）。超迈前代，名列全省及至全国之冠。其中钱棨于乡、会、殿试连捷魁首，乃清代二位连中三元者（解元、会元、状元）之一，乾隆帝特制御诗以褒扬，江苏巡抚专出诗集以志贺，苏城绅民为立“三元坊”，其隆盛之况，从一个侧面反映了科举教育的辉煌。

2. 苏州科举兴盛的原因

（1）雄厚的经济基础

仓廪实而知礼节，衣食足而知荣辱，经济、教育是决定人才集团出现的前提。以苏州为中心的太湖流域，正是人们印象中富庶而文明的“江南”。“苏州之盛，始于吴越及北宋。”自宋代以来，以苏州为中心的“江南”地区，政治稳定，经济繁荣，成为整个中国的经济重心，经济上的富庶为教育与科举的发展奠定了基础。

这种基础首先表现在对教学环境的培育上，主要是书院的兴盛和藏书的丰富。明代徐有贞曾夸耀道：“吾苏也，郡甲天下之郡，学甲天下之学，人才甲天下之人才，伟哉！其有文献之足征也。”苏州吴县有书院17所、常熟13所、太仓6所、吴江9所、昆山11所。这些书院或为官办，或为官办民助，或为士绅私办，还有慈善性质的“义学”，形式不一，普及于城乡。吴地藏书也极为丰富，清代《四库全书》共有七部抄本，有三部存放在江南（扬州、镇江、杭州），供江南士子们阅读、摘抄。民间藏书也非常丰富，如明代毛晋的“汲古阁”、钱谦益的“绛云楼”，清代徐乾学的“传是楼”、黄丕烈的“百宋一廛”等，藏书丰富，对古代文献进行了版本整理、校订等工作，大大提高了藏书利用程度。

从考试的成本来看，参加科举考试要经历童试—乡试—会试—殿试层层考验，需要一定的经济实力作后盾。明代王世贞说过：“余举进士不能攻苦食俭，初岁费将三百金，同年中有费不能百金者。今遂过六七百金，无不取贷于人。盖贽见大小座主，会同年及乡里，官长酬酢，公私宴酬，赏劳座主仆从与内阁吏部之舆人，比旧往往数倍。”像王世贞年方十九便考中进士的现象是极为少见的，大多数人要像《儒林外史》中的周进那样，经过多次考试方才考中。

大画家文徵明，十次乡试不中，其孙文震孟第十一次会试才登科。多次的应考，各种费用自不会少。若再加上前期聘请塾师、购置学习用品、路费以及人情往来，再将物价上涨因素计算在内，费用之多更难以计算。正由于科举考试的成本较高，明清两代苏州的六十余位三鼎甲（状元、榜眼、探花），绝大部分出身于书香门第、世宦之家。

（2）浓厚的科举风气

苏州地区无论贫贱富贵，都非常重视科举功名。富人考取功名，取得政治地位，才能规避政治的冲击，保持家庭财富的长久。寒门小户，也希望“朝为田舍郎，暮登天子堂”，因为科考正是摆脱贫困状况、跻身上层行列的主要途径。“贡、监、生员等，奋志芸窗，希心持籍，或贫而辍馆，远道盈千；或老而观场，背城战一。少年英俊，父兄之智责难言；壮岁飞腾，妻孥之属望尤切。”各个阶层都将读书应试、考取功名作为安身立命的法门。

科举在苏州地区的影响，深入到当地民众的生活之中，入学孩童的入学仪式大有讲究。作家包天笑在《钏影楼回忆录》中记载自己的上学仪式：“一头是一只小书箱，一部四书，一匣方块字，还有文房四宝；一头是一盘定升糕和一盘粽子。上学时送送糕粽，谐音‘高中’。粽子很特别，一只裹成四方形，名为‘印粽’，两只裹成笔管形，名为‘笔粽’，谐音‘必中’。苏州的糕饼店，他们早有此种技巧。（书包）绿绸面子的，桃红绸布的夹里，面子上还绣了一位红袍纱帽的状元及第像，骑着一匹白马。”这些颇为讲究的仪式，正是寄托了孩童考取状元的期望。勤于诗书，习文重儒，早已成为民间通行的风范。

（3）强大的家族力量与人际关系

苏州状元具有明显的家族性，这在清代科举的兴盛时期表现得更为明显。

清代吴县状元缪彤与榜眼缪日藻是父子关系；昆山徐元文三兄弟，一个状元，两个探花；长洲状元彭定求之弟彭宁求是探花，孙子彭启丰是状元；吴县潘世恩兄弟，一个状元，一个探花；状元王世琛是探花王鳌的第六世孙；太仓汪廷屿、汪学金父子都是探花。尤其是长洲彭氏一门，在清代出了两个状元，一个探花，十四个进士，三十一个举人，贡生一百三十余人，是名副其实的“昭代科名第一家”。

另外，由于苏州地区已经积累了深厚的人脉，考官与考生关系复杂，或为同年同乡、亲戚姻旧，或是相好知己，抑或友人之友人、同乡之同榜，关系盘根错节。明人李乐就评价道：“凡父兄登科第者，其子弟大都凭借起家。”陈夔龙也说：“冠盖京师，凡登撲席而跻九列者，半属江南人士。父兄之衣钵，乡里之标榜，事甫半而功必倍，实未至而名先归。”这种人际关系优势使苏州士子在考试时占据了先机。

二、苏州科举人物名家

（一）孙承恩：科举路上一波三折（清朝开科后第八位状元，也是苏州府第一位状元）

孙承恩（1620—1659），原名曙，字扶桑，苏州府常熟县人，清世祖顺治十五年（1658）戊戌科汉榜状元。

状元是天子门生，万人仰慕，有道是“天上一轮才捧出，人间万姓仰头看”。清朝开科取士267年间，苏州一共出了26位文科状元，第一位状元就是常熟人孙承恩。

有人说孙承恩中状元是靠诚实、侥幸，中状元后又深受皇帝的圣眷，待遇优渥。事实上，孙承恩这位状元公一生命运大起大落，应该说是个极为不幸的人。

早年，他因倡导用骈体文写经义而遭逮捕入狱；考状元前，胞弟孙旸因受科场舞弊案牵连被遣戍边疆；考中状元后，备受宠爱，可是不到一年就突然去世。在清代114名状元中，孙承恩是夺魁之后活的时间最短的一位，还没有来得及享受人世间的荣华富贵。据徐元文《内翰林院修撰孙扶桑君墓志铭》记载，他从小聪明俊秀，读书能数行俱下。十七岁，补为诸生。外祖顾仲恭亲自教授《毛诗》，又教以古文，“矩度尽得其传”，与弟孙旸、孙昱、孙昪兄弟四人相互砥砺，互为师友，“一时司文柄者，无不国士遇之”。

孙承恩早年受到良好的训导，然而他的科举之路一波三折，走得很是艰辛。诸生时就工书能文，以文才闻名乡里，“负才标绝”。他“文工刘朝，诗工温李”，写文章尤其喜欢用骈体文，诗歌学唐朝温庭筠、李商隐。骈体文是一种介于散文与韵文之间的文体式样，盛行于六朝时期，每句四个字或六个字，全篇以对偶句居多，讲究辞藻的华丽与声韵的铿锵。孙承恩对这种文体特别喜欢，写文章甚至往来书信，都用骈体写作，还钻研怎样用骈体文作八股文，以此演绎儒家经义。

当时，苏州有一个名叫“同声”的文学社团聚集了一帮文人学士，而孙承恩实际上是该社团的“会长”。他们还挑选顺治四年（1647）丁亥会试试卷文章，刻印成一本文集，取名为《了闲》，所选取文章“悉六朝丽语”，都是骈体文。《柳南随笔》的作者王应奎曾见过这部《了闲》，书中第一篇为《学而时习之》全章，原起云“且自芸吹缬古之香，杜陨求声之草，桂残招隐之花”，以此三句话全题三节，通篇语皆类是。传说此篇虽然标明是某人作，实际上是孙承恩用了一天一夜时间写出来的杰作。该集子一问世，顿时风行海内，洛阳纸贵。

年轻气盛的孙承恩没有想到的是，此事触怒了当朝宰相——国史院大学士刚林（？—1651）。此人曾以汉文应试，考中举人，后出任国史院大学士，成为清朝第一位满族大学士。他曾上疏恳请朝廷重定部院以下官职等级以及科举取士的方法，朝廷采纳了他的意见，在沿用明朝科举考试制度的基础上制定颁布了清朝科举取士制度，其中规定科举考试的文体是八股文。

孙承恩提倡的骈体文与清朝要求的文体正好是背道而驰，这不是有意唱“对台戏”吗？刚林非常怒火，立即上疏弹劾他们淆乱文体，目的是破坏科举，扰乱朝廷选拔人才。如此上纲上线，朝廷当然也重视其事，结果孙承恩与一帮进士、举人统统被捕入狱，孙承恩的秀才资格也被革去。直至顺治八年，刚林因为多尔衮匿罪故而获罪被杀，孙承恩等人才被释放出来。

实事求是讲，孙承恩倡导辞藻华丽、华而不实的骈体文，如果作为个人爱好无可非议，但是倡导用骈体文作八股文，则是完全不合适的，是不对的，甚至是一种历史的倒退。

坐过监狱吃过苦头的孙承恩，出狱后老老实实地学习“制义”（八股文），好得他脑子聪明，功底扎实，很快便适应了。顺治十年春，孙承恩因恩例被选拔为贡生，次年以太学生参加顺天府乡试，成绩优异，名列前茅。“其文清新婉折，馆阁诸公共叹赏为不可及。”可是，次年参加会试只中了个副榜，没有资格参加殿试，孙承恩一气之下，扁舟南归，杜门却扫，准备做起隐士来了。

顺治十四年（1657），弟弟孙旸卷入清朝历史上著名的“丁酉科场案”，流徙尚阳堡。当时，孙承恩正在江宁（今南京）操政选，听到弟弟被逮捕的消息，他马上北上为弟辩白申冤，“昼伏夜行，谋划万状，陷于危害者数”。时值戊戌科南宫试，他准备放弃科举。最后在朋友的劝督下，他怀着复杂而沉重的心情参加了顺治十五年会试，顺利中试，更没想到的是还在殿试中一举夺魁，状元及第。

在这样的背景条件下，孙承恩竟然还能考中状元，足以说明他良好的心理素质、扎实的功底以及出色的应试技能。

考中状元后，孙承恩例授翰林院撰修。在翰林院时，顺治皇帝曾多次将他召到宫中，“或中夜传召，造膝言论”，谈论时政，商议要事，有时秘密得连宫中御林军的警卫员也不知道。顺治皇帝还经常指着孙承恩对各位大臣说道：“这位就是朕亲自选拔的状元孙承恩！”真是宠遇无两。

顺治十六年，孙承恩出任己亥科礼部会试分校（同考官），他阅卷认真，录取许多真才实学的学子。经过多次接触，顺治皇帝更加了解孙承恩的才能，“旦暮且大用”，准备重用他；每次上朝时，周围的公卿大臣们都怀着羡慕的目光相看。

可惜的是，他中状元一年不到就突然病逝了。

（二）彭定求、彭启丰：祖孙双双会状

清代苏州彭氏可谓望族，彭定求、彭起丰祖孙二人分别于康熙十五年（1676年）、雍正五年（1727）中会试、殿试第一，钦点翰林，一时成为科场词林佳话。彭氏一门以理学与文学著称于世，尤以彭定求最为名重。彭定求虽然宦迹萧然，但声名显赫，是苏州彭氏家族兴盛的关键人物。

彭定求（1645—1719），子勤止，一字访廉，晚年号止庵。少承庭训，六岁入学，十一岁起便随父亲常年攻读程朱理学，并拜清初著名理学家汤斌为师。十六岁开始学习“制义”（八股文），所作文章得到前辈的认可，“诸老先生交口器诵之”。他没有骄傲，“温温自克益谨，治业益勤”。

康熙十一年（1672），彭定求考中江南乡试第二十二名举人。康熙十五年三月参加礼部会试，以优异的成绩获得第一名会元。五月参加殿试，彭定求对策答卷写得也不差，只因字写得不太好，经读卷大臣巴哈纳等十四人认真评阅，反复比较，将他放在第三名。

康熙帝看了他的试卷，觉得屈才，便质问读卷大臣：“会元彭定求为何列在第三？”康熙皇帝说：“殿试主要还是看文章，彭会元的文章作得好，尤其是最后几行文字有劝勉朕躬意。再说，先儒大师周敦颐、程颢、程颐、朱熹、张载等难道都是书法家吗？！”于是，他亲自将彭定求拔为状元。

在彭定求中状元五十年之后，其孙子彭启丰也连中会元、状元，大魁天下，成为吴中科甲之盛世！

彭启丰（1701—1784），字翰文，应乡举时，号芝庭，晚年又号“香山老人”。从小聪颖，读书刻苦，又庭训。康熙五十五年（1716），十六岁的彭启丰补为诸生，文才卓然，见者都称他将来必定是状元之才。雍正四年（1726）考取丙午江南乡试举人，第二年连中会元、状元。

说来真是巧合，殿试时，他的试卷也像祖父的殿试卷一样，被置于一甲第三名，雍正帝最后定笃时亲自擢拔为第一，状元及第。当时他才二十六岁，可谓是少年得志，“朝野夸荣”。

彭启丰学问优博，风雅正宗，皇帝赐予“香山九老会”，是乾隆时期有名的诗人，历充河南、云南、江西、山东、浙江、顺天等乡试考官，官至兵部尚书（相当于现在的国防部长）。他虽有操笔立就之才，但为人谦虚，谨慎随和。离任回家后，江苏巡抚延聘他主讲苏州紫阳书院十余年，培养人才无数。

彭启丰有四个儿子，其中一个举人，两个进士；女婿庄培因（武进县人）是乾隆十九年（1754）甲戌科状元；其孙子希濂、希洛、希郑、希曾，曾孙蕴辉、蕴章都是进士。

（三）钱棨：文才卓越连中三元

苏州人大体都知道在沧浪亭附近有个地方叫“三元坊”，从前这里有座高大雄伟的花岗石牌坊——“三元坊”，纪念清朝第一位连中“三元”的钱棨。

所谓“三元”，即乡试第一名解元、会试第一名会元、殿试第一名状元。要连中“三元”，自然是件十分不容易的事。

据有关资料记载，自隋大业三年（607）开科取士至清光绪三十一年（1905）废止科举的近1300年间，全国大约共录取了进士10万名，而连中“三元”的仅仅只有14人，他们是唐代的张又新、崔元翰，宋代的王曾、宋庠、冯京、王岩叟、孙何、杨寘，金代的孟宗献，元代的王宗哲，明代的商辂、许观（又作黄观），清代的钱棨、陈继昌。由此足以看出，连中“三元”的艰难和珍稀。如果把10万名进士比作是高高的金字塔，那么状元就是塔尖，而“三元”则是塔尖的顶尖尖。

钱棨（1742—1799），原名起，字勋楣，后因避唐代钱起同名，遂改名为“棨”，字振威，号湘舲，苏州府长洲县人。他出身于一个书香门第的家庭，曾祖父钱中谐，顺治十五年（1658）戊戌科进士，康熙十八年（1679）应召参加博学宏词科考试，名列一甲第十四名，授翰林院编修，曾参加《明史》的纂修。其“学问淹贯，诗文雄瞻”，著有《中吴文献》、《三吴水利》。祖父和父亲虽然都不甚有名，但也都是颇有学问的读书人。

钱棨学习刻苦，学问渊博，从小研习八股文，精通“制义”，专心笃志举业，先是县、府、院考试中连得三个第一名，俗称“小三元”。乾隆四十四年（1779），己亥科乡试考中第一名解元。两年后，在礼部会试、殿试中连中会元、状元，俗称“大三元”。这是明代正统十年（1445）乙丑科商辂中“三元”之后336年来又一个“三元”，也是清朝开国近140年来的第一位“三元”。

相传，乾隆四十六年，钱棨公车北上进京参加会考时，曾在路上做过一个梦，梦见五色彩云从天空中飞下来，云中有一条苍龙，在他面前蟠然起舞，于是他左手按住龙角，右手取笔在龙头上写下“奎璧凝晖”四个大字，字刚写罢，龙即腾空而去。不久，他便接连摘取了会元、状元两顶桂冠，一时成为轰动全国的特大新闻。

传胪大典当天，乾隆皇帝亲自作《御制三元诗》庆贺纪念，诗云：

龙虎传胪唱，太和晓日暾（tun）。
国超经百载，春榜得三元。
文运风云状，清时礼乐蕃。
载咨申四义，敷奏近千言。
讵止求端楷，所期进谠论。
王曾如何继，违弼我心存。

乾隆皇帝认为，钱棨连中“三元”是大清开国以来的最大喜事，也是盛世元音的瑞兆，更是清朝天下太平、文风丕盛所致。乾隆在诗中不仅赞赏他的殿试对策好，文章虽然只有近千言，而内容切实，表述完整，而且书法亦端正，清秀有力。诗最后一句意为：王曾这样的“三元”怎么重现于今天？是我纠正过失、用心挑选得来的。“文运风云状，清时礼乐蕃”，皇帝的喜悦之情跃然纸上。

皇帝亲自作诗庆贺，自然是最高礼遇，也是当时最大的新闻，在京的士大夫及四方诗人纷纷赋诗祝贺，“和者数百家”，座主赠诗竟有“千古第七人”之句。著名史学家赵翼更是感慨万千，特赋《赠三元钱湘舲》长诗。赵翼原本初定是状元，因是江南人（常州人），而被乾隆皇帝故意与陕西籍王杰调换，以弥补西北状元的空白，使得他与状元失之交臂，屈居一甲第三名探花，成为他终生的遗憾，因此他曾有“我本欲占人间第一流，而无如意作第三人”的诗句。他在《赠三元钱湘舲》中写道：“噫嘻乎！读书孰不望传世，千气万力尚难觊。羡君占尽科名荣，一日声华漫天地。从此不愁不千秋，只需建树堪相侔。累朝如君十一个，事迹半在青史留。赠君一篇三元考，更期进步百尺杆上头。”诗中充满着羡慕赞叹之情，并特地撰写了一篇《三元考》奉赠给钱棨。著名学者翁方纲作为上年乡试师座，一人就曾作有《三元花歌》、《三元喜宴》、《三元花歌》诗等四首，主考官也因此而享受到了最隆重的礼遇。后来，翁方纲还特地将数百人的赞颂诗收集起来，汇编成《三元诗集》，并付梓传世。

喜讯传到苏城，苏州知府以及长洲、元和、吴县等地方官联合在府学东建立“三元坊”牌，并将乾隆“御诗”勒石于府学中，诗碑有乾隆皇帝跋，略云：“条对较诸卷详切，特拔第一。而开弥封视之，乃知长洲钱棨。开国一百四十年以来……三元尚未见，不特科名盛，亦觇文运之隆云。”此碑在“文化大革命”中被砸碎，今苏州中学校史馆存有该碑的拓片。

钱棨中状元后，授职翰林院修撰。历任乡试考官、上书房行走、三通馆纂修、武英殿分校、翰林侍读、日讲起居注官。曾兼任太子师傅，负责教习皇子皇孙。他为人正直，不愿与权相和珅同流合污，始终被抑制。尽管他“诗文、楷法并精，屡司文柄，而终无由进一阶”，多年不得提拔重用。后来，和珅倒台，许多人受到牵连，而他“翛然事外”。其刚正不阿的品行，备受人们的称道，“时论高之”。嘉庆二年（1797），钱棨被擢为右庶子，不久又转为左庶子。翌年三月，擢为侍讲学士，不久升为侍读学士。同年五月，充任云南乡试正考官。七月乡试结束后，即任命为云南学政。嘉庆四年三月，提升为内阁学士兼礼部侍郎，但仍留任云南学政。同年八月，病逝于云南任上，年仅五十八岁。

“三元”出身的钱棨虽然青史有名，但是因受到权相和珅的抑制排挤，没有留下多少建树与贡献，这不能不说是历史的悲哀。

（四）翁同龢：漏圈一字辞塾馆

翁同龢（1830—1904），清末帝党官僚，维新派。字叔平，晚号松禅。江苏常熟人。1856年中状元，1865年为同治帝师傅，1876年为光绪帝师傅，1879年任工部尚书，1882年任军机大臣。颇得光绪帝倚重，为帝党中坚。中法战争时反对妥协投降，力主一战。1886年年初调任户部尚书。甲午中日战争时反对慈禧、李鸿章的投降政策，并对慈禧专擅不满。1895年在总理各国事务衙门行走。甲午战败，使其倾向变法维新，支持康有为维新变法的某些主张，力图助光绪帝推行新政，实现亲政。1897

年授协办大学士。次年6月15日，慈禧将其开缺回籍。戊戌政变后被革职，永不叙用，交地方官严加管束。1904年病死。1909年诏复原官，追溢“文恭”。著有《瓶庐诗文稿》、《翁文恭公日记》。

翁同龢年轻时，在东乡薛桥塾馆里当私塾先生。有一天下午，临夜学时，他正在用朱笔为薛馆主儿子圈点《小石潭记》的课文。这时，有几个好友前来找他，有要事商量，他便匆匆地圈点了这篇课文，就出门去了。

第二天早晨，学生到学堂后，开始读昨天学过的课文。薛馆主走了进来，与翁同龢寒暄几句后，便说道：“翁先生昨天为犬子圈点的《小石潭记》一文，有一处想同先生商榷一下。”薛馆主说到这里，顿了顿，又心平气和说：“我今天斗胆来对先生说，决非是来为难先生，掂先生的斤两，务请先生不必介意！”翁同龢听后泰然答道：“孔子曰‘三人行必有吾师’，请馆主不必过虑，尽管说好了！”这究竟是怎么回事呢？

原来，昨天放学以后，薛馆主的儿子吃过晚饭，在书房里读《小石潭记》。将“下见（现）小潭”，读成了“下见小潭”。薛馆主听后，便对儿子道：“儿啊，你读错了，这句里的‘见’要读圈声！”儿子答道：“爹，我没有读错！”薛馆主将儿子手中的书拿过来一看，“见”字右上角未用朱笔画圈，所以儿子读错了。原来学生买的新书是没有标点符号和异读符号的，教师在教新课文前，须先在书上圈点，书本上的句读都是先生用朱笔点上去的，学生朗读时就照先生圈点的来读。薛馆主看过后想：“依照翁先生的才学是不会出这种差错的，他不会不知道这个字的读音，恐怕是先生漏圈了，有必要去对先生说一声，纠正一下就是了。”因而，今朝一早便来到馆里，对翁先生提及“见”字的读音。翁同龢听薛馆主一讲，连声道：“多谢馆主指教！”然而他内心却感到十分不安。

等薛馆主一走，翁同龢拿起馆主儿子的书本来一看，“见”字上果然未画圈，便深深地自责起来，他对自己不能严谨治学而羞愧，对自己的疏忽而深感内疚。第二天，翁同龢专门去拜访薛馆主，深表歉意后说道：“薛馆主能以诚待人，对我漏圈之过能见谅，不加责备，你的厚谊我将铭记在心，然而我却不能原谅自己，思前想后，我感到不宜再留在馆里继续蒙童了！”说完，就向馆主递上了辞馆书，辞去了塾师之职。薛馆主虽再三劝慰和挽留，但翁同龢去意已决，没有留住。

翁同龢辞馆以后，在治学上严于律己，时刻告诫自己要牢记此次教训，做学问不能粗心大意，并发愤读书，数年之后，经纶满腹，成为一个博学多才的才子，后来考中了状元。

这年，皇上恩准翁同龢还乡省亲，他趁此机会，专程去拜访薛馆主，不巧的是薛馆主父子已从商在外，未能见面。翁同龢感到十分遗憾，便将带来的礼物留下，并作诗一首，交给薛馆主的家人。诗云：

三十年前运不通，一字漏圈挂其体。

君皇赐吾回家转，特来致谢老东翁。

这首诗，表达了自己特地前来致谢之意。翁同龢的治学精神和为人品德，在常熟民间广为流传，成为美谈。

三、苏州科举制度的终结及其影响

（一）历史沉浮科举衰亡

清末中国开始走向近代化，鸦片战争失败后改革的呼声越来越强烈。科举制度以及科举教育因不能适应近代社会转型的需要，发生了全面危机，其改革及改制逐渐成为必然。

光绪二十一年（1895）甲午惨败于日本，“废八股、停科举”成为社会共识。光绪二十六年，在苏州可园创办中西学堂，预示了近代教育的发展方向。次年，清政府宣布变法，推行“新政”，令书院改学堂，先后颁布《壬寅学制》和《癸卯学制》，实行全国教育体制改革。

光绪三十一年（1905），下诏“所有乡、会试一律停止”，宣告中国科举制度的终结。

（二）苏州科举对社会的影响

1. 政治上，促进社会阶层流动，有利于稳定社会秩序。

清代苏州潘氏乃徽商后裔，后来成为江南的名门望族，得益于它在科举功名上取得的非凡成就。家族中的潘世恩是乾隆五十八年（1793）状元，从弟潘世璜为乾隆六十年探花，孙子潘祖荫中咸丰二年（1852）探花。潘氏子弟连连中试，在很大程度上提高了家族的门望，对维持家族的繁荣也有一定作用。

2. 经济上，苏州科甲兴旺得益于雄厚的经济基础，部分进士在及第后开始建设苏州，促进地方经济持续、稳定发展。

清末苏州最后一名状元陆润庠，中试后在苏州相继创办苏纶纱厂、苏经丝厂，这是苏州近代最早的民族工业。

3. 文化上，促进当地形成崇文尚教的良好风气。

清代苏州府大概取进士763名，其中状元26名，读书人通过科举步入仕途，不少跻身显宦和学者名流之列，出现了如长洲彭氏、吴县潘氏、常熟蒋氏和翁氏等科甲大族，影响颇大。

科举仕进的人生为众多士子所追求，其成功者的艰辛与荣耀，可励人积学立志，刺激了读书人的求学热情，越来越多的士子肄业官学、书院，有利于创造社会崇文尚教的良好风气。历史学家周振鹤先生有云：“清代科举鼎甲半出苏州，近代尤多通士。父兄以不使子弟读书引为羞耻。”

主讲者简介：

许文雅，北京联合大学研究生，师从赵连稳教授。

漫说过云楼文物文献

张之望

“江南收藏甲天下，过云楼收藏甲江南。”

江南，泛指长江以南，现今江苏、浙江、上海一带地域。

特征：“鱼米之乡，丝绸之府”，“上有天堂，下有苏杭”，尤其是晚清北方战乱以后，国家经济中心向江南地区转移。

标志性事件：1843年上海开埠（中外贸易中心由广州移到上海），直接影响到整个江南地区的社会、经济和文化。不仅国家税赋相当大部分来源于江南，江南望族也积累了很多财富。

一个地区经济发达往往盛行收藏之风，一个家族财富充裕往往易生收藏之雅。

一、苏州的藏书

苏州是历史上江南地区富裕之地，然还有另一种财富就是文化底蕴深厚，自古以来私家藏书蔚然成风。

苏州藏书名家从南朝的陆澄、宋朝叶梦得，到清乾嘉年间名震藏书史的“藏书四友”黄丕烈、顾之逵、周锡瓒和袁廷梼，以及现代史学大家顾颉刚、目录学家顾廷龙等。

历史上私人藏书楼，江浙两省最集中，吴晗《江浙藏书家考略》收录490位藏书家，在该书《序》中称“以苏省之藏书家而论，则常熟、金陵、维扬、吴县四地终为历代重心”。苏州常熟、吴县占了其中二席。

苏州藏书楼有沈周的有竹居、吴宽的丛书堂、徐澄的望洋书堂、顾德育的安雅堂、沈与文的野竹斋、钱谷的悬磬室、顾苓的云阳草堂、顾沅的艺海楼、周锡瓒的水月亭、顾之逵的小读书堆、黄丕烈的百宋一廛、袁廷梼的五砚楼、蒋凤藻的书钞阁、潘祖荫的滂喜斋、叶昌炽的明哲经纶楼、吴梅的奢摩他室、邓邦述的群碧楼、顾鹤逸的过云楼等几十家。

二、常熟藏书楼

常熟的藏书楼有陈察的虞山精舍、孙楼的博雅堂、毛晋的汲古阁、钱谦益的绛云楼、钱曾的也是园、庞泓的步云楼、席鉴的扫叶山房、吴蔚光的拥书楼、黄廷鉴的红豆山房、钱培名的小万卷楼、瞿镛的铁琴铜剑楼等80多家。

这样一片深厚的文化沃土，创造了属于他们的文化传奇。

三、苏州顾氏家族

顾氏家族祖先是南北朝顾野王（519—581）之后裔。顾野王是中国历史上著名的文学家、史学家，工诗文，善丹青。

老祖宗顾雍是三国时期的东吴丞相，居相位19年。历史上苏州有“张文、朱武、陆忠、顾厚”一说，评价吴地四姓门风，其中“顾厚”就是指顾雍开创的宽容厚重的门风。

元末明初，顾文彬祖上从安徽迁到苏州经商，时称“徽顾”，后来渐发展成江南望族。到顾文彬一代，则入朝为官，走上士大夫之路。顾文彬深爱传统文化，诗书传家成了他倡导的门风。

同治年间，当时已官居清朝四品大员、在浙江为官的顾文彬，花了20万两银，购得古春申君庙址、明代尚书吴宽的复园故址等明清建筑，前后用了7年时间，改建为包括住宅、花园、义庄、藏书楼、祠堂等建筑在内的一座深宅大院。

顾家大院位于今人民路与干将路交汇处，清代时这里叫阊门内铁瓶巷，这座大宅园建成后得到了“江南第一家”的美誉。

过云楼是顾文彬祖孙几代专贮藏书画及古籍、金石的场所，顾文彬将藏书楼命名为过云楼，是苏东坡所言“书画与人，不过烟云过眼而已”之意。

顾文彬当年修过云楼，主要目的是为顾氏家族子弟们营造良好的文化环境和学习场所。

走进过云楼，不难发现每个柱子上都有一幅雕刻精细的木刻作品，每件作品都讲述了一个劝学故事，这些细节都反映了顾文彬对子女的期盼。顾文彬有诗云：“凭空结构此园林，也俗尘无一点侵。别为胸中丘壑趣，萧疏如画淡如琴。”

顾氏宅邸的前半由于城建已开辟为马路，现临街处即是原来庭院深处的藏书楼，如今看到的过云楼基本保持着旧貌。

四、过云楼主人

顾文彬（1811—1889），过云楼的第一代主人，字蔚如，号子山，晚号艮庵，元和人。道光二十一年（1841）进士，授刑部主事，咸丰四年（1854）升为福建司郎中。咸丰六年补湖北汉阳知府，又升为武昌盐法道，同治九年（1870）授浙江宁绍道台。

顾文彬自幼喜爱书画，娴于诗词，尤以词名。其词多抒写离愁别绪，意境清幽，风格细密。

他工于书法，书法溯源欧、褚，后厌倦官场，称疾辞官归里。著有《眉绿楼词》8卷、《过云楼书画记》10卷、《过云楼帖》等。

清代官阶制度，道员（道台）是介于省（巡抚、总督）与府（知府）之间的地方官员。乾隆十八年（1753）后，道台一职定为正四品，准密折封奏，权势日益加重。顾文彬是“徽商”，是苏州顾氏一脉走上仕途的第一人。

据传当年太平天国军队进攻上海，正是顾文彬上了一道密折给皇上，奏请恩准淮军进入江苏地界与太平军作战。这为淮军的不断壮大提供了历史机遇，成就了李鸿章的一番伟业。

顾文彬有三子，长子顾廷薰、次子顾廷熙、三子顾廷烈（顾承），全家热衷于收藏。但在1860年一年之中，顾文彬的父亲及长子、次子相继病故。

10年之后，60岁的顾文彬复出，补授浙江宁绍道员，道署在宁波府，管辖宁波府、绍兴府、台州府，同时兼任浙海关监督。

顾文彬从1875年告病辞官归乡，家居15年，至1889年辞世，与儿子顾承一起专心经营过云楼，但他曾寄予厚望的三子顾承也先他而离世，未能延续他的收藏事业。

顾承（1833—1882），过云楼第二代主人，长于书画，精于收藏和鉴赏，是一位书画鉴赏奇才，各种古董到他手中，立即能分辨出真假，百无一失。顾承古董收藏汲及的品类也超越前人。“自唐宋元明迄于国朝，诸名迹力所能致者，靡不搜罗”，在江南收藏圈内的声望可与当时的收藏大家吴云等相媲美。

其父对他的鉴别水平评价甚高，说顾承“性爱古董，别有神悟，物之真伪，一见即决，百不失一”。但可惜顾承从小体弱多病，49岁便撒手人寰。

顾承主持营造了过云楼、怡园。在他与父亲顾文彬的通信中，对藏书楼分几进、几开间、用什么材料、采取什么式样、如何放藏品、如何设置密室等，都有详细描述。

顾承著有琴曲《坡仙琴馆随笔》、《画余盦印谱》、《钱谱》等集，顾承的画作被吴云、何绍基诸家推崇备至。

顾鹤逸（1865—1930），本名麟士，过云楼第三代主人。字鹤逸，号西津，别号谔一、筠邻、西津渔夫、西津散人、一峰亭长。室名鹤庐、海野堂、甄印阁等。顾承之子，在顾文彬孙辈中行六。

顾承逝世后，过云楼顾家的收藏事业经历了短暂的低落。在祖父顾文彬的悉心指导下，到孙辈顾麟士这里又重新发扬光大。

顾麟士终身不仕，过着闲云野鹤般的生活，所以他字鹤逸，在过云楼东侧还专辟了一座竹园养仙鹤，名之鹤园。

顾麟士常请画坛新秀到过云楼品鉴临摹藏品，组织苏州书画界精英在怡园聚会，孕育了著名的"怡园画社"。当时在书画界，顾麟士备受推崇，有人称之为"当代虎头"（东晋画家顾恺之小字虎头），张大千称誉他为"当代鉴赏第一人"，著名画家吴湖帆则因为曾被他称赞过而兴奋不已。

顾鹤逸少年应童子试时，见一老童生跪请更换被污试卷遭人呵斥，因此鄙视科举黑暗，一生未仕。

父亲顾承早亡，事母至孝，以父母在不远游为原则，终身不离家乡，在铁瓶旧宅画室中终年浸淫，乐在其中。淡泊名利，往来皆书画文友。

光绪中叶，怡园名流云集，每月开展画社活动，吴昌硕、金心兰、吴清卿、顾若波、王胜之、费屺怀等参加。怡园还曾有书画家客居其中，加上他精于鉴赏，请其鉴别、题识者门庭若市。

他在绘画方面的成就，生前就誉满海内外，时人赞其有云林清秘遗风。他还喜欢收藏金石、碑拓、古印等，极大丰富了过云楼藏品，使过云楼收藏进入全盛时期。

顾鹤逸多才多艺，于方剂、营造、种树、雕刻诸艺尤其神解，著有《过云楼续书画记》、《鹤逸画识》、《鹤庐集帖》数种。1930年5月19日中风疾卒。

顾麟士的长子顾则明十岁时早殇，另外四个儿子是顾公可、顾公雄、顾公柔、顾公硕，除顾公可毕业于东吴大学外，其余三子均承家学，工书画，精鉴赏，对文化事业有相当贡献。

五、过云楼书画

过云楼先以藏书画闻名，顾文彬祖孙三代都是大画家，收藏字画是他们的一种喜好。翻开《过云楼书画记·续记》可见顾氏三代筛选的藏品之精，而所著录书画绝非顾氏收藏全目，仅是一部分菁华。

顾承在《过云楼初笔·再笔》手稿中共收录由宋至清初书画有199幅，而后著录于《过云楼书画记》中仅有35幅，据推断所经手书画应在千幅之多，到顾麟士一代，“综计过云楼所藏书画，约有二三千件”。

《过云楼书画记·续记》中写道：“唐宋元明真迹入吾过云楼者，如千里马之集于燕市。”表明过云楼过眼书画之富。过云楼藏画一部分，现藏于北京故宫博物院，上海、苏州等博物馆，可见证时誉不虚。

从过云楼收藏的元代书画，足可见过云楼藏书画之宏富。元代画被称作“价值连城的精神家园”。元代画家们以“言志”为创作宗旨，用新的载体（生宣）及书法性技巧作画，创造出一种全新的书法性山水画写意风格，元代绘画作品被后人珍若拱璧。据《过云楼书画记》、《过云楼续书画记》两书记载，在册元代书画有62件之多，其中不乏赵孟頫、钱选、黄公望等人的作品。

一画难求的元代书画，为什么过云楼收藏能如此丰富？

其一，过云楼三代主人都是书画鉴赏大家。过云楼第一代主人顾文彬18岁就初涉收藏，“道光戊子，有戚魏某携院画《上林图》售余，是为收藏之始……”过云楼第二代主人顾承是过云楼收藏创建中的重要人物，同治光绪年间，顾承在江南收藏圈的名声已堪比吴云、陈寿卿两位大藏家。过云楼第三代主人顾麟士，更集当时绘画、鉴定第一人于一身，从收藏到领习再反作用于鉴藏，互动之中，其绘画的水准及鉴藏眼光都达到独到的标准，张大千称“西津老人当代鉴画第一”。

其二，过云楼主人的收藏理念。顾文彬曾云：“必要至精之品，一无毛病，爱不忍释者方可收得，其余一概不收。”可见对入藏审定之精严。收藏《米题褚摹兰亭卷》时，顾文彬写道：“若褚卷是万不可失之物，虽千金以外，亦必得之，断无议价不谐之虑。”同治元年（1862）顾文彬侨居上海，欲购《子虚上林图》和《吴道元水墨维摩像轴》，但因索价过高而放弃。后在浙江又遇上《上林图》，“虽时已四十余年而价亦数倍于前”，仍“不惜重金购归”。现收藏于上海博物馆的元代张渥《九歌图卷》、倪瓒《竹石乔柯图》，苏州博物馆的元代吴镇、柯九思等合作的《七君子图》，都是镇馆之宝。

顾麟士一代正是过云楼收藏鼎盛时期，此时“综计过云楼所藏书画，约有二三千件”之多，而被他收入《过云楼续书画记》的仅113件。

六、过云楼藏书

苏州历史上有许多家藏富有但未以藏书著称的世家，过云楼顾家也是如此。

过云楼收藏有一条特别的家规，就是古籍善本“秘不示人”。上百年间，来过云楼的文人雅士可谓不计其数，顾文彬祖孙几代以文人的雅量，让客人可以鉴赏到收藏的名人字画，然而顾氏对收藏的古籍善本则从不示人，因而不为外界所知。

藏书界有“晚清四大藏书楼”之说，指的是宁波天一阁、湖州嘉业堂、杭州文澜阁和瑞安玉海楼。其实当年过云楼藏书达万卷以上，如此藏书宏富若公布于众，其声名当不在“晚清四大藏书楼”之下。

顾文彬除书画收藏，亦雅好乡帮文献收藏，在他的《过云楼书画记》中就记录收藏有明代祝枝山的《正德兴宁县志》稿本及东林五君子的诗札手迹等。他念及这些“断种秘本”、“铭心绝品”在《钦定四库全书提要》中俱未收入，希望这些家藏旧钞能“益吾世世子孙之学”，并供“后世志经籍者采择焉”。

顾麟士又“好版本之学”，凭借殷实家底，“宋元旧椠，及老辈遗著，悉悬金求之”。清末民初因社会动荡，战乱纷纭，许多江南故家的藏书流散出来，使顾麟士得以大量购书。顾氏藏书中有许多是贵州独山莫友芝的旧藏。莫友芝曾充任曾国藩幕僚，曾在江南搜集经兵乱流失的文宗、文汇二阁藏书。莫友芝晚年寓居苏州，后疾逝于去扬州访书途中。莫友芝影山草堂藏书传予其子，后其子因生活窘迫将书卖给他人，顾麟士得近水楼台之便，大量购进莫氏遗藏，且均为罕见珍秘佳椠名抄。

顾麟士不仅藏书，还时有亲自手校，现藏天津图书馆的清顾千里稿本《邗水杂诗》上有其手跋，并钤“西津”印。

七、傅增湘与过云楼藏书

苏州为文人集聚之地，顾麟士又是当地名流，而藏书之名并未流传，仅局限于小范围朋友之间，可见顾氏对家藏古籍善本珍秘有加，但一个偶然的机会让它大白天下。

事情缘起学者傅增湘造访过云楼。傅增湘（1872—1950）曾入清廷内阁任教育总长，后任故宫博物院图书馆馆长，他无论是在藏书、校书方面，还是著名目录学、版本学方面，堪称一代“盟主”，是晚清以来继陆心源皕宋楼、丁丙八千卷楼、杨氏海源阁、瞿氏铁琴铜剑楼之后的又一大家。

民国壬子年（1912）2月，傅增湘旅居苏州，一日，傅造访过云楼，向顾麟士提出借阅过云楼藏书。顾、傅两人本身多年好友，顾麟士碍于情面不得不答应，但提出了苛刻条件，只能翻阅不能带纸砚抄写。于是傅增湘登楼阅书，每日观书数种，晚上回去后凭记忆写下书目，编纂成《顾鹤逸藏书目》，发表在《国立北平图书馆馆刊》第五卷第六号上。从此过云楼藏书大白于天下，名扬四海。

《顾鹤逸藏书目》分“宋元旧椠”、“精写旧抄”、“明版书籍”、“国朝精印”四部，凡宋元本及部分名人批校本，都注明曾经何人收藏及批校题跋情况，共著录宋元本50种、精抄本165种、明刻本149种、清刻本175种，计539种、5000册。

傅增湘对版本目录学独具慧眼，识见特高，记录在《藏书目》中的多是他认为珍稀、精善之本，即便如此，也自言“目录下漏注尚多”。由此可以推知，当年顾氏藏书总量当在万卷以上。

八、过云楼藏宋刻本

宋朝分北宋和南宋，历18帝320年，是中国古代历史上经济、文化教育与科学创新高度繁荣的黄金时期。宋代雕版印刷事业相当发达，宋版书不仅刀法精细、字体遒劲，而且校订精审。因此，也称宋刻本为最善，但到明清已不可多得，清代藏书家都以收藏有宋版书籍为荣耀，且有“一页宋版一两金”之说。

《锦绣万花谷》——“宋代的百科全书”，刊刻发行于南宋淳熙十五年（1188），宋刻、宋纸、宋印，皮纸佳墨，品相精良，内有少量朱笔校勘，属于大型类书，相当于现在的“百科全书”。不同之处在于百科全书要对材料加以编辑加工，而类书则是把材料原文辑录在一处，不作改动。

该书条目荟萃南宋以前经史百家、古人文集、医技稗官、荒录怪志，尤多采录唐宋佚诗，其重要价值在于它保存了大量佚传古籍中的内容。

清代学者阮元有“书成锦绣万花谷，画出天龙八部图”的评价，足见其实属罕见文化珍品，举世无双。这部宋代的“百科全书”将百科全书的历史追溯到了宋代，其文献与辑佚价值之高罕有与之比肩者。《四库全书》、《永乐大典》、《本草纲目》、《全唐诗》、《佩文韵府》、《古今图书集成》等书籍都引用过书中内容。

这是一部现存最大部头的宋版书，全书现存前集40卷、后集40卷，共计40册。目前已知的馆藏书籍善本中，还没有一部部头达40册的宋版书。该书在宋代时的印刷数量不多，流传至今仅有残本和明清的翻刻之本，日本静嘉堂文库收藏有宋刻本一册，为卷十一至十二。

这不是一部留下编者之谜的古书，编者隐姓埋名却留下序言，说明写序时间为南宋淳熙十五年（1188）。序言勾勒作者“文字自画像”：“余为童时适当胡马蹂践之间……先人既老，又独为应门出入乎衡阳胥伍之中。……居衡阳奔走之中。”然自己“有书之癖，每读一篇章，如小儿之于饴剂”。到了晚年生活困顿而借书自娱，“凡古人文集、佛老异书，至于百家传记、医技稗官、齐谐小说、荒录怪志”。最终编成《锦绣万花谷》。

这篇序言也就成为专家们判断编者身份的重要依据。在序言中留下了多条线索：其一，作者生活于北宋、南宋之交的时代，其二，作者生活于衡州地界（今湖南衡阳），其三是类书只从各种书中摘抄辑录，然作者却反常收录了卢襄整部作品《西征记》。清代《四库全书》的编者就指出此书附上卢襄《西征记》一篇，于体例不合，也许撰写者的故乡也是衡州，因而附上其先辈之书？书中还收录了卢襄的五首诗，语多伤感哀怨。几条线索都指向同一人——北宋兵部侍郎卢襄。

考证卢襄的生平后发现，卢襄在宋徽宗大观元年（1107）中进士，靖康元年（1126）为兵部侍郎。同年金兵攻破京都汴梁，卢襄抗敌不力而落职。更受诟病的是，他于1127年参与拥立张帮昌当皇帝，最后被贬到衡州。据此，全国古籍保护工作专家委员会主任李致忠等认为编者极有可能是卢襄的后人。如果编者真是卢襄子孙，为何不愿公布名字？其实历史上被贬官及其子女因为羞耻而隐姓埋名是普遍现象，卢襄子孙背负着父祖的贬责，故而隐名出书，也就顺理成章了。

《乖崖张公语录》——世界上最早纸币发明者的语录集。《乖崖张公语录》（二卷），宋刻宋印，传世孤本。书名中的"乖崖"，是文人桀骜不驯、清高的一种表现；"张公"，指宋代名臣张咏。此书记录了张咏的言行。从元代起，久未见这本书的著录，直到出现在过云楼中。

张咏在任官期间留下许多佳话，他曾呵斥库吏房私藏钱币，说："一日一钱，千日一千，绳锯木断，水滴石穿。"后来，"绳锯木断，水滴石穿"也作为成语流传下来了。

相传，最早的纸币"交子"就是由张咏发明的。"交子"是发行于宋仁宗天圣元年（1023）的货币，曾作为官方法定的货币流通，称作"官交子"。在四川境内流通近80年，是我国最早由政府正式发行的纸币，也被认为是世界上最早使用的纸币，比美国（1692）、法国（1716）等西方国家发行纸币要早六七百年。

《字苑类编》——一部堪称"孤本之孤本"的"宋代词典"。这部古书相当于现代的词典，为存世孤本。孤本的意思是仅有一份在世间流传的版本。然而这部《字苑类编》，在过云楼藏书面世之前，没有学者知道它的存在，所以古籍专家称此书堪为"孤本中的孤本"。

从目前专家研究情况来看，这部书应该是南宋时期福建刻印的。宋刻宋印，极为珍贵。它曾经被明代藏书家顾元庆、清代藏书家陈鳝收藏。有意思的是该书与《锦绣万花谷》一样，也没有编纂者的姓名，再次给后人留下了个谜。

九、过云楼藏元刻本

元朝（1271—1368）是中国历史上由蒙古族建立的大统一帝国。元代的中国社会经济发展虽未恢复到宋朝时期的水平，但仍有发展，其间出现了元曲等文化形式。

元代的书籍出版由国家管理，1236年始在燕京（今北京）置编修所，在山西平阳置经籍所。"元人刻书，必经中书省看过，下所司，仍许刻印。"总的来说，这一时期文化凋敝，印刷书籍为数不多，存世稀少，按现行古籍善本评定标准，元刻本均可列为一级文物。

元刻本有别于宋刻本，其显著特征即所谓"黑口、赵体、无讳、多简"。"黑口"指每一篇中的上下两端，有墨印的又宽又粗的黑条子。"赵体"即赵孟頫的字体。赵孟頫是元代著名书画家，开创元代新画风，尤以楷、行书著称于世，在书籍刊印上也得到表现。赵体字柔软活泼、俊逸秀丽，结构和点划更流动、灵活。"无讳"即不重视避讳。避讳是指言语或行文时避免君父尊亲的名字，行文时常用同义或同音字代替，也可用原字而省笔画。"多简"指元朝刻书多用俗字、简体字。

《易学启蒙》——卷数存疑的朱熹著述。朱熹，著名理学家，儒学集大成者，世尊称为朱子。《易学启蒙》一书成于淳熙十三年（1186），元至正元年（1341）日新堂刻，此本为初刻初印，品相上佳。

关于《易学启蒙》的卷数，历代著录差异很大：南宋陈振孙的《直斋书录解题》著录该书为一卷；清末藏书家丁丙的《善本书室藏书志》著录亦为一卷；清初钱曾《钱遵王述古堂藏书目录》著录为二卷；《宋史·艺文志》著录为三卷；《四卷总目提要》著录亦为三卷；明代祁氏《澹生堂藏书目》著录为四卷，共四册，与过云楼藏本册数相同。

《周易本义启蒙翼传》——恢复朱子易学原貌的读本。此本为顾之逵"小读书堆藏"旧物，全国公藏书目著录仅存一部，过云楼收藏的为仅存的第二部。过云楼藏本雕版精湛，为初刻初印，触手如新，纸质精良，字体宽厚中不失俊秀。此书作为元刻本保存至今而品相精良实属难得。

《皇朝名臣续碑传琬琰集》——历代名家递藏的珍惜精品。本书共八卷，十册，宋杜大珪编，元刻本。此书被选入《中华再造善本》，归为国内各级各类图书馆珍贵善本。仅有两部私人藏书被收入《中华再造善本》，过云楼藏本为其一。书中有知不足斋藏书印、毛晋之印等。可见此本历经明末毛晋、鲍廷博、徐谓仁等历代名家递藏。此珍贵善本，民间流传极少，为毛晋藏书之精品。

《龙川略志》、《龙川别志》——曹雪芹祖父所藏故物。《龙川略志》（六卷）、

《龙川别志》（四卷），“唐宋八大家”之一苏辙所著，传世孤本。苏辙与其父苏洵、兄苏轼号称“三苏”。

《龙川略志》和《龙川别志》每册正文首页钤有“楝亭曹氏藏书”朱文印记，说明此书曾为《红楼梦》作者曹雪芹的祖父曹寅所藏。曹寅编撰家藏书目《楝亭书目》记载：“龙川略志，宋眉山苏辙著……”曹家在雍正年间因为政治原因被抄家，藏书也散落各处。书末有曹元忠跋称“鹤逸所藏《龙川略志》、《龙川别志》，吾家楝亭故物也”，进一步证实此书曾入藏曹家。

十、“黄批顾跋”与过云楼藏书

顾氏藏书多满纸批注，历代藏家、版本学家浓圈密点精批细校，这些经名家精校的心血结晶辗转流传不易，特别是过云楼藏书上的“黄批”、“顾跋”愈发令人感慨其珍贵。

一部普通古籍一经名家批校、题跋，顿时身价倍增。清代学者崇尚考证之学，校刊名家甚多，但声名最显赫的当属顾广圻和黄丕烈。他们二人批校过的古籍号称“黄批顾跋”，不仅有很高的学术价值，而且也有很高的经济价值，自清中期来就是如此，按现代确定古籍定级标准，凡有“黄批顾跋”之书，即可入一级古籍善本。

过云楼藏书中，不乏黄氏士礼居的旧藏本，其中的汲古阁本《易传》还有黄氏的通篇校字，尤为珍贵。《谈苑六卷》一书，在《中国古籍善本书目》中著录仅存两部明抄本，未见刻本。顾锡麒在书中题识：“此本向藏黄丕烈家，曾加校勘，惜未精审，黄氏书散后辗转入余家，即从《艺海珠尘》本对校补其脱略，犹未足为尽善尽美也。”一为黄丕烈校（朱笔），一为顾锡麒校（绛红），还有用墨笔校的，也是黄丕烈的批校笔迹。黄丕烈旧藏清抄本《契丹国志》（27卷，6册），书内校改甚精，用墨笔补脱漏，朱笔校字。

主讲者简介：

张之望，苏州大学副研究员。

文化生活系列

碗莲、缸荷的栽培与鉴赏

陈立人

大家下午好，今天和大家分享一下夏天时令花卉的栽培与欣赏。

现在处于农历五月，但阳历已经进入六月中旬。按照中国古老的传统实际上每一个月份都会有一个花神，共有“十二花神”。

六月的花神就是荷花。苏州历来被称为“东方威尼斯”，有很多广阔的湖面，东南西北都有荷花的分布。荷花是中国传统花卉，也是中国的十大名花之一。十大名花有梅花、牡丹、兰花、杜鹃、山茶等，荷花是十大花卉中最为特殊的一个，特殊之处在于它不是种在土里而是生长在水中。它的生长环境对温度要求比较高，喜欢温暖湿润的季节，所以在南方地区分布比较多。这里讲的是中国最早的荷花。目前来说，荷花只存在两个种类，一个是起源于中国，叫作中国莲，另一个是在美洲，叫黄莲。之所以叫作莲是因为它可以结莲子，有莲蓬，而我们在河边看到的睡莲是不能结莲蓬、没有莲子的，能够有莲子的莲属现在只有两种了。

苏州是中国莲的起源地，现在大多看到的莲花以粉红居多。最早在白垩纪时期，最原始的莲花应该是白色的，苏州就是白莲的原始产地之一，其中最为有名的是虎丘山的白莲。在苏州有两处历史上提到有白莲的，一是虎丘的生公讲坛，据说生公在虎丘千人石讲经的时候不但百鸟齐聚顽石点头，而且原本什么都没有的水池里却长出来白莲花。所以口吐莲花也是形容高僧讲经闻法，以此把水中幻化出了白莲花。第二处涉及白莲的就是灵岩山，灵岩山是一个非常特殊的花岗岩结构，里面都是很密致的石头，所以当天上下雨以后其他山上的水会沉下去，而灵岩山特殊的石头结构使得水可以在山的表面聚集起来，天池也是这样的。所以灵岩山的顶上不但有池塘还有两口井，据说吴王夫差在修建灵岩山馆娃宫的时候，把虎丘的白莲移植到了灵岩山上的玩花池，所以玩花池里面也有白莲。

现在白莲已经是比较稀有的了，和其他的观赏荷比起来虽然不太好看，但是它在形状上非常接近美洲黄莲，比较小，离水比较低矮，不像其他荷花那样挺立。刚刚讲了荷花、莲花，而我们在公园里大多看到的都是睡莲。

关于缸荷和碗莲，是不是把荷花种在缸里就叫缸荷，把睡莲种在碗里就叫碗莲呢？其实不是。今天讲的碗莲也好缸荷也好，我们都只指荷花。而睡莲多生长在热带地区，苏州是睡莲分布比较北的边缘地区，长江以北睡莲是不能够在陆地生长的。苏州在长江中下游地区，所以是可以生长的。睡莲和荷花是分别属于不同的属，它们之间有显著的区别。

第一个区别是整个植株的形态。睡莲被称之为浮水的水生花卉，而荷花叫作挺水的水生花卉。睡莲的花也好叶片也好，它永远是浮在水面上的，所以在家种植的时候一定要选择浅水的睡莲，如果把它们种在深水的池塘，一旦脱离水它的叶片就容易干枯死亡。所以必须根据睡莲的喜好深度来挑选不同的品种进行种植。荷花就没关系，它是一个挺水的花卉，它虽然在刚开始长的时候只有几片叶子浮在水面上，但如果你家的荷花想要开花，那就必须要让它的立叶挺立出水面之上，有立叶产生才会有挺立出水的花，荷花才能开放。所以它们有一个本质的区别。第二，叶片的形状也是有区别的，睡莲的叶片中间会有“V”形缺角，而荷叶是全圆的。第三是看花的中间，睡莲是不能形成莲蓬的，中间雌蕊的柱头也和雄蕊一样都是丝状的，而荷花谢了可以吃到中间的莲子。第四看能不能产生藕，睡莲茎部即使有所膨大，最多粗到大葱那个程度，吃的话里面是没有淀粉含量的，更不可能做成藕粉；而荷花每到八月中下旬根茎部就会生出像小孩子手臂粗的藕，可以做成糯米藕，可以切片当水果吃。所以要看茎部能不能膨大为藕。

下面是今天要讲的重点。第一看它有没有挺立出水，可以用手捲住盆栽的就是碗莲，下面这个就是缸，不管哪种，它的花都是挺出水面的。其次看两者叶片都是圆的。所以碗莲和缸荷主要是种植的容器不一样，当然花的品种也会有差异，一个花卉大一点一个花卉小一点，但不管缸荷还是碗莲都属于荷花中的小花品种，大花适合种在宽广的水域如池塘里。小型品种中比较大型的立叶最高的可以达到80厘米左右，花径可以达到20—26厘米，可以选择用缸荷进行栽培，栽培缸的口径一般在60—80厘米，中型品种立叶在50—60厘米，可以用40—50厘米的缸种植。碗莲是小型中的特小型品种，最小的碗莲的花苞只有一元人民币大小，开出来的时候也是比较小的，一般3厘米左右，但可以开好多朵。大多数碗莲都是中国莲和美洲黄莲杂交以后形成的，美洲黄莲个头比较小，靠水近，一般把中美品种杂交培育出碗莲。

要知道荷花如何栽培首先要了解它的生长习性，比如一年中的生育期，整个植株有什么作用，通过观察知道什么时候该施肥、换水，用什么方法等。荷花是一个特殊的植株，平时我们认为是根的部位其实不是它的根，而是它的茎秆。而大家平时吃的藕，在我们传统观念里认为它是根，其实是它的地下茎的变态，变态以后就膨大。一年当中它的生长是从藕的最前端称为藕头开始的，藕头一般我们是不吃的，中段部位是它用来储存养分的。而栽种时只需要藕头，把藕头埋到土壤里，藕头顶上的小芽是有生命活力的，会开始抽出一条条横走茎，横走茎秆很长很细，一节一节像鞭子，一般有九节，专业术语称为莲鞭。莲鞭在幼嫩的时候可以炒着吃，也可以用醋拌着吃，它是水生植物，有清热的功效。随着莲鞭的生长，它的基部长出来很细的黑乎乎的根，上面每一个节位上都能长叶片，长在这个莲鞭最高处的叶片在这个节的基部还会再抽伸一个花茎，就可以开出荷花。莲鞭还会继续向前繁殖，但叶片随着气温降低又开始低下去了，等到突然长出一片叶片，还是一片永远也不会张开的荷叶的时候，这代表荷花一年中的生命结束了，一般在九月。这张叶片出现就代表前面的茎秆开始膨大，开始长成藕，它永远长在藕节倒数第一节上，这张叶片称为终止叶，这就是荷花的全株。

种植荷花一般来说根都要扎在淤泥中，在家种缸荷的话千万不要去拉动荷花的叶片，因为叶片下都是根，如果经常从淤泥里拔起的话根就会断，根是吸收养分最最重要的位置。另外莲鞭非常脆，很容易断，一旦断了以后淤泥发生倒灌，整个荷花就会腐烂死亡。

藕的最后方也叫作藕的把节处，一般是不能够食用的。顺着把节处向前延伸的这段叫主藕，也是淀粉含量最多的，适合用于制作藕粉、藕圆。主藕的每一个节位都能够产生分枝，称为子藕，平时大部分食用的都是这段。在它的上面是孙藕，很小，一般不食用，但可用于繁殖。

当把藕头一层一层剥开后可以看到里面的幼叶、幼芽、轴，都有黑色枯萎的叶苞片，种植时不需要清洗得太干净，储存时最好有泥裹在外面，芽头一定要带节。

从藕上长出来的叶片称为钱叶，又名荷钱，由种藕顶芽最初长出如铜钱的小叶，梗细，浮于水面或不出水面。第二片叶片称为浮叶，随顶芽延伸。从藕鞭上早期长出的1—4片叶，叶梗柔软，浮于水面。叶梗挺立叶片挺出水面的叶都称为立叶。

荷叶的生长过程有一定规律。一般初生立叶较小且矮，以后逐渐成阶梯式增高增大，到一定高度又呈下降式伸展。但当顶端藕鞭发育成莲藕时，突然有一片较大的立叶（后盾叶）出现，同时前方又有一片柄短、叶小而薄、叶背微红的新叶（终止叶）。

顺着这两叶的方向，可以判断新藕的方位。

荷花的花期非常长，在6—9月份只要气温能维持在25—35℃之间，是可以陆续不停地开花的，只要有一次立叶产生就可以开一次花。多数花晨开午闭。荷花为两性花，自花或异花授粉。雄蕊有60—450枚。雄蕊瓣化为重瓣或千瓣花。雌蕊离生于花托（莲蓬）的洞穴中，每花具1—60枚。重台与千瓣型品种，雌蕊亦瓣化，不能结实。荷花多数品种当植株长出三片立叶后，花芽开始分化。随着藕鞭的延伸花芽连续不断形成，直至新藕膨大时停止。长江流域花芽分化期自4月中旬到7月中旬，约三个月。单花的花芽分化经4—7天。

荷花栽植地应光照充足。缸盆种植不宜置阴处。碗莲室内观赏不要超过3天。夏季午间避暴晒。

莲子在嫩的时候与花托结合得非常紧密，想要取下必须破坏莲蓬才能吃到，当它成熟时便会自动脱落，莲蓬内部会慢慢木质化，水分消失，这时孔会变大，整个莲蓬倾斜，成熟的莲子掉在水上顺着水流漂远，直到搁浅在一些凹陷有淤泥浅滩的地方，经过很长时间的腐烂表皮破损，有水进入便会萌发。如果漂到一个没有水的地方，外表便会像木头一样炭化，最后甚至会变成石头，但里面仍有活性还能活。

荷花根据种源分为三个系。即：1. 中国莲系；2. 美洲莲系；3. 中美杂种系。又根据花的大小分别分成三个群，即：1. 大花群——花径25厘米以上；2. 中花群——花径12—25厘米；3. 小花群——花径12厘米以下。再按花瓣数分为五个类，即：1. 单瓣——花瓣18枚以内；2. 半重瓣——花瓣60枚以内；3. 重瓣——花瓣80—200枚；4. 重台——花托以上雌蕊瓣化，似二层花；5. 千瓣——雌雄蕊全部瓣化，花瓣2000枚以上。欣赏莲花的时候首先要知道其分类体系，花色是白色或者粉色就属于中国莲系，各种各样的黄色属于美洲莲系，有白有黄有粉属于杂交品种。

并蒂莲是荷花中的珍品，是荷花生长发育中出现的变异，不会遗传，自古认为是一种祥瑞，是出现喜事的征兆。历代还常有三蒂荷花出现。昆山并蒂莲为千瓣荷的一个品种。

碗莲的常见品大多都是杂交的，比如北京娃娃莲就是将中国莲和美洲莲杂交后再和印度蓝色睡莲杂交形成的。武汉品种案头春是纯中国系，属于中国莲中最小的。金合欢是美洲莲选育比较稀有的黄花品种。桌上莲比较小，可以用饭碗或水仙盆种植。

荷花生育特性：4月上旬，萌芽；4月下旬，出现钱叶及浮叶；5月中旬，立叶出水；6月中旬，始花；7—8月，盛花；9月上旬，尾花；7月中—9月中，果熟期；7月中—9月中，莲藕膨大充实期；9月下—10月上，黄叶期；10月中旬后，进入休眠期。

分藕繁殖是荷花最普遍的营养繁殖方法。可以根据栽培环境与种藕的状况，利用整株莲藕，或藕头分栽。分藕适合在长江流域，以清明（4月上旬）前后最为适宜。此时气温稳定在15℃左右，顶芽开始萌发。分藕过早，种藕易受冻腐烂，过晚，新叶已发，芽易折断。

荷花分藕可用整株藕栽植，也可以分别利用主藕或子藕、孙藕作种藕。种莲藕必须选择藕体无伤害，顶芽完整健壮，后把带节的。藕头作种时，藕体分割点应在节位上，以防藕孔进水腐烂。

种藕不宜清洗去泥，不能失水。用手指保护种藕藕头的顶芽，呈20—30度角斜插入土，并使尾节翘露泥面。池塘栽植宜砌底池，限止藕鞭伸展范围。盆土加水搅成泥浆，栽时种藕沿盆边呈20度斜插入泥中，使尾部露出水面，做到“藏头露尾”。栽后将盆置于太阳下晒，当泥表微裂时，加少量水使藕与泥完全密接。待芽出土后，逐渐加水，保持水深3厘米。

藕栽完以后一定要注意的是不能再搅动泥，要保持泥的稳定。因为莲鞭会长很细的根，搅动泥会导致根断裂。水可以加到4—5厘米，等到有绿色的芽也就是第一片前叶出来的时候，开始加水，水位与芽尖相平。补水尽可能不要在晚上而应在清晨6点左右。

一个缸里最多种三只藕，一般建议种两只。缸较大的话建议两只藕对插种植，从正上方看藕要错开。种的时候藕头要斜一点，这样一个往上长，以后碰到缸边莲鞭可以往外走，一个可以往下走，两者不至于莲鞭“打架”。用碗种植尽可能用种子来播种。一般五月过后就可以开始种植，温度太高换水会比较麻烦。一般先破洞，在莲子底端浑圆的位置上，先用锉刀或者粗糙的水泥在较硬的地方轻轻地磨，开一个小孔。然后把它放在水里，水不要太多，一般没过整个莲子2—3倍。建议底盆大一点莲子可以摊开。水放入后莲子会吐黏液，一般第一天隔12小时换水。切勿放在阳光直射的地方，容易长青苔。可以放在室内温暖有散光的地方，最好用不透光的瓷碗种植。当小洞中有绿色小芽出来后把三分之一的表皮剥掉，继续放在水中。等到第一片小芽露出，接下来会慢慢长出胚根、第二片叶片，抽伸出横走的茎。长了两三片叶片后由于营养被消耗，子叶收缩至自然而然地从壳中脱离。当整个植株脱离后就可以入盆，建议加一些很细的沙子。种的时候先挖个坑，泥浆不要太多，拎住植株上方叶片把整个植株放进去，倒入泥浆以能够盖住基部和根茎为宜，不要太深，一般2—3厘米，之后在上面放一层水。移植后的第一天不要见阳光，可放在明亮的散射光下，24小时后可全光照。

常规管理：

①光照充足

荷花栽植地应光照充足。缸盆种植不宜置阴处。碗莲室内观赏不要超过3天。夏季午间避暴晒。

②控制水分

栽种初期维持浅水，随生长加至满盆。夏季蒸腾量大，宜早晚各浇一次水。盛夏时极易滋生藻类，可每周换水，或结合施肥换水。入秋降低水位，保持3米左右水层，以利长藕及进入休眠。冬季移入室内保持土壤湿润越冬。

③合理施肥

荷花施肥掌握“少食多餐，宁淡勿浓”的原则，防止过量、过浓引起肥害。一般追肥在6月中下旬，有3—4片立叶时进行，约半月一次。可以用0.1—0.3%的化肥作叶面喷施；也有在晚间倒出容器内浮水，施入液态肥，容量以当晚土壤能吸收为度，第二天清晨，灌入清水；再有用腐熟有机肥、化肥加泥搓成重10g左右的泥团，压入土中。花期施肥以补充磷钾肥为主，每10天一次。

④除草摘叶

5—6月后荷花水面易生杂草，应随时捞起，以免影响水质与消耗养分。夏日缸、盆荷花进入盛花期后，摘除黄叶与瘦弱过密叶片，以利通风透光。摘叶时，叶柄断口不得低于盆口，以免通气道进水烂藕。

⑤防治病虫

荷花常见有褐纹病、斑枯病、腐败病等，要重视栽培土壤的轮作与消毒，并可用多菌灵制成毒土，撒于土层防治。常见的害虫有蚜虫、摇蚊、蓟马、蓑蛾、夜蛾等。口吸式口器害虫用农药吡虫啉防治，咀嚼式害虫用美曲膦酯、辛硫磷防治。

⑥翻塘翻缸

荷花栽植多年后，土壤内茎蔓重叠、盘根错节，生长势衰退，影响开花。一般栽种后3—4年，自晚秋至早春期间翻塘挖藕。缸荷于每年4月上旬清明前后翻缸，翻缸前检查泥土湿度，过干翻缸困难，过稀易折断藕芽。荷花茎鞭在缸内，一般都呈延缸壁伸展的走向。

碗莲最适生长的温度是22—32℃，25℃以上长藕，40℃以上停止生长。每日至少应有5小时日照。夏日中午防暴晒，并不宜将碗钵放置于水泥地上。荷花对土质要求不严，但喜微酸、土层深厚的肥沃土壤。最适土壤酸度pH为6.5，栽植土层厚20—40厘米，含有丰富的有机质。

下面讲讲睡莲。

1. 睡莲的栽培种

睡莲属的植物世界上约有50个种。我国原产有7个种以上。常见耐寒睡莲的栽培种在华北地区可以露地越冬，都属于白天开花类型。其中有：

① 睡莲（N.tetragona）

原产中国。极耐寒，花白色，瓣背紫红色。

②香睡莲（N.odorata）

原产美国东南部。花白色，瓣背紫红色，有浓香。

③白睡莲（N.alba）

原产欧洲、北非。花白色。

④块茎睡莲（N.tuberosa）

原产加拿大。地下部为块茎，花白色，有红花变种。叶与花高出水面。

常见热带睡莲的栽培种，需在保护地内越冬。其中有：

①埃及蓝睡莲（N.caeruloa）

原产埃及。花蓝色，花香淡雅，傍晚开花。

②印度红睡莲（N.rubra）

原产印度。花紫红色，具微香，夜间开花。

③埃及白睡莲（N.Lotus）

原产非洲。又名齿叶睡莲，花白色，微香，夜间开花。

④南非睡莲（N.Capensis）

原产南非好望角。花淡紫色，清香，白天开花。

⑤墨西哥黄睡莲（N.mexicana）

原产墨西哥。有香味，花黄色，中午开花。是热带睡莲中较耐寒的一种，也是杂交育种中提供黄色基因的重要亲本。

姬睡莲是睡莲中一种微型花品种，花径2—5厘米，花形娇小，婀娜妩媚。最早由法国人马利亚克（L.Marliac）于1879年用睡莲与墨西哥黄睡莲杂交后育成，称“海尔芙拉”（N.“Helvola”），现在仍然是盆栽睡莲中的佼佼者。近年姬睡莲栽培品种还有紫珍妮、小天鹅、红樱桃、蓝精灵等。

2. 睡莲形态特征

热带睡莲之叶：叶片边缘呈波纹状，全缘或有明显锯齿。有些品种在叶片缺裂顶端与叶柄着生点处会长出小植株。

耐寒睡莲之叶：叶全缘无齿，叶背叶脉明显。多数叶片浮于水面。

耐寒睡莲之花：多数品种花浮于水面开放，受粉后沉入水中。通常花蕾出水后13—15天开花，一般早晨开花，下午或傍晚闭合，连续开3—4天后谢落。

热带睡莲之花：大多品种开花时花柄挺出水面。现蕾后10天左右开花，花期4—5天。开花有白昼与夜晚开放两个类型，夜花者从日落以后开到次日上午闭合，昼花者上午开花，下午闭合。

睡莲之根茎：耐寒睡莲地下根茎多为圆柱形，平卧或直立生长。热带睡莲多呈不规则块状或球状，墨西哥黄睡莲的根茎会出现走鞭。

睡莲之果实与种子：睡莲果实呈卵形至半圆球形，在水中成熟，开裂后种子散出，种子极细小。

3. 睡莲繁殖

①播种繁殖

耐寒睡莲大多不结实，热带睡莲品种多数可以结果并收到种子。结果的睡莲品种，开花后，花朵沉入水中，种子在幼果内发育，约20天，膨大后的果实浮出水面，并开裂散出种子。种子先浮于水面，后沉入水底。采种可在谢花前套袋，以收取种子。收获的种子可用盛水的瓶密封保存。热带睡莲在翌年5月上旬播种，在25—27℃条件下培育，待长出8—10片叶后移栽。

②分割根茎繁殖

清明前后挖取根茎，选有健壮新芽的茎段分切成长7—10厘米小段分栽，每段保持两个以上芽眼。分株时期也可在生长期6—8月进行。新栽睡莲栽植初期，水位宜浅，以利提高土温，促进生长。

③芽眼繁殖

睡莲有些品种根茎上有许多芽眼，这些芽眼比顶端生长点小，在分植时，可以削取另行培育，以扩大繁殖数量。

4. 睡莲种植与管理

①盆钵栽植

缸栽适合中型品种，用缸以直径50—70厘米、深25—40厘米为宜。盆碗栽植适合微型品种，盆径以口径25—30厘米、深15—20厘米为宜。栽后盆口贮水层应留出5厘米。

②疏叶除草

盆栽睡莲生长前期疏除过密叶片，以免影响光照，不利开花。生长后期摘除病叶、残叶。盆栽睡莲及时清除盆内杂草、浮萍，喷施0.3%硫酸铜防治青苔、藻类。缸栽可混养鲤鱼与鲫鱼灭藻。

③病虫防治

睡莲常见有害螺与青苔为害。有害螺使用6%的密达防治，青苔用硫酸铜喷施。家庭栽培可及时捕捉清理。

④越冬管理

耐寒睡莲越冬根茎不能脱水。热带睡莲在10月下旬至11月中旬移入15℃以上室内，用湿砂贮藏保种，翌年5月种植。

主讲者简介：

陈立人，苏州农业职业技术学院园艺科技学院党总支副书记、高校讲师、农艺师、园林工程师。

旅游大讲堂系列

我的假期在美丽的爱琴海

王如东

今天外面一直下着雨，非常感谢大家来聆听我的旅行故事，也非常感谢有这么多喜欢旅行的人来一起分享旅游的事情。

今天我要跟大家分享的是《我的假期在美丽的爱琴海》。我是一个非常喜欢旅行的人，这两年旅行了很多国家，这些旅行都不是通过旅行社安排的，而是根据自己的爱好和时间、假期去做的一些安排。其实我一开始也是诚惶诚恐，因为你不跟团走，所有的事情都要自己去安排，这些都可能要花很多的时间、精力去做。这么多年旅行下来之后，我发现我旅行的深度是不断深入的。一开始可能是亚洲国家，然后慢慢地就是美洲、欧洲、非洲，这样一个旅行轨迹。以前可能每次旅行会安排两到三个国家，现在基本上就是一个国家。时间的话，可能以前是10天，现在就是两到三个星期。所以深度是逐渐在加深，对一个国家的了解程度也是不断加强。但是相反来说，要做的事可能就越来越少。为什么呢？因为一开始旅行的时候，你会考虑很多，吃怎么办、住怎么办、行怎么办、是否会有安全问题等，会有很多的疑问，所以一开始旅游的时候会做很多攻略，会花很多时间。我记得我第一次跟孩子去东南亚一些比较近的国家时，在出发前做了很多很多攻略，每一个地点景区攻略都非常详细；而现在就比较简单了，我们就买两张机票，然后到了当地才会去做一个比较详细的安排。这就是这两年我的旅行的一些变化。

自由行其实非常宽松，并可以根据自己的时间、爱好去安排自己的线路，可以根据自己的成本去安排吃住行，这些都是自己去说了算的，所以相对来说是非常自由的。但是出行之前需要做一些工作，这些工作是必不可少的。对于经验不太丰富的旅行者，尤其需要时间去做这个功课，这样旅行当中才会更加顺畅，玩起来会更加开心，更享受这个旅行过程。

我想自由行大家应该是非常向往的，因为现在的旅行社安排的线路或多或少会有些不如意，可能跟大家的期望来比会有些差距。而自由行呢，因为所有的事情都要自己来做，相对来说会有很多的不确定性，所以遇到的问题该怎么去面对怎么去解决，这也是我最开始开始自由行的时候经常考虑的事情。结合这些年自由行的经历，我觉得有几个方面需要大家注意的：首先，出行前一定要想清楚目的地和哪些景区，因为个人的爱好，旅游目的地是因人而异的；其次，要考虑交通怎么解决、住宿怎么解决、当地有哪些特色吃食，要进行产品的预定；第三，是最重要的，到了目的地怎么让自己整个流程变得顺畅、安全，能够达到自己的期望。大家为什么会对进行比较远距离的自由行有恐惧感呢？实际上主要原因是信息不对称，就是你对那个国家了解得很少，就不敢去，缺少一种安全感。就我自己来说，我一般锁定去哪个国家后，就会去买一些相关的书籍，浏览下网络，但是网络信息都是很零碎的，你并不能确定哪些信息是正确的，是可以参考的，所以相对来说书还是更重要的。我一般会买一些国际上比较认可的书籍，这些基本上都是一些深度的旅游达人根据他去过、吃过、住过、旅行过的地方写的书，是非常真实的，主要会给你推荐三种类型：一种是你非常有钱，预算比较多，它会给你介绍很多设施；一种是针对适中的、追求舒适的设施；一种是经济的。它给了我们很多选择性，我们能根据各自的需求去选择适合自身的产品、路线，所以这个书籍是必不可少的，因为书籍是比较系统的。国外交通方面是做得非常好的，这些都为自由行提供一个很好的条件，所以只要善用当地一些旅游资源，就可以得到很好的旅游体验。

在去希腊和土耳其之前，我对爱琴海、地中海都没什么概念，但是我去了之后，我就非常清楚地中海在哪、黑海在哪、爱琴海在哪，它们之间的关系我都会搞得很清晰，实际上这就是旅行给我带来的一些意想不到的知识普及。大家都知道，地中海是介于欧洲、亚洲跟非洲之间的连通大西洋的海域，爱琴海是属于地中海的一部分，但是它又连通了黑海，它通过马尔马拉海（土耳其的一个内海）、博斯普鲁斯海峡与黑海连通。爱琴海周围就是一个希腊和西部的一个土耳其，它介于这两个国家之中。这个地方孕育了西方文明，西方文明的摇篮就是在希腊，这是非常吸引我的。另外，爱琴海非常浪漫，其清澈的海域和自然风光也是非常吸引我的。

接下来我讲一下爱琴海边的两个国家，一个是希腊，一个是土耳其。先讲一下希腊。希腊这个国家其实不是很大，在整个欧盟中目前属于并不太发达的一个国家，这两年它的经济趋势也不是太好。我安排的希腊行程差不多是20天，将来回交通时间除去，真正在希腊是18天。规划这个线路一定要有技巧，不能走重复的路线，当然落地的话只能落在雅典，也就是希腊的南部。南部是个半岛，我一开始没有想去这个半岛。我一开始规划的行程是这样的：从雅典，去德尔斐（希腊中部，它是一个古文明的摇篮），去瀑布和最深的一个峡谷，还有在德尔斐的北边一点点迈泰奥拉的一个世界文化遗产（这个地方很值得去，但是中国人一般都不会去这个地方），然后再往北走是希腊的第二大城市塞萨洛尼基（这个城市一般亚洲人都不知道，一般人也不会去，但是它是整个欧洲的度假中心，因为从欧洲过来非常方便，它在希腊毫不逊色于雅典，只可惜雅典知名度太高）。我开始还想去做一件事，那就是爬奥林匹克山。奥林匹克也是起源于希腊。但是后来我发现没有时间了，所以没去。以上就是我想去的几个地方。还有两个海岛：圣托里尼岛（大家去的比较多的），还有一个是不太知名的米克诺斯岛。这些线路我是到了当地才做调整的。我只是订了机票，所有的住宿之类的我都没有订。等我到了雅典后，我找了个市中心的旅馆，它有一个屋顶餐厅非常棒，能俯瞰整个卫城。而且我发现到德尔斐是非常方便的，两个小时就能到，然后从德尔斐再往北的话就是世界遗产迈泰奥拉。问了当地人，说徒步很方便，于是我就去了，我花了三天时间。但我在这耽误的时间太多了，因为我穿越了最深的一个峡谷，穿越后，我到达了第二大城市。

这18天的行程我最想看的就是古希腊的神话还有文明留下来的遗迹，这18天里，我前半段行程以文化历史为主，后半段就是两个海岛的度假。雅典和塞萨洛尼基是希腊第一和第二大城市，就相当于中国的北京和上海；圣托里尼岛是个知名度很高的岛，米克诺斯岛是一个非常安静的小岛，目前来说还不太知名，商业化也不是很重，非常值得去，还有一个是现代希腊第一个首都纳夫普利翁。

很多游客第一站选择了雅典（Athens），其实这也是没错的，因为这里航班都非常便捷，实际上雅典也是整个希腊的中心。我非常关注这个城市，在俯瞰雅典的时候我的内心非常震撼，因为这个城市已有3000—4000年的历史了，但是城市仍然保护得非常好。我开始以为苏州是非常值得骄傲的，但是到了雅典，发现虽然经过了4000年，但是城市中却没有任何高楼，非常舒适，从整个高空看城市非常低调，又非常具有现代时尚的色彩，这是我对整个城市的印象。但是它除了卫城并没有什么特别出色的地方。首先这个城市是非常适合徒步的，因为它所有的景点都特别集中，都在城区区域里面。这个城市有两个高点，一个是卫城，一个是一个教堂，所有的景点都是围绕卫城去展开的。这个城市在3000多年前其风貌已经形成了，而在希腊神话中每个神都是有封号的，比如说太阳神阿波罗、智慧女神雅典娜、药神、酒神等，而卫城中有很多庙宇来供这些神，但是最值得看的还是雅典娜的神庙。我们知道宙斯是最大的神，当出现雅典这个城市的时候，两个神跳出来，说要做这个城市的保护神，一个是海神波塞冬，海王星就是为了纪念海神波塞冬而命名的，海神主要是给人类带来了马匹，是战争的代表，所以经常会去用武力解决问题；另外一个就是智慧和平女神雅典娜，雅典娜是用橄榄枝去拯救这个世界。他们竞争的结果，就是雅典娜赢了。为了纪念雅典娜，人们就用雅典作为这个城市的名称，这就是雅典的来历。在卫城上面有个庙宇，描述着这段神话的来历。最让我震撼的是一个剧场，这个剧场还在用，它不是每天都有演出的，每个星期只有一天是举行古代剧场演出，另外还有音乐剧，我是很想晚上去看的，可惜时间不巧，没有看到。大家如果以后有机会的话，可以去感受一下。这些古迹的话基本上都有2000—3000年的历史，却仍旧保持着这样的状态，所以当地人对古代文明的保护和对历史的尊重是很震撼我的，我们可以感受得到、触摸得到。除了卫城，雅典还有几个地方大家一定要去：一个就是宙斯的神庙，就在雅典，步行也就10多分钟，所以我建议大家到了雅典之后就步行，不是很远，一天花1—2个小时转下来也是非常好的。大家都知道奥林匹克运动会起源于希腊，第一届在1896年。大家想想，2004年奥林匹克运动会是第28届，100年后这个运动场还在用，你想想看这是怎样的一个工程，你在现场能感受到这个百年的工程。这就是雅典的运动场，在1894年可以容纳2—3万人，非常壮观。还有一个卫城博物馆，我们知道每个城市都有博物馆，但是卫城博物馆是绝对不一样的，卫城由于火山、地震会经常遭到破坏，但是每次破坏后会有人把遗骸一块一块找出来拼凑起来，所以它周围遗迹非常多，于是它们就作为博物馆的下面一部分，而上面一部分更多的是展示当地的一些文化。而卫城考虑到现在人的需求，还有一个咖啡馆，现代人既要感受文化又要去体验当地人的生活，可以坐在这喝杯咖啡、看看卫城，是非常精彩的，所以我是非常享受这个过程的。还有一个地方就是舒利翁的日出和日落，非常壮观，不仅能看到海神的宫殿，还可以享受日落。以上这些就是我对雅典的安排。而在酒店，你可以选择雇一个导游进行2—3个小时的徒步，他会带你去城市的小巷中感受当地人的生活方式，这个感觉非常棒，你可以感受到自己在融入这个城市，这是完全自愿的，只需在结束的时候给一些小费即可。

我的第二站在德尔斐（Delphi）。德尔斐是个非常著名的古城，是一个神话的起源。有两个很厉害的神起源于这里，一个是太阳神阿波罗，还有一个就是雅典娜。宙斯为了选一个世界中心，放了两只鹰相向而行，鹰相交的地方就是世界的中心，而鹰就在德尔斐相遇了，所以这个地方就是西方文明的摇篮。我们要看的首先是两座庙：一个是雅典娜神庙，雅典娜神庙其实很早前已经破烂不堪了，但是让我震撼的是它的修复，西方的修复跟我们的修复是不一样的，我们的修复是希望修旧如旧，而西方却是极力保存着古代人的文明，有的东西已经残缺不齐了，就把痕迹留上去，告诉你是什么时间修的，白色的痕迹是修过的，而黑色的就是原本的，所以他们对历史的尊重是很值得我们学习的。还有一个是太阳神阿波罗神庙的遗址，它是在山上，距雅典娜神庙有三公里的路程，我觉得最值得说的是一个运动场，刚刚讲的奥林匹克运动在希腊甚至在欧洲流行，他们非常喜欢这样的运动，像这个运动场是在山顶上的，非常高，爬到山顶最少要一个半小时。就是这样一个山顶的运动场，它可以容纳1—2万人，想想这是3000年以前的运动场，这个规模是非常宏伟的，算是一个遗迹了，现在已经不在用了。最值得去的还有德尔斐的博物馆。我强烈推荐的是德尔斐的一个小镇，这个小镇非常宁静，我只住了一个晚上，但是我觉得还不够，如果下次还有机会去的话，我会选择多住两三天。因为那边非常宁静，你可以看到宾馆下面就是个峡谷，风景非常好。我订的房间也不贵，也就三四百块钱，晚上更是宁静。比如说，你可以找些咖啡吧发发呆，是一个非常调节身心的地方。

我的第三站在特里卡拉（Trikala）。这本来并不在我的行程里，我只是误撞去了这个城市。这个城市没有太多的旅游资源，只是靠世界文化遗产，也就是我下一个要介绍的地方。我是乘火车去的，但是当晚我住下来，就发现这是我去过的最快乐的一个城市，因为我看到了当地人的生活。在当地教堂我碰到了人们在给新生儿做洗礼，实际上这就是当地人的习俗，我是从头到尾观看了两个小时，见证了新生儿洗礼的过程。不管是天主教还是基督教，新生儿入教都会有一个仪式，而这个小孩真的是从头到尾都没有哭一声，整个仪式非常震撼。不仅如此，最让我感动的是他们仪式用的音乐全都是现场演奏出来的，演奏的年轻人都是大学生，他们吹的曲子已经用了2000年了。在结束后我去和他们交流，他们很热爱他们的文化、生活，让我感受到了当地人对自己国家文化、历史的认可与传承精神，这是非常值得我们学习的。这一家人也非常友好，我现在还和他们会有联系，我想若干年后再回去看看这个孩子长得多大了，这个非常有趣。在这个洗礼结束后，我又去参加了一个当地人的婚礼，跟东方的婚礼不一样，非常有趣，非常宏伟壮观。新郎在教堂门口等新娘，而新娘是由她的父亲和弟弟牵着手一起缓缓走来，在新郎迎接新娘的时候，新人的朋友不会那么容易让新郎接到，要说很感动的故事看看谁能更感动人，这也是当地的风俗。最后新郎接到新娘，一起步入婚礼的礼堂。不管认识的不认识的都能一起坐到教堂里。更有趣的是，这个婚礼有世界上著名的摄影师来帮他们摄影，他看我在那左拍右拍，很显眼，因为就我一个亚洲人，所以他注意到了我，把我引导到了正中央的圣坛，让我正大光明地拍。他说我拍得非常好。我在Facebook上发布照片后，他问我他能不能用这个照片，我说可以。看到这些抓拍的镜头，与新郎的合影，我觉得那个时刻非常幸福，因为我感受的是一种当地人的生活，而感受这些生活我并没有花一分钱，却让我非常感动。所以旅行中的乐趣并不取决于花钱的多与少，更多的是当时你的态度和参与到的一些事情。

我的第四站是迈泰奥拉（Meteora），同样中国人也很少去。这个地方地貌非常奇特，是世界自然遗产，为什么会产生这样的地貌呢？是火山喷发产生的岩浆造成的。那么为什么要去这个地方呢？因为这个里面有故事。希腊被东罗马帝国侵占了1000多年，这个时间很长。但是到14世纪的时候，这两个教突然决定发动战争，很多基督教徒都跑到这来躲避，这里非常不容易进入，所以他们利用这种独特的自然屏障在山顶建了很多的教堂，总共有60多座，有的很偏，根本就到不了。我徒步走了六座最有名的，每座教堂都是不一样的，我花了一整天的时间，走的时候很累，但当你真正看到教堂样子的时候，你会觉得非常有成就感，因为太壮观了，你不会想到在这么高的山顶边缘会有这么多的教堂。那么大家都会有个疑问，这些教堂是怎么建成的？后来我了解到，原来都是通过工具把石头、建筑材料，一点一点地摇上来的，而山上的路是很陡峭的，现在可能有一些工具能上山了，但是600年前有这样的建筑是非常了不起的。大家有机会的话，一定要去欣赏一下。

我的第五站是约阿尼纳（loannina），这个地方我不太推荐大家去，因为去这个地方非常耗时，我差不多花了三天时间。为什么我要去这个地方呢？因为这里有一个峡谷，这个峡谷有1000米深，原来是没有路的，生活条件是非常艰苦的。另外它有两个小山村，小山村很奇特，全是用石头房子做的。我们是从峡谷一边的小山村走到另一边的山村的。这次旅行也给了我很多教训，攀爬峡谷我一点经验都没有，而且在途中道路非常陡，我们看见有人滑下去，然后我们还参与了救援。这些故事实际上是非常令人感动的。我碰到两个以色列人，他们非常有经验，因为他们非常喜欢爬山、徒步，他们的装备都很齐全。他们可以一边爬山一边煮咖啡，非常休闲，后来我加入了他们团队，他们对我非常友好，跟我分享他们的故事。我们在途中也观赏到了非常多的景致，这里的原始森林从来没有被开垦过，因为这里很少会有人进来，而我们背着大包进行徒步，包差不多有30—40斤的样子，要徒步差不多12公里，从中我真的是学到了很多。快结束的时候下雨了，我们看到太阳穿透整个乌云层，那时候大家都非常兴奋，感觉看到并做了一件很有意义的事情。村庄里的农民也非常友好，买东西不像我们一样能还价，他们并不还价。比如说你想住在他家，他出价20欧元，如果你觉得太贵了，他会跟你仔细介绍，哪家的比我家便宜，为什么比我家的便宜，我家的为什么贵。他们人非常友好。我不太建议大家去，因为太消耗体力，时间太长了。但是对年轻人来说，我觉得还是值得去尝试挑战一下自己的，因为我们住在城市太舒适了，不知道外面有多艰苦，一定要把自己逼到那个份上，才能激发出你自己的潜能。

我的第六站是塞萨洛尼基（Thessaloniki），这里是除了欧洲人以外会被忽略的地方，因为这个地方容纳的古代文明是将现代的时尚融合在一起的。它并不像苏州，金鸡湖就是金鸡湖，很现代，古城区就是古城区，两块分得很明确。这里你可以看到它是怎么融合的。我那天到了这个城市，所有的公交车都不去城区，所有人只能排队坐出租车，但还是很有趣，这也是个很独特的体验。然后我们坐出租车去城区，正好路过了一个广场，看到有人群静坐抗议。他们的静坐很有意思，就像快闪，五分钟绕一绕然后换一个地方，不会干扰社会正常秩序的，不会让这个地方造成交通拥堵。他们只是表达下自己的声音，稍微抗议一下，表达完就走了，不对社会造成负担，我觉得这点也很值得我们学习。这个城市的古迹非常多，边上就是很现代的建筑。我最喜欢这里的教堂，有1000年以上历史的教堂，有几百年以上的教堂，所有的教堂氛围都是截然不同的。其实我不是基督教徒，我对基督教也不了解，但是它的氛围让我非常想在那边坐一会儿，想想我的内心究竟需要些什么，休整一下再上路。这些教堂里其实基本上没有游客，都是当地人，所以你坐在那没有人会来打扰你，你可以跟神像对话，这其实是非常独特的。在找教堂的途中也是非常有趣的，因为有的当地人也不知道这些教堂在哪，教堂太多了，有的实在太小了，住在附近的可能会知道。我是做了攻略的，我一个一个人问，有几个我是特别想去的。在这个过程中，我几乎徒步穿越了整个古城，它的道路也是弯弯曲曲的，非常有趣，所以这个过程中你就会更多地去触摸这个城市。还有一个就是海盗船，这个海盗船是免费的，每15分钟一班，可以让你浏览整个爱琴海，让你了解整个城市的文化历史。

我的第七站是米克诺斯岛（Mykonos），这是我喜欢的一个海岛，这个岛不像圣托里尼岛那么有名，它还保持非常自然的一种状态。在这里休闲度假，因为前面玩得太累，我想休整一下我自己。我就找了个旅馆，它是一个家庭开的，差不多有七八个房间。就是这样一个靠海的旅馆，早上可以看日出，晚上可以看月亮。你住在他家，他会免费给你一杯酒，还有游泳池可以用，我就在这看看书，哪也不想去，就是这样一种状态。如果你要去观光的话也是可以的，不过这个地方非常偏，因为我是故意找了一个比较偏僻安静的地方。要出去必须要走到山下，山下有船可以开到镇上去。米克诺斯岛是爱琴海中的一个小岛，非常宁静，能让人们回归自我。

我的第八站是桑托林岛（Santorini），我建议大家去。米克诺斯岛像是小家碧玉，而桑托林岛更像是大家闺秀，非常震撼。这个岛大部分中国人也是会去的，因为太有名了。我个人也是非常建议去的，虽然游客非常多，跟我们的平江路、山塘街有的一拼。桑托林岛其实是个火山喷发而形成的岛，而且毁灭过好几次。火山喷发起来其实是很有毁灭性的，能把整个城市都淹没掉。这个城市是建在山顶的，如果你要去的话，得坐邮轮。爬到山上有几个途径，一个是走上来，一般1个小时；还有一个就是骑驴，因为驴爬坡非常厉害，一般出5欧元就可以让驴把你带上去；还有一个就是缆车。我觉得如果不去桑托林的话，整个行程是不完美的。另外一个就是蓝顶教堂，是一定要去看的，是《国家地理杂志》推荐的一个标志性建筑，但是现在蓝顶教堂也非常多了。我们通常见到的海滩都是白色的，这个地方有个红色的沙滩，还有一个黑色的沙滩，因为经历过火山喷发，所以会有火山灰，形成了黑色、红色的沙滩。不过这个岛屿总的来说还是个比较适合休闲度假的岛屿，度度假，吃吃海鲜，是非常好的地方。我们说的这个火山还是个活火山，随时都会喷发，当我们在火山附近徒步的时候，就会感觉到下面有汽喷。还有一个温泉，这是一个海温泉，我们差不多泡了1个小时。还有一个事是一定要去做，那就是看日落，日落非常美，还有那里的游艇也是很好的。桑托林岛如果大家要去的话建议可以放个2—3天，因为有观光也有度假项目，可以根据你自己的时间来做个调整。

我的第九站是纳夫普利翁（Nafplio），它本来不在我行程当中的，我原来也不知道这个城市。到了当地我和当地人聊天，他们告诉我一定要去这个地方，这个地方非常美，是个半岛。他说得很神奇。我心里想，还会有比圣托里尼更美的地方吗？圣托里尼已经惊艳到我了，我觉得那个地方已经很美了，然而他说还要美，我就不相信，然后我就真的去了。去了以后真的觉得很值。它是伸到爱琴海里面的半岛，最奇特的是它的城堡是在海中的。因为这个地方经常发生战争，而它是个半岛，要上岸的话必须得从这个地方上岸，所以它的整个防御设施做得是非常好的，非常坚固。然后也是我第一次吃仙人掌。这个城市满山满片都是仙人掌，而且我去的时候正好开花结果，我趁人不注意就随手摘了一棵，本来是想尝一尝的，但是它有很多刺，我手上都刺满了刺，我努力地清除掉，最后还是尝到了些仙人掌的肉。这个肉其实并不是很好吃，但是对人的身体有很大好处，我还是把它吃下去了。所以这也是很独特的体验，因为很多东西你都没见过，实际上我觉得这就是旅游的一个过程。我是住在一个民宿家里的，他们家非常有古典的味道。当地人对中国人非常友好，有个在中国留学做医生的就在跟我讲他的故事。还有更令人感动的是他们社区的服务，在这个地方每个人都有他各自的社会责任，有的人贫穷，有的人富有，并不是因为个人努力造成的，而是因为社会的不公平和你原来拥有的条件造成了这种贫富不均。他们每个星期有一天，会做一个社区捐赠，把不用的东西放在社区里，让有需要的人来挑选。但是有需要的人不一定是贫穷的，有可能是小孩的玩具，我家小孩大了，没什么用了，我就捐出来，而另外一个家庭可能正好生了一个孩子就需要这些东西，就可以送给他。它就是作为一个社会大循环，不浪费社会资源，不浪费财富，我觉得这个东西也是我们社会缺失的，我们现在一直靠政府去做这个事。我也从超市买了一些东西，也去捐了，其实就是觉得自己参与进去了。我在这个地方留下了属于自己的痕迹，这是我旅行当中觉得最有意义的，应该与当地老百姓融成一体，试着过过他们的生活。这个事情也是让我很感动的。

然后我又碰到了一个游客，他跟我推荐科林斯卫城，说这个地方也很值得去，而且他把我带到了他住过的那个家庭旅馆里去，他说那户人家很好。所以我第十站就到了科林斯卫城，它比雅典卫城历史更长，因为刚刚我说了雅典卫城只有2500年的历史，但是科林斯卫城有3000—3500年的历史，甚至更久，只是它不知名而已。它展现给你的文化更多，比如说它有牧师带着你做你的导游，他并不是普通的导游，他会给你讲这个宗教的由来，给你唱赞美诗，整个旅游过程都显得非常的神圣。它不是一般的旅游团。我去看卫城的时候发现，它就像长城一样，因为需要起到防御的作用，所以每隔一段时间都会去修一下。我是徒步上山的，上山的话差不多有五六公里的路程，要走上去，因为那天是礼拜六，没有车。我碰到一个人，他正好也去旅游，他看我一个人，就让我一起搭车。他当时已经下来了，看我一个人在走，特意掉了个头，要把我送上去。

土耳其其实也是我非常喜欢的一个地方。我是2013年和儿子一起去的，这个国家很奇特，一半属于欧洲，一半属于亚洲，它又是爱琴海的另一半。我在土耳其待了16天，只玩了一半，它的东部我还没去，所以可能下次我还要再去半个月，把没玩的那一半也补起来。因为这几年对土耳其的介绍还蛮多的，所以土耳其也开始成了一个热门旅游地了。我2013年去的时候还没有那么多人，大家都说土耳其不安全，我也不能特别保证它是很安全的。2013年在广场那边真的有个大爆炸，出现了动乱。其实我一开始没想去土耳其，但是它出了这么大一个事件后，我产生了兴趣，想知道土耳其是一个什么样的国家。所以我就去查了下，一查发现土耳其有很多世界文化遗产，我产生了兴趣，但是那时候很多人都劝我不要去，因为不安全，但我还是带着我孩子去了，而且我去了发现实际感受到的跟宣传的是完全不一样的。

我希望大家有时间有条件的话还是要多多尝试下自由行，在过程中你会感受到很多跟团无法体验到的乐趣，而且价格相对要便宜很多。吃喝住行综合下来我还是感觉自由行在旅游体验方面有更棒的优势。

非常感谢今天大家来聆听我的故事，也希望大家多给我一些意见。

主讲者简介：

王如东，管理学博士，苏州市旅游局旅游促进处处长。

邮轮就是旅游目的地

孙国华

今天我的主题是：邮轮就是旅游目的地。我们在座很多人都没有上过邮轮，那我为什么要告诉大家这个概念呢？什么叫作邮轮就是目的地？如果你选择了邮轮旅游，那所有的活动都是在邮轮上面，也就是说，你参与了这个邮轮项目，你就可以在这一艘邮轮上面做这么多的事情。邮轮是什么概念？它就是一个小的城市。那你选择了邮轮旅游，这一艘邮轮，不管它在途中停靠在日本的哪里、韩国的哪里，这一条船就是你最主要的一个旅游的地方，一个旅游的载体。好多人有一个误区：我选择了邮轮旅游，是去到日本了，去韩国了，但是反过来说，你选择了邮轮旅游，这一艘邮轮就是你要去好好体验、好好玩的地方。

我先简单地给大家讲一下中国母港旅游的发展历程。2006年以后世界主要邮轮企业都开始在中国内地设立母港邮轮航线，歌诗达邮轮于2013年率先开设中国冬季航线，成为首个在中国市场实现全年运营的国际邮轮企业，并推出了首条为中国市场量身定制的环游世界86天的邮轮航线。皇家加勒比邮轮于2014年，又将最新打造的全新邮轮海洋量子号在上海开启全年亚洲航线，以新邮轮行驶中国母港航线前所未见。以下都是一些数据，我念给大家听一下。据统计，2014年中国邮轮运营466个航次，同比增长14.78%……我们看最后一个，随着中国公民个人财富的不断增长，预计到2020年，每年邮轮出游的人次将达到450万人次。我想要问一下，苏州一共有多少人？1300万。每年450万人，什么概念？就单单我们苏州，如果是全苏州人口的1/3参与到邮轮的项目，那今天在座的叔叔阿姨，你们就是另外的2/3，就是将来的市场群。包括今天我们旅游局的老师，包括我们图书馆的老师都说了，今天的主题是最适合你们的，因为这个项目是最适合你们的。

第一个来到中国的叫歌诗达邮轮。目前在中国运营过的邮轮，一共有五艘，歌诗达是来得最早的。歌诗达最早来中国的第一艘邮轮叫作爱兰格纳号，很多人都不知道，之后叫作经典号、维多利亚号、大西洋号、赛琳娜号，今年又来了幸运号，今年如果你们去参加母港旅游，基本上都会遇到赛琳娜号或者就是幸运号，这个我后面会细讲的。

歌诗达邮轮起源于歌诗达家族，来源于意大利，今年推出的叫作歌诗达幸运号，号称“海上博物馆”，为什么呢？因为邮轮上面有好多名画，还有很多名贵的摆设、雕塑。歌诗达的每一艘船都充满了意大利的基因，每一艘船的特色都是非常明显的。

接下来讲一下皇家加勒比。2009年的时候，海洋神话号来到中国，2012年的时候，海洋航行者号，2013年海洋水手号，2015年海洋量子号。大家一定要记住海洋量子号，你目前在国内看到的任何广告或者是介绍，说母港最大的一艘船就是它。如果是叫作海洋××的号，大家记住了，一定是皇家加勒比邮轮公司的。它的船非常大，船非常多，非常有特色，这个我在后面再给大家讲。海洋量子号有一些比较先进的有未来科技含量的项目，就像这边左上角的球，叫作北极星。什么意思呢？有一点像我们坐摩天轮的概念，在船的最高层可以伸展出去让你看一看周围的景色。还有最右上角，有一个海上的冲浪，还有攀岩，还有下面的一些景观，这些都说过了。

下面讲一下丽星邮轮。丽星邮轮公司的邮轮都是以星座来命名的，比如狮子星号、处女星号、宝瓶星号等，但是它只有五个，你就只能够选五个星座，因为现在丽星邮轮已经离开上海，它基本上都不做上海母港的生意，所以我这里就带过，大家就简单地看一看图片。这就是上面餐厅的图片。上过丽星邮轮的人，最喜欢的是什么？就是它的美食非常适合我们。因为我们上面所说的邮轮公司，歌诗达也好，皇家加勒比也好，公主也好，都是国外的船队，美国的、欧洲的船队，它的饮食相对来说不是很适合我们中国人，但是这个邮轮非常适合我们，以后如果有机会，一定要上一次这一条船，非常棒，这个邮轮公司非常棒。我顺便介绍一下我们刚刚看到的公主邮轮蓝宝石号。2012年翻新，总吨位11.5万吨，载客2678位，将近2700个客人，房间数有1339间，看一看下面的客舱，这个是我后面一会儿会重点讲的，它的内舱房、海景房、阳台房。船上工作人员有1130位，空间比1∶4。服务配比OK。最后一条，如果你以后上邮轮，这个是最关键的一个数据：服务比。什么叫作服务比？就是服务员跟客人的比例。所以你以后选择邮轮，这是一个很关键的数据。这些是公主邮轮的一些比较有特色的地方。因为每一个邮轮公司它都会推出一些自己的主题和自己的品牌建设，这就是公主邮轮的一些特色，它提供给我们的客人什么内容呢？比如说有免费的瓶装水，还有洗漱用品，等等。

大家记住这一条船，天海邮轮，这是中国人买下来的，目前来说是性价比最高的。什么叫作性价比？就是经济实惠，中国人都图一个实惠。如果你第一次参加邮轮旅游，可以选择上这一条船，因为这个相对来说是吨位最小、人数比较少的，设施相对来说差那么一丁点，你可以选择这个。如果你在中国参加邮轮旅游，第一次就选择了海洋量子号，那你之后上其他的邮轮就会觉得这怎么能叫邮轮呢？我刚才说到性价比这三个字，相对来说它的价位也是比较低的。天海邮轮有一方面是比较有优势的。其他所有的邮轮上面，联网都是要收费的，所以中国人聪明的地方恰恰就在这里，天海邮轮为你解决了通信这个问题。客人只要下载它的APP软件，就可以相互联系。因为在邮轮上面联系是非常困难的，邮轮上有信号，你的手机可以收到信号，但是它不是国际信号，它叫作海事信号，打一个电话1分钟40块钱，发一条短信20块钱，所以说很多人都去买无线。但是上了天海，你只要下载这个软件，你在船上，只要你有手机，人与人之间随时都可以联系。这是它一个比较好的地方。刚刚做了这么多的介绍，今天比较关键的东西就在第二部分和第三部分。

什么叫作传统旅游？传统旅游就是坐车，大巴车总要坐的，走得远一点，要坐飞机。对比传统旅游，邮轮旅游是一个比较新鲜的项目，是这几年发展起来的，去的人很多。那么比起传统旅游，它的优点在哪里？比如说我去一次日本，要坐飞机吧？到了那边，导游要来接我，需要有车吧？如果我去开会，我总要去预定会议室吧？就像我们今天这样的场地。包括酒店的住宿，包括我用餐的地点，相对来说比较烦琐。特别是年纪大的各位叔叔阿姨，我今天在东京住了两个晚上，明天行程满满的，这个东西忘了，那个东西忘了，相对来说会比较的烦琐。但是邮轮好在哪里？吃住都在这个船上。比如说今天停靠了日本某地，下船就好了，跟着导游、跟着领队下船，玩好了之后还回到邮轮，还是住在这个地方，比较轻松。而且邮轮上岸观光的时间相对来说比较短，三个小时、四个小时，长一点的七八个小时，不会让你很累。包括现在有好多职工团，为什么？老板轻松啊，因为邮轮上面所有的会议室，只要你提前写邮件预定，还是免费的。我们做过一次团就是，整个船被这个公司包下来了，上去开一个会，就当作奖励旅游，这对于会议旅游来说还是非常方便的。另外，邮轮也解决了最困难的问题——用餐。我妈妈今年65岁，她上过邮轮十次，最大的感觉是什么？随时随地好去吃。从早上眼睛睁开，到晚上睡觉，随便你什么时候去吃，一天可以吃六顿。我每次上邮轮，看到一些认识的叔叔阿姨，在九点钟的时候问他们，他说六点就起来了，这会儿已经吃了三顿了。不夸张，为什么？很简单，船上不是所有餐厅都是24小时开放的，但至少他的自助餐厅会开放很长一段时间，为什么？因为中国人是民以食为天，吃一定放在首位的。邮轮，你有机会上去就知道，它的房间虽然都不是很大，但是它整体的服务水平都是接近于五星级标准的。大家都要有这样的概念。

最重要的是什么？四个字：一价全包。今天你去旅行社报名，或在网站上报名，大家记住了，所有的邮轮，只要是中国母港运行的，我不能够说100%，99%都是一价全包，就是你付了费用，你的船票、你的税、你岸上观光所有的行程，我们都包了。那你还要付一个什么钱？记住，邮轮服务费。什么叫作邮轮服务费？就是船上所有的人员为你提供了服务，有些是直接服务于你的，比如说为你的房间打扫的人，有些是餐厅端盘子的，有些是前台为你解决一些烦琐的事情，这些都是你看得到的，还有些是看不到的，比如洗毛巾、洗碗，还有厨师等，好多都是你看不到的。这所有人都要感谢的，要分享这个邮轮服务费，这个是你支出的。目前的行情是，在上海出发的邮轮，每人每个晚上的服务费在12美金左右。大家记住，如果你今天去参加了一个邮轮旅游，4晚5天，那就按照4个晚上算，6天5晚，就按照5个晚上算。我就是告诉大家这样一个大概的行情。

邮轮的房间小，去过日本的都知道。邮轮注重的就是体验，房间再大也就是这么一回事。它的房间一般是在15平方米到20平方米左右，涵盖了洗手间，有的客厅还有一张床。我告诉大家一个概念，今天你跟你的先生或者你的太太，带着一个小孙子、小外孙报名上邮轮，只要是一个人，不管多大，不管多小，不管能吃多少，不管体积有多小，一定要算一份。你说我小孙子才1岁半，他也要付一个人的费用的。这个跟航空公司也不一样。你说没关系的，我们挤一挤，小孩子不要座位。不可以的。你记住了，上去任何人，不管是多大，一定会有一张船票，一定要买的。你买了船票，就一定会有一个床位，不管你多小。还有，如果你有机会上邮轮，那么你进了房间看到床是这个样子的，是一个大床。你要是跟你的兄弟去了，跟你同事去了，说我们两个男的怎么睡啊？OK，你放心，每天服务人员或者说你房间的管家至少会进出你的房间七到八次，你睡前他一定会把床分开，床垫他也会帮你整理的。如果你们是夫妻，看到两个床是分开的，你放心，管家在你睡觉前，一定会帮你把这个床合并起来。这个就叫作管家服务。

有一些邮轮还有一个服务，就是24小时的送餐服务，这个就相对来说不是很适合我们这些年纪大的朋友。接下来是我们今天最重要的东西，也是我今天的主题：邮轮旅游的食住行游购娱。这是旅游的六大要素，就是你出去旅游，一定会遇到这六件事。我把食放在第一个，我们先来看一看。

我们先来看量子号。量子号上面大大小小的免费餐厅有五到六个，一般的正餐厅每次可以容纳2000人左右，而量子号将近有4000位客人。所以如果你有机会上邮轮，一定要有一个概念，你会拿到一张房卡，房卡上面会显示你的用餐批次。什么是用餐批次？如果你拿到的房卡上面写着5点30，那么你就是第一个批次去餐厅用晚餐的，如果你拿的是8点，那你就是第二个批次去吃的。为什么？因为邮轮不能够同时容纳这么多人去就餐，一定是分两个批次的。为什么要分两个批次呢？第一是解决了人流的问题，第二，所有的邮轮都有一个非常大的剧院，也差不多容纳1000多人到2000人，一般都是总人数的一半。那如果你是五点半第一个批次去用餐的客人，你可以在第二个时间段去看表演。它是这样轮流来的。第二批用餐的人先看表演，看完表演再去吃饭。餐厅和剧院是邮轮上面最主要、最大的两个场所。说到吃，我要告诉大家一些礼仪，我刚刚所说的分批次吃饭的地方叫作正餐厅，都是免费的，但是你是需要点餐的。一般来说，在这个正餐厅上面，一般都是在上层，13层、14层、15层，有一个自助餐厅，自助餐厅是什么概念呢？就是你随时随地好去吃的，好多人吃不惯正餐厅的西式东西，或者嫌慢，OK，那你就去自助餐厅，随时随地都可以去。但是吃自助餐有一个什么规矩呢？因为我看到太多的叔叔阿姨端着一个盘子，好多东西他们都不认识，冷的也不认识，热的也不认识，一盘接一盘地往座位上端。第一你吃不完，第二你根本不知道是什么东西，像我们吃的基围虾一样大的虾，一次拿二三十个，你吃不完的，而且你拿了没有告诉你的同伴，他也拿了这么多。所以现在母港邮轮的餐室比两三年前差一点，为什么？因为中国人浪费太严重了。各位没有体验过，我经常去，真的是浪费得惊人。还有什么问题？就是叔叔阿姨带着小外孙，问宝宝要吃什么。一盘、两盘、三盘地端回来，也是浪费。疼爱是有限度的。我为什么要告诉大家这些呢？因为我们中国人用餐的习惯，这个吃一点，那个吃一点，那么你用自助餐，我必须告诉你，你要吃什么就拿什么，多跑跑你的腿，多走动走动，多拿几次，多品尝品尝味道。比如说你进了餐厅，这边是冷的，你弄一点色拉，你弄一点生菜、土豆，盘子大，东西放少一点。你可以先看一下，这个我爱吃，你再去拿。吃完了冷的，那就吃一些主食，弄一点米饭、面条，弄一点羊肉，弄点什么都可以，弄一点点吃吃看，口味适合不适合，多跑几次，多拿几次，但是每一次量拿少一点。还有一些人说，我也不浪费，我生的、冷的、甜的，水果以及什么乱七八糟的全部都堆在上面，你怎么吃下去啊？这也是一个问题。还有一点我也要告诉大家，就是动作慢一点。有些人怕这个菜一会儿就没有了，不可能，一定会有的，你别着急。为什么？邮轮上70%—80%是50岁—70岁年龄段的客人，你不要着急，也不要去抢。因为你不管是选择了邮轮旅游还是其他形式的旅游，你是出去度假的，度假的话，你的心态就要慢一点，我这个是提前讲给各位听，以后你有机会去，一定要注意这点。第二个很重要的，也是和吃有关的环节。自助餐厅一般来说对着装没有要求，如果你是晚餐或者说午餐去正餐厅用餐的，你一定要记住了，它对你的着装是有要求的，拖鞋、短裤、背心，这一些不要穿进去。相对来说的，邮轮到了中国以后，这个方面已经宽松了，在国外连着装都是有要求的，男士一定是西装，女士一定是礼服，但是来到我们中国，相对来说这个环节没有这么严格。但是大家也是要注意的。以上是比较关键的内容，和吃有关的。

第二个重要的内容，不管你上的是哪一条邮轮，它一般都有这三种房间类型：内舱、海景、阳台。量子号有一个特色叫作虚拟景观，就是打开窗有一个电视屏，实时播放外面的海景，但并不是真的海景。内舱房是什么概念？就是房间四面是墙壁。海景房，一般海景房都在邮轮比较低的楼层，有一个圆的或者是方的窗户，但是这个窗户是打不开的，这个叫作海景。阳台房，很多人叫作露台房，就是你的房间外面有一个阳台可以走出去。一般来说就是这三种房型，里面的设施基本上都一样。这是跟我们住有关系的。好了，下面我们说一说行跟游。韩国福冈、釜山，日本长崎、鹿儿岛，你从上海出发参加邮轮的航线，基本上停靠的是这些地方。说到这个，我还是回到前面所说的，今天我们的主题叫作：邮轮就是你的旅游目的地。比如说一条邮轮又去釜山又去济州岛，又去福冈，去好多的地方，记住，你没有很多时间，这些地方只是一笔带过，走马观花，这点时间就够你拍拍照，简单地买一点当地的东西。我遇到过好多叔叔阿姨参加邮轮旅游，子女托他到日本帮忙买什么什么，到韩国帮忙买什么什么。记住，如果你报名邮轮，这些购物单子不用带，你没有这么多时间，连我有的时候也找不到店买。为什么？因为船都有离港的时间，有停靠的时间。比如说今天我到了济州岛，11点靠港，4点要离港的，3点之前必须要回到船上。所以还是回到我们今天的主题：邮轮是你目的地。所以你要好好地在邮轮上去享受，岸上观光只是附带的。

下面来看一下邮轮上的实景图片。这是皇家加勒比邮轮公司，它的量子号、水手号等都有这样一条街，叫作皇家大道。走在上面你真的感觉就跟在逛街一样，两边是商店。能够做到这样，可想而知，这一条船有多大。这是皇家加勒比的特色。你在邮轮上也可以买到好多的东西，比如邮轮的纪念品。这是美国人的邮轮公司，你可以买到一些美国的品牌，包括手表、免税的烟酒，里边都有，都可以搞定。这是有关购物的。下面讲丰富的娱乐设施，大家看一下这个剧院。在邮轮上我们还可以打篮球、踢足球、开碰碰车、滑旱冰、游泳、健身、做SPA，什么乱七八糟的事情，邮轮上面都能做，只有你想不到，没有你做不到的。有一次，我还在邮轮上面剪头发，连洗衣服都可以，就是你在社区里面能够做的事情，邮轮上边都可以做。你可以想象一下，发达到什么程度。

以上是我说的主要内容。那接下来我要告诉大家一个什么概念呢？旅游的概念。各位出去，不管您参加旅行团也好，自由行也好，出差顺便旅游也好，我要告诉大家一个概念，出去旅游，你要记住，两个“三”。

第一个不要“三较”。什么叫作不要三较？一是不要比较。比如说今天这位叔叔花了5000块钱一个人去了量子号，这个叔叔花了3000块钱去了赛琳娜号，那个阿姨花了2000块钱去了天海邮轮新世纪号，你们不要比较。为什么不要比较？因为每个邮轮的设施丰富程度不一样，内容不一样，餐饮不一样，包括同一条船上也不要去比较。为什么他的房间有阳台，我的房间只有一个小窗户？没有什么好比较的，你出了多少钱，你就得到了多少。就像你买一个矿泉水，超市里面有5块钱的也有4块钱的也有1块钱，一分价钱一分货，就是这个道理，节约有节约的玩法，奢侈有奢侈的玩法，但是去旅游，就不要去比较，没有什么好比较的，这是第一个“较”。

二是不要计较，不要斤斤计较。比如说今天我们这里所有的老人家，他参加我的团出去旅游了，一路上都很好。中国客人的特色是，你不能够犯小错误，导游领队要是犯了小错误，就会被骂得狗血淋头。本来一路上玩得开开心心的，第九天出了一点小事情，因为明天要下雨，导游忘记讲了，这下好了，客人会问我：你怎么回事啊？下雨了也不跟我们说。所以我说不要计较，每个人都会犯错误，人无完人。再专业再有经验的人都会犯错误，你不要因为一些小的事情影响了你的旅游心情，你自己的旅游心情。我遇到过好多的客人，我有一个好朋友，一个泰国的导游，跟我说过一句很经典的话：没有好不好玩的地方，只有会不会玩的人。你没有办法选择你的导游，没有办法选择你的司机，但是你有办法选择你的同伴。大家都退休了，如果要出去旅游，想找一个同伴，这个人你要找准了，为什么？因为越是计较的人，和你一起出去，他的心情越会影响到你，没有什么事情他都会放大，你就不可能笑得很开心。所以旅游的同伴很重要，包括你自己的心理是最重要的。

三是不要睡觉。比如说今天出去旅游了，如果我是一个新导游，拿着麦克风手都在抖，介绍的东西也都讲不清楚，你也别着急，你就把他当成自己的小孩、自己的外孙，因为每个人都有从不成熟到成熟的过程，从没有经验到有经验的过程，大家要多一点包容。不能说他讲得不好我就要睡觉。因为每个人的身上都有亮点，他说得再不好，但是他也会讲一些你不知道的内容，对不对？所以大家出去，该睡觉的好好睡觉，其他的时候，在旅游行程当中，尽量不要睡觉。以上就是我说的三个“较”。

下面我说的三个“花”，什么花呢？第一个，衣服穿得要花，意思就是衣服要穿得漂亮。我以前遇到的客人觉得自己都这个年纪了，在家里面随便拿一点准备丢掉的衣服带出去旅游。好多人都是这样子的，在座的叔叔阿姨肯定也是这样的。节约了一辈子，节省了一辈子，出去旅游，你代表的是你这个省市的人，出国你代表的是这个国家。所以要把家里面最漂亮的三套衣服带出去。我这一句话绝对不会错，因为我们叔叔阿姨最喜欢的就是拍照。你给他介绍景点，他都会忘记的，这个耳朵进那个耳朵出，但是跟他说，我们这里停留20分钟去拍照，一个比一个跑得快。而且他们拍照有要求，最好就只有这个景，其他的人都没有。你衣服穿得漂亮，在漂亮的景色面前，自然而然你就笑得很开心了。你的照片拍出来一定很好看。这是第一个“花”。

第二个“花”，你的心一定要花，心花。不是叫你花心，不是你看到帅哥怎么怎么样，看到美女怎么样。心花，就是要把你的心打开。什么叫作把你的心打开？比如说我们上了一个邮轮，里面有好多的设施，只要你的身体符合要求，能够参与就去参与一下，能够去体验就去体验一下，能吃的就去吃一下，能玩的就去玩一下。为什么？好多的叔叔阿姨都七十多、八十多了，如果你去了这个地方旅游，明年还会去吗？好多人都绝对不会去了。很多人都说，我趁我现在腿脚走得动，今年就把这个地方玩好，明年再去一个，后年再去一个，以后我就走不动了。真的是这样，趁走得动，多去走一走，你想要去的地方都要去一去，但是还是回到我刚才所说的，量力而行，你要按照你自己的身体状况来选择。把心打开，能够体验的东西去体验一下，就算它要花一点钱。在座的很多叔叔阿姨肯定都退休了，普遍不舍得花钱。好多叔叔阿姨出来玩，是儿女付的团费，自己出来什么都不知道，这个钱也没有带，那个钱也没有带。这就是你自己的问题。有人旅游花了三四万的团费，买瓶矿泉水发现要一美金啊，心想：哎呀，我们那里只要一块人民币。团费已经花了好几万了，虽然这个钱是你子女出的。这种时候不要去省这个钱。有一阵我去泰国去得特别多，每一个团我都请客人喝水喝椰子，为什么？客人不舍得。但是你叫他花大钱，他都舍得的。买一个东西，几万块钱他都舍得的。买一个椰子多少钱？40泰铢、20泰铢，他都不舍得。所以说这个就是一个人的心态，好多老人家都是这样的心态。心要打开，特别是在这种细节的地方。

第三个是“花”什么？钱要花。不是说你要怎么样花钱，而是我刚刚所说的这些概念。今年5月6号，我带了一个去美国的团，20天行程，前面的8天是在我们刚刚看到的叫作皇家加勒比邮轮公司的海洋绿洲号上的。绿洲号比量子号还要大。团里面全部都是老头老太，人也不多，12个人，其中6个大概50多到60岁的，相对来说就舍得花钱，另外三对是老夫妻，还有两位是四川、重庆的客人。国外和中国最大的一个区别是什么？小费，做好的事情都要小费。只要有人给你服务了，就要付小费，这是国外的一个习惯。比如说我今天在美国吃很简单的一顿饭，点了一个菜和饭，最后你买单。

这是一回事，另外你还要放两三块美金在桌子上，这个是给餐厅服务员的。他们帮你点菜，给你服务，他会收走的，这也是他们收入的一部分。这是一种习惯。除了中国，我去的很多的国家，基本上都是要小费的。那次我们在邮轮上吃了七个晚上的正餐厅的晚餐，每天都是我们13个人一桌，每次都是一个菲律宾的员工来为我们服务的。他人非常好，又热情，心地又好，又聪明，每天都知道我们爱吃什么。我们每天5点45分之前去用餐，他都帮我们把东西摆得非常好。最后一天吃晚餐，我拿了一个小的信封，放了20块美金在里面。我跟客人说大家都要出一点小费，我统一交给他。很多人都说没有问题，但真的有三个人放了一块美金。我不会说什么。为什么？因为我们没有这个习惯。但是我还是要告诉大家，在这里给小费有一个不成文的规则。一块钱，给你服务七个晚上，太少太少了，你好意思吗？你出去旅游的时候，也要去观察，或者说要去摸一摸行情，先去了解了你再去做这个事情。一般来说像这种类型的服务员，是一个人一个晚上你要给他两块到三块钱，懂了吗？好多叔叔阿姨在这里点头，当你真的要抛出20美金的时候，完了。大家不要笑，你看我们这个团的客人，团费都是3万5到4万的，美国20天，算很贵的团费。好多人跟我说：我儿子是税务局局长，我儿子在香港做生意的，一个月挣一两百万。你跟我说这个有什么用啊？我从你给小费这件事上就知道，你不是有没有钱，而是你不会旅游。旅游是一个很公平的事情，不存在高低贵贱，不是说我有钱我才出去旅游。穷有穷游，富有富游，有钱人的旅游也就是那么一回事，睡的床比我们大一点，洗澡的浴缸比我们大一点，用的香皂比我们大一点，就这么一回事。大家的旅游方式不同，但是出去旅游的人，不管你是第一次去，第二次去，还是去了无数次，一定要会旅游，让人家觉得你是这么一个人。老外不是看你兜里有没有钱，而是看你是什么样的人。为什么现在对中国游客的负面报道这么多，其实也没有怎么怎么样啊。因为我们已经习惯了中国的生活方式。

下面我讲几个小故事，就是告诉大家，你出去旅游，要先看先观察再去做，因为很多的事情可能违法了、违规了，要罚钱的。我早年有一次带团去香港，非常开心。在香港旅游，一般都是四天游，有一天是自由活动，我们就自己去逛逛，买买东西，准备坐地铁回酒店。我在地铁站旁边看到麦当劳、肯德基，买了个汉堡和饮料，就继续坐地铁。十几年前的穿着打扮大家都差不多，香港人不一定一眼看过去就认出我是一个内地人。我在地铁里坐下来，打开食品包装，拿可乐出来喝了喝。当时觉得不对，就像现在这种感觉，车厢里面所有的人都看着我，什么情况？难道是午饭都没有吃嘛？不是的，我们在苏州或者在上海坐地铁，以前都是可以吃东西的，但香港的地铁上写得清楚：禁止饮食。除了喝矿泉水，其他什么东西都不可以吃。这个就是我们把我们的习惯带出去了。你带出去之后，往往会被人家用一种异样眼光看：一看就知道是中国大陆来的。同样是坐地铁，日本人不能打手机。我有一次和同事从迪士尼回来，在地铁上，电话响了，我就接电话了。所有的人都看着我。被人家看过一次，我就知道了，原来在日本的车厢上是不可以打电话的，只可以发短消息，我又把我们的习惯带出去了。当然了，我刚刚说的在地铁上吃喝、打电话，并没有触犯什么法律，但是当地人一看就知道我是外地人。我有一次去新加坡，新加坡是一个什么地方呢？是一个岛国，是一个城市，也是一个国家，是从马来西亚独立出来的。新加坡规矩太多了。比如说有个叔叔去上厕所了，我也跟着去，叔叔搞大的，我也搞大的，叔叔比我先结束。我发现叔叔没有冲马桶，好了，如果我是新加坡人我有义务去举报他。我之前有个客人，上完洗手间，大号，没有冲水，后面的人可以找到这个人，罚款250块新币，就是1250块钱人民币。这是法律规定。我们这里抽烟的有吗？很多人肯定都是抽烟的，去国外也要小心。在新加坡，很多可以抽烟的地方都有一个黄线，大概是可以容我一个人站立，这个地方是可以抽烟的，其他的地方不行。因为我们中国全面禁烟做得不好，去国外你要记住，看到有烟缸的地方，你可以抽烟，其他的一定不行，不要听很多人说，有蓝天、有白云，头看天脚踩地就又可以抽烟了，不对的，很多的地方是不能够抽烟的，而且在国外抽烟，一定不可以边走边抽，一定是站定一个地方抽烟的。

再讲几个大一点的故事。如果说今年你跟我出团了，比如说我们去澳洲或去新西兰、去美国，大家一定要记住，好多国家入境是非常严格的，好多东西是不可以带着入他国的。下面讲一个白煮蛋的故事。有一年我去澳洲，我们都要填一个入境检疫的表格，写明你带了什么、没有带什么。叔叔阿姨都看不懂，都是我填。下飞机之前我都会问大家，吃的带了吗？没有。什么什么东西带了吗？没有，没有一个人有带。所以我在“NO”的地方全部都画了勾，然后把单发到每一个人的手里，我们就下飞机要入关了。一般来说，入关是领队先走的，客人跟在你的后面走，但是检查的时候，不一定每一个客人都在旁边，大家是分散的。有一个叔叔跑出来说：小孙啊，我的老太婆的一个蛋被夹住了。他讲得我都蒙了，我跟检查的人解释了半天。原来上海出发的那天早上，老两口煮了两个蛋，一个吃了，另外一个放在口袋里面忘记了，就以为自己这个蛋就没有带着，所以就一路上坐飞机带到了澳洲。我去问他的时候，他以为这个蛋不在这个口袋里面，他以为吃掉了。西方人，比如说美国人也好，欧洲人也好，或者是澳洲人也好，和我们不一样的地方在哪里？西方人对人是从相信到不相信，就是我跟西方的一个陌生人接触，他一定是先相信你，然后再从熟悉的过程中慢慢地不相信你。而中国人是从不相信到相信，一定是这样的，对吧？看到陌生人，总归是要防范一下的，比如说你今天看到我，这个人是一个导游，看上去油腔滑调的，不一定是好人，满口跑火车，然后逐渐大家熟悉了，或者说我们经过了一个半小时到两个半小时的时间，觉得这个人还是蛮靠谱的，讲的东西还是有点道理的，就慢慢相信了。这就是中国人和西方人与人相处方式的区别。回到这件事，下飞机前我给他们每个人都填了单子，说没有吃的，为什么这个白煮蛋就突然出现了，为什么你的单子上勾选的是没有食品呢？这个就是你欺骗人家海关了。好说歹说，最后还是没有罚款，因为说通了。我说这是中国人的习惯。包括说我们出去，有一些客人口比较重的，就喜欢带一些辣酱之类的乱七八糟的东西，一路上去拌饭吃的，这些东西也不能带，但是也有一些客人想带进去。要注意，如果去这些地方，你一定要老实地告诉海关，我有这些东西，并且给他看，他让你带进去，你就带进去，他不让你带进去，你就给他。不准带，丢了就好了，他也不会罚你的钱，因为你诚实地告诉了他，我是携带了这些东西，因为有一些东西在我们看来不一定是可以的，但是老外觉得可以。这是西方人和我们中国人处事方式的不同。

还有一个很严重的故事，那是我公司的一个同事的两个客人在美国发生的一件事情。一对小夫妻跟着我们公司的旅游团去美国旅游，两个人都比较年轻，小女孩会讲一点英文，男的一点都不会。美国有一个景点，在拉斯维加斯的旁边，叫作科罗拉多大峡谷，到了拉斯维加斯这个地方是必去的，所有的旅游团一定会去这个地方。美国的自然景观都是纯天然的，你在景点看不到任何人工的概念，包括我们所说的大峡谷，万丈深渊的旁边是没有任何护栏的。这对小夫妻到了大峡谷，闹别扭了，不开心吵架了，而且站的位置又比较危险，站在峡谷比较靠边的地方。他们两个人吵架，你说一句，我答一句，语速又快，说到急的时候，声音又大。想象一下，这两个人在悬崖边上这样吵架，非常危险。老外都很单纯，也很热心，走到那里一看，觉得很危险。美国人第一反应是有困难找警察，于是边上有人报警了。警察很快就开着车来了，到现场一看，是很危险，在这个地方动手动脚的。人家不知道你们是什么关系，就看到你们两个人在那里吵吵闹闹、推推搡搡的，很危险。警察就上来问情况了，把两个人拖到路边分开，那个男的不会讲英文，女的会讲英文，所以女的就跟警察去沟通。这个女孩子正在气头上，仗着自己会说英文，就对警察说：他要把我推下去。你生气也不能够开玩笑的，你开玩笑也不能够这样开。我刚才也讲过，老外都是很单纯的，而且你是在跟警察说这个话：他要把我推下去。我刚才说过，西方人是从相信到不相信，他看到你的第一眼，他肯定是相信你的，你说的第一句话，他肯定是相信你的。他要把她推下去，那么，警察就把他按在地上直接铐起来。这个时候，这个女孩子稍微有一点缓过神来了。这种事情在中国，警察可能知道你们是在开玩笑，是在生气。她看到警察这个动作，就跑过去跟警察解释了：不好意思，他是我丈夫，我刚刚是在气头上，不是他要把我推下去。她说了一大堆，警察说你不用给我多讲什么，你现在这样叫作妨碍司法公正，你是要我把他一个人铐起来带走呢，还是要我把你一起铐起来带走呢？警察就直接这样问她。所以在西方国家，很多人说中国人是没有信誉的。这下她傻掉了。那么后来这个事是怎么样解决的呢？这个男的被判了二级谋杀，很严重。这个女孩回到了上海，卖掉了一套房子去把她的老公保释出来了，就因为她说了这样的一句话。所以在座的叔叔阿姨，有的时候出国旅游，不管你去什么国家，做事情的时候不要把我们中国人的习惯一下子全部都带出去，做事情的时候要稍稍想一想，否则一些在我们国内看起来非常平常的事情会引来很多不必要的麻烦。真的是这样，这样的故事不胜枚举。所以大家在出去之前，一定要多上上网了解了解，或者说多听导游的，有的导游可能是年轻，但是他在这一条线上已经工作了几十个团了、几百个团了，对你来说，他就是一个老师，或者就是一个专家，不要不好意思。

可能大家觉得，今天我的主题是讲邮轮，怎么会扯到这么多别的，因为我很希望你们出去玩，把我今天所讲的内容听进去，然后自己去体验。邮轮是最适合老年人的，非常轻松，不折腾。最后祝大家都长命百岁，在你们晚年愉快的10年、20年、30年里面，多出去走走，记得上一次邮轮，好吗？谢谢大家。

主讲者简介：

孙国华，毕业于上海大学旅游管理专业，专职领队。

国学文化系列

国学文化传承之传统经典与教育

童志华

大家下午好，看到今天来的很多都是爷爷奶奶，看来平时我们爷爷奶奶带孩子比较多是吧，比较关注孩子的教育，我作为一个晚辈向各位爷爷奶奶和父母致敬。

首先我简单地介绍一下我自己。我在十几岁的时候很调皮，在初二之前也像普通孩子一样按部就班地上学。我初中的时候光顾着和同学玩，后来玩得太开心了，就开始逃学。后来有一天实在不想去上学了，觉得在学校里面太浪费时间，还要交学费，那时不像现在是义务教育。我家里是农村的，那时差不多20世纪90年代，我当时就觉得：每天都要上学，还那么难受，还要自己交钱，还不如辍学去打工呢。当时出去打工的比较多，于是我就说，干脆就辍学吧。我家还有哥哥姐姐，我是最小的，他们都不同意，因为我最小，也用不着我干活养家。但是我执意不上，他们也没办法，就尊重了我的想法，当时我15岁，我就跟着我们村子里边的大人一起出去打工去了。刚开始是去工地上干活，就是刷墙。现在我看15岁的小孩怎么这么小，我那时候可能是早熟，已经老高了，就跟着大人们去干活。在家里爸爸妈妈、爷爷奶奶都很疼爱我，但是你去干活，肯定得按照别人的规矩来，所以忙的时候就要加班加点，有时候特别累。我记得有一次特别累，干完活往地上一躺，就睡着了。我干了大约半年，到了过年的时候就回家了。回来的时候，哥哥快要结婚了，我爸爸就说：天天在路上盼着你，盼得我眼睛都酸了。当时听了这句话我眼泪就出来了。可想父母对子女的挂念，因为我那时候比较小。爷爷奶奶们，你们可以想一下，你们的孙子孙女15岁出去，你们心里肯定担心得不得了。第二年春天我又跟着我的姐姐去了北京的服装厂，然后到了春节又回家，当时也是混混日子。到了那一年5月的时候，我就跟着我哥在家。我哥那时候在开摩托，我就帮他打打下手，然后在空闲的时候看看书。有天看书的时候，突然抬头看到村里的庄稼，人们在那边务农，我突然清醒了：不行，我的一辈子不能就这样过去。我突然感觉自己有很多潜力要发挥。那怎么办呢？读书读得太少，那就继续上学吧。然后我就跟我爸爸说我想继续上学，我哥哥姐姐们都很支持我。然后我就又去上学了，从初一开始上，一直上到了大学毕业。这次上学我就很努力了，成绩也一直非常好。爷爷奶奶、爸爸妈妈肯定都非常关注自己孩子的成绩，之前我逃学的时候，成绩非常一般，后来继续上学之后我的成绩又非常好，也不用长辈操心了，初中毕业的时候以全校第一的成绩考上了我们县里的第一高中。所以，我们现在的小孩也肯定觉得在上学的过程中很辛苦。

到了高中之后，我经常做班长之类的班干部，跟老师接触得比较多，毕业了之后，我就思考了很多人生问题，比如说：人为什么活着？人死了就什么都没了吗？等等。反正想了很多问题。我后来就选择了做国学的老师。其实我大学毕业最想做的工作是辅导员。因为在大学这四年里，我想着，啊呀，好不容易考上大学，很多人四年白白地浪费了，我要做辅导员好好地辅导学生，怎样更好地利用大学生活。后来我找到国学工作，做了一段时间之后，就打电话说辅导员我不去做了，因为我觉得做国学、传统文化更符合我的人生方向，后来我就一直做。我的经历差不多就是这些。我介绍这些，可能对孩子成长会有些帮助。

我今天讲课的主题是经典教育。说实话，我们的传统文化太博大精深了，我才读那么点书，其实根本没资格跟大家分享这些，但是读了点书，感觉自己上了点瘾，在此想跟大家分享一下，如果有说的不到位的地方，请各位多多包涵。

我今天讲的主题有好几个，先从第一个开始。不知道大家有没有看过《最强大脑》这个节目。当时我看到周玮的时候非常感动，我特意去搜索了下那个小孩。这个小男孩在他6岁的时候他父亲就得了癌症，后来他受了惊吓，突然间就病了，他父母就一直陪他看病，然后到了上学的年纪，就坐一边做旁听生，常被人说“智障”，不过他的亲人从来没放弃过他，他的母亲、姐姐都非常支持他去学校旁听。后来，他发现他对算数很感兴趣，从开始在家玩算数器，到后来在他们家自己开的小店里按算数器，慢慢很多人就知道他的数学特别厉害。若是他的母亲和姐姐没有那么重视他，那他可能一辈子就只能被人当成智障儿童了。因为农村里面比较落后，可能一辈子就这么过去了，很可怜，所以我也非常感谢我的父母和兄弟姐妹对我的支持，否则说不定我现在还在打工，就不是现在这样，所以说启蒙特别重要。

我给大家分享一些我读到的资料。比如说我们现在都是称爱人为太太，而在古代是称夫人，那么大家知道“太太”的由来吗？其实这个很久远了，不知道在座的各位有没有知道的。

在周朝的时候，当时有“三太”：太姜、太任、太姒。首先是太姜的贞顺之德。太姜是周朝先祖太王的夫人、王季的母亲。太王就是人们所熟悉的古公亶父。古公广积善行，以仁厚待人，得到了人民的拥护。他不忍心看到人们受到外族的侵掠，决定迁徙。百姓们扶老携幼，纷纷追随他迁居到岐山下。太王带领人民建设家园，订立了官员制度，人们作诗作乐来歌颂他的德政。太姜，是有邰氏的女儿，她端庄美丽，性情贞静柔顺。太姜生了太伯、仲雍和王季三个儿子，她能够以身作则教导儿子，使他们从小到大在品德行为上都没有过失。太王钟爱王季的儿子姬昌，太伯和仲雍为了让位给弟弟王季，以便传位于姬昌，兄弟俩一起逃到荆蛮之地，这成了历史上兄弟礼让友爱的千秋佳话。这一切与母亲太姜对儿子的良好的教育分不开。太姜是丈夫贤明的辅佐，她以贞顺的女德成为丈夫最得力的臂膀，是周朝创业之时的贤德的妇人。

其次是太任端良的胎教。周朝以仁德立国，母亲、后妃的德行起了重要的作用。太姜的儿媳太任，是挚任氏的二女儿，是王季的夫人、周文王的母亲。太任生性端正严谨、庄重诚敬，凡事合乎仁义道德才会去做。太任的夫君王季具有其父亲的仁德风范，因而各地诸侯都很拥戴他。王季的事业得力于太任的辅佐。太任非常仰慕婆婆太姜的美德，她主持后宫立身端正，使得宫廷上下一派肃穆祥和的正气。太任怀孕的时候，眼不看邪曲不正的场景，耳不听淫逸无礼的声音，口不讲傲慢自大的言语。睡从不歪着身子睡，坐也不偏斜着坐，站不曾跛着脚站。不吃气味不正的食物，切割不正的食物，不坐摆放不正的席子。所以文王生下来就非常聪明，圣德卓著，太任教他一，他就知道十。人们赞叹说，这都是太任的胎教做得好。现在人们讲胎教，实际上太任才是历史上有记载的胎教的先驱。所不同的是，现在人们在怀孕期间给胎儿听轻音乐、流行音乐，重视对孩子智力和技能的培养和开发；而太任则是身体力行，对孩子以至于胎儿教之以德，重视道德的培养。据《尚书》记载，文王姬昌出生后不久，有一只“赤雀”，嘴里衔着丹书，飞到了文王的屋子里。丹书上说：“敬胜怠者吉，怠胜敬者灭，义胜欲者从，欲胜义者凶。凡事不强则枉，不敬则不正。枉者废灭，敬者万世。以仁得之，以仁守之，其量百世。以不仁得之，以仁守之，其量十世。以不仁得之，以不仁守之，不及其世。”这是文王出生时的瑞兆。由于他自幼就与众不同，因而深得祖父太王的疼爱，继承了王业的大统，并奠定了周朝八百年的基业，这与母亲太任给予端良母教不无关系。我以前做私塾教育的时候，也发现很多问题，有的孩子很小家长就不让他上一般的学校了，就把小孩扔私塾学堂里了。其中有个小女孩，她天天蹦蹦跳跳，很难安静下来，我当时觉得这小女孩很活泼，而且感觉她比较躁。后来我问其他的老师，他们就说这个小女孩的妈妈在怀她的时候经常在工地上，因为她爸爸是包工头。工地上很响很闹，所以这孩子就比较躁。现在也有很多小孩子在母亲肚子里的时候，放一些经典音乐，这些孩子生出来就非常安静，甚至哭都不怎么哭，他哭的时候，你给他听一些在肚子里听过的经典音乐之后，他就会安静下来，就不哭了。这些都是胎教的重要性。古人也说："教儿婴孩，教妇初来。"孩子小的时候他的一些待人接物、判断力是从哪里来的？就是来自于父母的言传身教。在《易经》里有个"童蒙养正，圣功也"，就是说小孩子的时候你把他养正，是圣人的功德。所以古代就有一句话叫作"三岁看大，七岁看老"，就是说从小打基础很重要，小孩就像个空瓶子，装什么就是什么，包括父母、学校、社会的影响。所以刚开始的时候要特别谨慎，要特别重视小孩子的教育。

最后是太姒的仁慈贤德。周文王的夫人太姒，是有莘国姒姓的女儿，是周武王和周公旦的母亲。太姒仁爱和顺，贤德而深明大义。在娘家时，她的生活很俭朴，用度十分节省，对她的女老师更是恭敬。文王十分仰慕太姒的美德，亲自到渭水去迎娶她。渭水没有桥，文王把舟连结起来，造了一座浮桥，把太姒接到了彼岸，体现了他真挚的深情。太姒成为文王的夫人之后，性情仍然没有改变。她非常仰慕祖母太姜和婆婆太任的贤德，继承了婆婆完美的德行。她早晚勤勤勉勉，极尽妇道。她遵守媳妇应尽的礼数，从未有过失礼和过失，还极尽子女之孝道，经常回家探望和安慰父母。太姒能够以妇礼妇道教化天下，被人们尊称为"文母"。文王治外，而文母治内。太姒的夫君文王姬昌，人称"西伯"，他秉承先祖的遗风，以仁德治国，敬老爱幼，对贤者谦虚礼敬，为了接待他们，自己常常都顾不上吃饭，很多贤德的士人都来归附他。历史上有名的长者伯夷、叔齐，听说文王对老人很敬重，也特地前来归顺于他。虞国和芮国的国君争夺土地，争夺了很久都没有结果，于是就想去找文王来主持公道。他们来到周国边境，看到农夫相互让田，路人相互让路；来到城镇，看到男女分开走路，头发斑白的老人不负重上路（表示尊老）；来到朝廷，看到士人礼让大夫，大夫礼让卿相。于是他们就很惭愧地说："我们所争的，正是周朝人所羞耻的。像我们这样的小人，怎么能来践踏君子的厅堂呢？"于是他们把土地全都让了出来。这一美谈，体现了周文王不言而教的深远影响。文王的夫人太姒共生了十个儿子，包括讨伐商纣的周武王，以及巩固了周朝基业的周公旦。太姒教育孩子十分成功，使他们从小到大都没有做过邪僻不正的事情。儿子长大之后，文王继续教导他们，从而成就了武王、周公的圣德。《诗经·关雎》是周朝人赞颂文王及夫人太姒的一首诗。说的是只有像太姒这样娴静贞洁的好女子，才得以匹配君子。诗文描述了君子专心致志、一心一意地在追求淑女，历经追求不到之时的忧伤，与求得之后的喜悦。《关雎》之义赞颂的是后妃之德。君子爱贤进贤，喜爱她的文静娴雅，仰慕她的美德善行，而不贪求美色，没有不善的妄念。戴震在《诗经补注》中说：此诗阐明了夫妇伦常的重要性，通过歌咏吟唱，能使人了解夫妇之伦的正道。后人作诗赞颂道："周室三母，大姜任姒，文武之兴，盖由斯起。大姒最贤，号曰文母。三姑之德，亦甚大矣！"大概意思是说：周室有三母，太姜、太任和太姒，周王朝的兴起与这三位伟大的母性分不开，太姒最为贤德，号称文母。

古人崇尚立志，即心之所志，就是你的心在什么地方，你就会立志往这个方向走，这个也叫动力。我们要解决孩子的动力问题，一旦这个问题解决了，我们的教育就轻松了。比如说王阳明，他十来岁的时候考上了状元，到京城做官。有一天他问他先生："何为天下第一等志（什么是世界上最厉害的志）？"他先生就说："就像你的父亲一样做官。"他说："不，是做圣贤。"他先生觉得他太狂妄了，十几岁就要做圣贤。后来在他15岁的时候，他父亲就带他去看了大草原，他看完回到家后，在屋子里关了好几天，他就告诉他父亲，当时北方有些战乱，他写下了如何平定他们的方法，让父亲帮他交给皇上。他父亲一看又气坏了，太狂妄了，狂妄至极。可见王阳明从小就是这样，有自己的志向，所以他后来就非常厉害，带兵打仗非常厉害。这就是一个人的志向，现在的知名人物就像马云、乔布斯，他们都有自己的志向。当然志向有大有小，志向还可以说成是梦想，小梦想、大梦想。当然也有阻力，比如说我们的习气、业力。习气就是每个人的习惯，有的习惯真的很难改，比如说刷牙，每天刷牙都是种好习惯，每天用右手刷牙，你们有没有感觉累呢？这已经成为一种自然。要是有一天换一下，用左手刷，就会感觉左手好像不是我的一样，一下不小心戳到牙肉上，一下不小心戳到脸上，可见要改一个习惯特别难。而有的习惯改起来比刷牙更难，比如说我们的性格，比如说我们的孩子你怎么跟他说他也不听，改起来特别难。而动力减去阻力就是行动力。为什么有的孩子叫他半天他还不去干，因为他有阻力。而有的时候你大喊一句：你再不去干我就揍你了！那他就马上去干了。这说明此时他的动力大于了阻力，于是他就有了行动力，这和发动机一样。有句话说得很好：真正的教育不是灌输知识，而是激发爱心和智慧。其实就是启发他把发动机打开，一旦发动机打开，他就会自己非常主动地去行动了。我觉得最好的打开孩子发动机的办法就是给孩子看一些名人传记，你认为好的或是他喜欢的，他看到好的东西，就会有向往，就会想向他学习，慢慢地就会给他动力。所以给他看名人传记，慢慢地这些人就是他的老师。所谓名人就是说他在某个领域有非常专长的东西，这会给孩子一个很好的引导。比如说儒家的圣人、贤人、君子，想要取得的越多，那你需要付出的努力也就越多。

古人崇尚注重德行。古人说"德本才末"，"德者，德也"。我后来思考，什么是德？德高望重的人大家都很佩服，要是吵架，大家都会请这样的人判断，那么有德的人就有威望，后来就有高深大德。那么我就在想了：什么是大德？什么又是小德呢？道，顾名思义就是规矩的意思。德呢，我在想，是不是就是对道的起悟？实践得多少道，就有多少德，实践得多就是大德，实践得少就是小德。古人讲《易经》里的厚德载物，就像老板经营公司，如果德特别好，那么他的员工也特别爱戴、跟随他；如果德特别差，那么这个公司很容易就垮掉了。古人还说："君子德风，小人德草，草上之风必偃。"就像孔子说："其身正，不令而行；其身不正，虽令不从。君子求诸己，小人求诸人。"孟子说："爱人不亲，反其仁；治人不治，反其智；礼人不答，反其敬。行有不得者，皆反求诸己；其身正，而天下归之。"《大学》："大学之道，在明明德，在亲民，在止于至善。道得众则得国，失众则失国。是故君子先慎乎德。有德此有人，有人此有土，有土此有财，有财此有用。德者本也，财者末也，外本内末，争民施夺。仁者以财发身，不仁者以身发财。"

我们看到很多优秀的人，读他的传记就能知道他们从小受父母和家庭的影响，有着很好的传统家风。

最早的家谱是孔、孟、颜、曾。他们辈分是一样的，之所以传得那么远是因为他们祖宗积累的阴德，后辈都会受影响。教育孩子重在提高自己，提高自己后孩子自然会受到影响。其身正，不令而行；其身不正，虽令不从。

德行就像我们讲的做人，一个人不管能力如何，最起码他得是个好人，这样不会对社会造成危害。如果他不是一个好人，他能力越强对社会的危害也就越大。所以做个好人非常重要，如果他又有能力，那这样的人就厉害了，贡献国家，贡献社会。

古人讲"天地君亲师"，其实就是关系。君就是我们现在说的领导、亲人、师长。天人合一就比如我们早上起来，晚上睡觉，尊重自然规律。如果白天睡觉晚上起来，与规律不相符，身体就容易受伤害。古人讲五伦——父子有亲、君臣有义、夫妇有别、长幼有序、朋友有信。这就是处理人与人之间的关系。如果没有正确的关系，比如作为子女如果不尊重自己的父母，父母就会不舒服。同样作为父母应该爱自己的子女，如果不爱自己的孩子，孩子就会受到伤害。

长幼有序中的序我们现在做得也很差，比如说现在爷爷奶奶比较疼孙子孙女，一有好吃的都先给孩子。在老一辈小的时候一般遇到好吃的都先给长辈，为什么先给长辈？因为长辈就像树根，孩子只是枝叶花果，要重视根，花果才会好。这样孩子从小就学会要尊老。

不尊重老师的话，就像想跟一个人学东西却很讨厌他，那怎么能学到东西呢？所以要教会孩子尊重老师。如果孩子对老师产生了反感，上课的时候就很难听他讲的内容，想成绩好很难。

儒家讲礼，佛家持戒。礼和戒就像补一个锅一样，如果一个锅漏的话，倒什么东西都不行。守礼、守戒、守规矩，都像在补一个窟窿，所以关系非常重要。

关系像一个管道一样，和亲人的关系也好，和老师的关系也好，都是一个无形的管道。比如你和孩子吵架了以后，僵持着，也没发生什么但总觉得不自在，又看不见，这就是被无形的东西阻碍了，管道一阻碍以后就不舒服。水、煤气，都是管道，如果管道阻碍了就流通不顺畅。比如老年人有高血压，是因为年龄大了以后血管壁上有沉淀物。人的血管本来很粗很顺畅，慢慢地空间变小就不通畅了，不通畅以后血管压力就会变大。我们的关系管道也是一样的，管道不畅通沟通就成了问题。

血管上有经络，比如哪个地方疼的话，按哪个穴位就会有效。有句话叫“通则不痛，痛则不通”。有句话我觉得讲得特别好，叫作“生命就是关系”，作为人，我们又是别人的子女，又是别人的父母、别人的朋友，我们活在关系当中，受到社会关系的制约。改善关系就能改善生命，如果和各种人关系不好的话，生命就非常痛苦。

关系是无形的管道，管道是有形的关系。关系好就是管道畅通，关系不好就是管道不畅通。管道堵塞，加正压不好，要爆，加负压也不好，要瘪，需要的是疏通清理。关系就是成绩，成绩就是关系，想要改善成绩，必须改善关系，只要改善关系，自然改善成绩！如果一个孩子他跟父母关系好，你讲什么他都听，习惯就养成了；跟老师关系好，老师讲的他容易听进去容易执行；跟同学关系好，各个方面关系都非常好，障碍就少。

关系的类型有以下几种。第一种：与父母的关系，我们与孩子沟通的时候，父母有父母几十年的价值观，而孩子有他自己认知的世界。你要进入孩子的世界，站在孩子的角度，考虑他的想法、他的需求。第二种：与老师的关系，要学会尊重老师。第三种：与课本的关系。第四种：与同学的关系。第五种：与学校的关系。第六种：与国家和社会的关系。第七种：与自然万物的关系。

古人讲，忠臣出于孝子之门。《四十二章经》：“佛言：凡人事天地鬼神。不如孝其二亲。二亲最神也。”我们和父母的关系是最根本的关系，慢慢再发展，有了同学关系、朋友关系、夫妻关系和领导关系。

还有因果关系。因果就是种子与果实的关系。一颗小芽长到参天大树，需要很多因素，需要阳光雨露、浇水、施肥、除草，所以缘就是阳光雨露。我们给孩子做教育其实就是在种因，种好的因就会得好的果。每个人都是创业者，要给孩子不断地种善因，种下好的念头的种子，遇到合适的会结果。最小的单位是念头，念头不断在变，慢慢形成价值观，就会形成行为，最后改变命运。

《易经》里讲：积善之家，必有余庆，积不善之家，必有余殃。经常做善事一定会有好的果。《法句经》里讲："莫轻小善，以为无福，水滴虽微，渐盈大器，小善不积，无以成圣。莫轻小恶，以为无罪，小恶所积，足以灭身。"

主讲者简介：

童志华，太古草堂创办人，少儿国学教育和中医传播者。

科普系列

如何正确使用食品包装材料？

刘丽霞

食品安全关系到老百姓的身体健康和生命安全，关系到经济健康发展和社会稳定，当前，食品安全问题是全社会关注的焦点问题之一。食品的安全实际上不单单是食品本身的问题，与食品直接接触的各类包装材料的质量有时恰恰是食品质量事件的罪魁。与食品直接接触的包装材料作为食品的"贴身衣物"，其在原材料、辅料、工艺方面的安全性将直接影响食品安全卫生质量，继而对人体健康产生影响。

一、食品包装材料概述

1. 什么是食品包装材料

食品包装材料又称食品接触材料、间接食品添加剂，是指包装、盛放食品或者食品添加剂用的纸、竹、木、金属、搪瓷、陶瓷、塑料、橡胶、天然纤维、化学纤维、玻璃等制品和直接接触食品或者食品添加剂的涂料。

2. 食品包装的作用

保护食品和延长食品的保质期；食品包装后方便流通。

3. 食品包装材料的要求

（1）材料本身安全卫生，不能污染食品；

（2）具有良好的阻隔性、耐温性、耐油性、机械强度等；

（3）具有一定的化学稳定性。

4. 常用食品包装的种类

常用的食品包装材料有塑包、纸包、金属包装、玻璃包装等，其中塑包和纸包产品均已于2004年实施了市场准入制度，纳入生产许可证管理。与食品的生产管理一样，必须取得生产许可证，才能在产品包装上加贴QS标志。

二、塑料包装

1. 塑料三角标含义解读

（1）聚对苯二甲酸乙二醇酯（PET）

特点：PET材质透明度好，不易破碎；用于矿泉水瓶、碳酸饮料瓶；适合装暖饮或冷饮；耐热至70℃易变形，会析出有害物质；装热饮或反复使用有害。

（2）高密度聚乙烯（HDPE）

特点：可用于清洗、沐浴产品，建议不要循环使用；可用于食品周转箱、瓶盖、桶类、食品容器。

（3）聚氯乙烯（PVC）

特点：耐热温度80℃，高温时会有有害物质析出，如氯乙烯单体；氯乙烯单体是一种致癌物质，长期作用有致突变性、致畸变性、致癌变性；目前已较少用于食品包装材料。

（4）低密度聚乙烯（LDPE）

特点：较软，透明度好；常用于保鲜膜、塑料膜；耐热性不强，超过110℃时易热熔。

（5）聚丙烯（PP）

特点：耐热温度130℃；唯一可以微波炉加热的塑料；常用于豆浆瓶、饮水杯、微波炉餐盒；微波炉餐盒体为PP，但盒盖却用PET制造，加热时要把盒盖拿下来。

（6）聚苯乙烯（PS）

特点：用于碗装泡面盒、发泡快餐盒；安全使用温度约70℃，不能微波炉加热；不能盛装强酸、强碱食物。

（7）其他类，常见的为聚碳酸酯（PC）

特点：可用于水壶、太空杯、奶瓶；高温下易释放出有毒的物质双酚A。

2. 保鲜膜

（1）三个作用

一是隔离，保护食物不被外部灰尘、细菌和微生物污染；二是保湿，阻止食物中的水分挥发；三是保护食物营养不被破坏或减少流失。

（2）三种材质

聚乙烯（PE）、聚氯乙烯（PVC）、聚偏二氯乙烯（PVDC）。

（3）实验结果表明

在与油脂性食物直接接触时，高温加热或长时间接触会降低PE保鲜膜和保鲜袋的使用安全性。因此，建议PE保鲜膜、袋应避免与油脂性食物直接接触，不要将PE保鲜膜、袋包裹食物进行微波炉加热。

（4）使用注意事项

并不是所有食物都适合用保鲜膜；水分较大的水果和蔬菜比较适合用保鲜膜，比如苹果、梨、西红柿、油菜、韭黄等；萝卜、豆角、黄瓜裹上保鲜膜存放一天一夜后，所含的维生素C流失严重；熟食、热食、含油脂的食物，特别是肉类，最好不要用保鲜膜包装贮藏；关注产品的标志标识，有产品的基本信息、生产单位的名称、地址、电话以及产品使用的限制条件和注意事项。

3. 婴幼儿奶瓶

（1）材质分类

按材质分，主要有塑料奶瓶和玻璃奶瓶，玻璃奶瓶的特点为安全性佳、耐热性佳，且不易刮伤、不易藏污垢、好清洗，但强度不够，易碎，适合初生婴儿使用；塑料奶瓶最大的优点就在于其轻巧不易碎，可以让宝宝自己拿，可以出门时携带。所以，玻璃奶瓶主要还是适合小婴儿，父母在家亲自喂养时可以用。当宝宝长大些，想自己拿奶瓶时，塑料奶瓶就要开始派上大用场了。

（2）塑料奶瓶的材质分类

注：PC奶瓶因有双酚A，我国已禁止生产和进口含有双酚A的奶瓶。

聚丙烯（PP）：轻巧耐摔，易清洗，安全不含双酚A，广泛应用于奶瓶、餐具的材料。

聚醚砜（PES）：无色透明，轻巧耐摔，易清洗，安全不含双酚A。接近玻璃的优点，其价格比较贵。

聚苯砜（PPSU）：呈淡淡的金黄色，是安全的母婴用品新材质，安全无毒，不含致癌物质双酚A，耐高温达180℃，可以经受反复高温消毒，化学稳定性非常好。兼具玻璃的安全通透、PC的轻盈耐摔等优点。

（3）如何挑选奶瓶

看奶瓶的标识：正规生产厂家的产品，应有QS标志，并标明材质、耐温范围、使用注意事项、生产单位的基本信息等。

观察奶瓶的透明度：好奶瓶的透明度很好，能清晰地看到奶的容量和状态。瓶身最好不要有太多的图案和色彩，尽管商家说明印刷油墨安全无害，但能减少的潜在危害要尽量减少。

测试奶瓶的硬度：优质的奶瓶拿到手里会感到硬度很高，手捏也不容易变形。质地过软的奶瓶，在高温消毒或加入开水时会发生变形，还可能会出现有毒物质渗出。

闻奶瓶的气味：劣质的奶瓶在打开后闻起来会有一股难闻异味扑鼻而来，而合格的优质奶瓶是没有任何异味的，可以放心使用。

(4) 奶瓶的消毒方法

煮沸式消毒：准备一个不锈钢的煮锅，里面装满了冷水，水的深度要能完全覆盖所有已经清洗过的喂奶用具（不锈钢锅须消毒奶瓶专用，不可与家中其他烹调食物混用）。如果是玻璃的奶瓶可与冷水一起放入锅中，等水烧开后5~10分钟再放入奶嘴、瓶盖等塑胶制品，盖上锅盖再煮3~5分钟后关火，等到水稍凉后，再用消毒过的奶瓶夹取出奶嘴、瓶盖，待干了之后再套回奶瓶上备用。若是塑胶的奶瓶，则要等水烧开之后，再将奶瓶、奶嘴、奶瓶盖一起放入锅中消毒，再煮3~5分钟即可，最后以消毒过的奶瓶夹夹起所有的食具，并置于干净通风处，倒扣沥干。

蒸气式消毒：目前市面上有多种功能、品牌的电动蒸汽锅，家长可以依照自己的需要来选择，消毒的方式只需要遵照说明书操作，就可以达到消毒喂奶用具的目的。但需注意的是，使用蒸汽锅消毒前，仍要先将所有的奶瓶、奶嘴、奶瓶盖等物品彻底清洗干净，然后再一起放入，按上开关，待其消毒完毕，会自动切断电源。

微波消毒：将清洗后的奶瓶盛上清水放入微波炉，打开高火10分钟即可。切不可将奶头及连接盖放入微波炉，以免变形、损坏。

4. 塑料一次性餐饮具

一次性餐饮具包括一次性使用的餐盒、盘、碟、刀、叉、勺、筷子、碗、杯、罐、壶、吸管等，也包括有外托的一次性内衬餐具。

关于塑料餐盒：应拒绝使用发泡塑料餐盒；不要放微波炉加热；避免盛放高温食品、油炸食品、醋与料酒混合食品；平时应少用、慎用一次性餐盒。

关于一次性吸管：彩色吸管花哨未必安全，颜色越鲜艳，安全隐患越大。主要质量问题：脱色、荧光增白剂。彩色吸管最好不要用。

关于纸杯的问题：挺度不够；荧光性物质残留；油墨脱色。

塑料一次性选购常识：

看标识：消费者在购买一次性塑料餐饮具产品时，应选择有QS标志及证号的产品，其所使用的原材料和生产工艺、环境都能有保障。

看包装：消费者在购买一次性塑料餐饮具产品时，应选择包装完好的产品，注意生产日期及保质期，尽量选择保质期内的产品，以防有细菌、霉菌。

看外观：要选购表面平整光滑、色泽均一的一次性塑料餐饮具，尽量选择没有装饰图案的无色透明产品。

嗅气味：可先闻一闻有没有异臭、异味，防止使用时会与食品串味，影响食品安全。

重要提示：不要重复使用一次性塑料餐饮具，不要将食物长期置于其中，注意产品上的标志，没有能在微波炉里加热的标注，不要使用微波炉加热。

三、金属包装

1. 食品接触用不锈钢制品

（1）定义

指以不锈钢为主体制成的食具容器、餐具及食品生产加工器具等制品。特点是外观漂亮，经久耐用，耐冲撞、耐腐蚀。

（2）存在的主要问题

原材料问题：市场上存在高锰低镍“所谓不锈钢”。

耐腐蚀性差：原材料不过关的不锈钢在使用过程中会出现锈蚀现象。

卫生性能：重金属迁移，重金属Pb、Cr、Cd、As、Ni可能出现超标现象。

（3）常见使用误区

误区一：以产品有无磁性来判断其是否为不锈钢。

误区二：不锈钢容器长时间盛放盐、酱油、醋、菜汤等。

误区三：不锈钢锅煲中药。

误区四：使用强碱性或强氧化性的化学药剂如小苏打、漂白粉、次氯酸钠等洗涤不锈钢。

2. 不粘锅

不粘锅是金属材料成型后，内表面涂敷不粘涂层的一种炊具，它具有易洁、不粘、耐腐蚀等特点。使用不粘锅烹饪可以健康少油，炊具也易于清洗，因此，近年来不粘锅受到了越来越多消费者的青睐。

我国的不粘锅开发始于20世纪70年代末，经过40多年的发展，国内的不粘锅行业不断改进、完善，进入成熟阶段。不粘锅的品种有不粘炒锅、不粘煎锅、不粘汤锅、不粘奶锅等。

常见的不粘性能最好的涂层有特氟龙涂层和陶瓷涂层。特氟龙是含氟树脂的总称，以聚四氟乙烯为主，这种物质的摩擦系数是所有塑料中最小的，它的表面能在所有固体物质中也是最低的，这些性能使得其他物质很难在其表面附着，因此，特氟龙能够被应用于炊具中而具有良好的不粘特性。

（1）市场上不粘锅存在的主要问题

不粘锅涂层厚度较薄：涂层厚度太薄，涂层的耐磨性、耐刮划性、耐腐蚀性较差，在使用过程中涂层易起皮、脱落，出现腐蚀锈斑，锅具的使用寿命缩短。

耐盐水腐蚀性较差：耐盐水腐蚀性差的锅有以下几种情况：一是铁基不粘锅，因为铁基一旦裸露出来，更容易与盐水反应而被腐蚀；二是涂层厚度较薄；三是非特氟龙涂层，其耐腐蚀性不如特氟龙涂层好。

卫生性能不容乐观：

①高锰酸钾消耗量超标。高锰酸钾消耗量表示可溶出的所有有机物质的总和，这些有机物质被人体直接吸收会造成危害。

②蒸发残渣（4%乙酸）超标。蒸发残渣是指食品接触材料在水、4%乙酸、正己烷等食品模拟液中浸泡后，将浸泡液蒸干所得的所有不挥发性物质的总量。残渣进入人体会对健康产生不良影响，此外残渣还会直接影响食品的色、香、味等食用质量。

③重金属铬Cr（4%乙酸）超标。铬虽是人体的必需微量元素，但铬在人体内超标就适得其反，危害人体健康。铬的毒性与其存在的状态有关，通常认为六价铬的毒性比三价铬高100倍，并易被人体吸收且在体内蓄积，六价铬被视为致癌物质。进入人体的铬主要积蓄在肝、肾、内分泌系统和肺部。铬经消化道进入人体，可引起口角糜烂、恶心、呕吐、腹泻、腹疼和溃疡等病变。铬进入血液后，主要与血浆中的铁球蛋白、白蛋白、r–球蛋白结合，六价铬还可透过红细胞膜，15分钟内可以有50%的六价铬进入细胞，进入红细胞后与血红蛋白结合。

④氟（F）超标。氟过多对神经系统、消化系统、泌尿系统、内分泌和免疫功能等都会产生一系列不良影响。如可出现神经根支配部位感觉异常，运动障碍；四肢麻木无力或肌张力增强，反射亢进；肾或尿路结石，尿酶升高，尿蛋白；胃、肠和肝功能紊乱、腹胀、腹痛等。

（2）实验结果表明

铝基不粘锅质量优于铁基不粘锅；特氟龙涂层优于其他涂层；不粘锅不宜用于制作酸性食物，不要高温使用，宜在中低温使用。

（3）使用须知

①使用不粘锅有两个限制条件:一是不宜制作酸性食物，特别是酸性较大的食物，如使用醋酸；二是使用温度限制在250℃以下。

②因使用温度的限制，用不粘锅烹制煎、炸食品时应用中低温，避免高温使用。

在锅内没有食物的情况下，切勿用大火干烧不粘锅。

③在炒菜时尽量使用木铲或硅胶铲，避免尖锐的铲具或金属器具破坏不粘涂层。

④在使用完不粘锅后不要立即用冷水冲洗，待温度稍降后，再清洗，过于频繁的高温骤冷会加速涂层的破坏。

⑤洗刷不粘锅的时候尽量使用软布或海绵清洗，不要使用硬度较大的钢丝球去刷洗锅内壁，以免划伤涂层。

⑥无论从使用还是健康的角度考虑，涂层脱落之后应及时更换锅具。

主讲者简介：

刘丽霞，苏州市产品质量监督检验所材料检验室主任，高级工程师。

相约健康系列

健步走出健康路

郝跃峰

今天给大家讲健步。什么是健步？健步是保持健康的一种行走方式。具体讲健步之前先来讲一讲健步和健步走的相关道理。

首先，健步之前先修心。修心就是学习和领悟。实际上，运动、跑步、走路都是身体和脑子之间的对话。一个好的健步者在运动中脑子是一直处于调整状态的，要走得舒服、走得愉快，其中有很多奥妙。要体验运动带给大家的美好生活与美妙感受，包括体形优美、心理放松及人格完整，让我们自己与自然完全融合。通过自我反省体察，使身心达到完美的境界——修行。体育是对道德的长期追求，不是暴力的发泄，是自由与规则的结合，是专注、渴望、自律、热情、自我更新发展与完善。

每个人运动和健步的目的都不同。运动员训练的目的是为了竞技夺标。普通人运动目的基本分为两种，一种是身体有疾病的人，他运动是为了治疗疾病；还有一部分人平常身体就比较健康，他运动就是为了身体机能保持更加好的状态。如果是为了治病而锻炼的，我要告诉大家，健步的方式多种多样，不同的情况是要通过不同的行走方式锻炼。大家经常会问，跑步、走路的时候是脚尖先着地还是脚跟先着地，或者全脚着地？走路可以有很多种方式，而不同方式适合不同的身体状态。如果肌肉骨骼系统没有什么问题，颈肩腰腿都很健康，就更加要运动，保持更好的活力。当运动后发现有哪里痛、不舒服，这是运动的方式不对，或者动作不好、时间过长、时间不够、周围环境不好，等等，需要自身去分析哪个因素不合适，人的每一次运动都要有，也都会有体会和收获。运动的最佳状态是运动过程中，脑子里一直感觉很愉快、很轻松，感觉不到在运动，也不觉得累，这就是在运动中获得了快感。

广义的健步包括各种走和跑。快走、慢走、快跑、慢跑等都是健步的方式。不管健步还是其他运动，目的都是促进健康。为什么说生命在于运动？因为运动能够保持活力。但是很多人都重视运动的过程而不重视运动的恢复。每个人每一次的运动后对自己都是良性的损伤，损伤后身体要修复，修复的过程就是健康的过程。运动能够通过损伤带动人体修复，激发修复机制，如通过增加骨骼压力淘汰衰老的骨细胞从而刺激新骨形成；增大关节活动范围而淘汰关节衰老的成纤维细胞；增大肺活量进而增加需氧量，可改善神经系统和消化系统；心率增加、心肌收缩力增强使得血液循环加快，物质代谢加快，就会出汗，从而改善相关器官功能，等等，都是在进行修复。

睡觉是修复最好的方式，修复还需要足够的营养。如果说你今天运动后很疲劳，睡了一晚还没休息好，这时就不适合运动了。一定要休息好再去运动，不然对你的身体就是种伤害，这就是运动修复的道理。

“半亩方塘一鉴开，天光云影暗徘徊。问渠哪得清如许？为有源有活水来。”这句话出自朱熹的《观书有感》。朱熹是一个喜欢运动、喜欢看书的人，他在他的别墅里悟出一个道理：水塘的水这么清，是因为一直有活水进来。我们的身体也一样，一定要有源源不断的活水在身体里转起来，而我们的活水就是血液循环，循环系统的血管是网状的，身体的每一个部位都能够得到血液的供养，那身体的每一个部位就都是健康的。当身体的某个部位得不到营养，血流不过来，那么就生病了。最典型的就是脑梗死、脑出血。中医叫“痛则不通、通则不痛”。很多血流不过来的地方，通过锻炼可以打开血管，让血流过来，把新鲜养分带来，把废物带走，这就是通过锻炼能够达到的效果。

健步能够保持和促进健康。现在关于健康的观念和以前不一样，除了身体的健康以外还要讲究心灵的健康、生理的健康、社会的健康。所以单纯的机体不生病还不算健康，要有健康的心理。运动能产生一种激素，让人有快感。长期运动的人会有种停不下来的感觉，一有时间就想出去跑跑，因为通过跑步有快感，这也是运动的一种好处。这种好的激素能让你舒服，这是身体自己产生出来的，和抽烟喝酒产生的外来快感不同，这些吃进来的快感是有害的。运动产生出来的这种内分泌激素，除了让你感觉到快乐，对身体的每一个系统和器官都有着良性的刺激效果。

同时通过锻炼，通过和大自然的亲密接触，能够让我们有一个舒畅的心情。想象一下漫步在青山绿水鸟语花香的小路上，心情一定是非常愉快的。

要学会在运动中鼓励自己、激励自己，坚持下来，才能得到运动带给我们的益处。坚持也是一种优秀品格，是正能量的表现。

为什么我推广健步呢？因为健步是身体运动最自然的方式。我们都知道，人也具有动物的本性，人是从猿进化过来的，我们现在是直立动物，我们要得到食物，就要行走，虽然我们现在不行走也会有食物，但是这个就违背了动物的本性；如果长期下去，我们的腿就会退化，那我们的生活就改变了，这是从进化论来讲。可能过了一万年，我们人类的腿就没用了，大家都是坐在家里面打电话就行了。但是你说：不是有人送餐嘛？不，这是机器的人，而我们自然的人就只要坐在那不用动了。当然这是一万年以后，我们活不到那么久，我们现在还是得靠双腿走路的时代。我们现在时代变化太快了，我们从走路到开车、到喜欢开车并没有多少年，我们已经习惯于开车坐车，取代走路了。其实人都是有惰性的，你要有了努力才会有收获。走路也是这个道理，我们一定要走路，不走路，你的腿就没有用处了。要知道我们的心肺功能是靠走路来维持的，你说游泳、打篮球行不行，其实这些都是属于竞技运动，多少带有一些游戏、表演性质，如果你单纯是为了保健，那么跑步和走路就够了，做其他的运动都是游戏，而且不会适合每一个人的，而走路、跑步是适合每一个人的，适合男女老幼，甚至适合有一定残疾的人。一开始我很抵触跑步机，但是后来慢慢接受了，因为它有个好处就是可以设置自己需要的速度等参数，从而发现自己最适合什么速度。所以在进行仪器健步时候，都要记得探索适合自己的时间、速度和步态，而在自然环境中的健步这些是很难调节的，因为自然环境中会有很多变化，而在跑步机上并不会有。所以可以先在跑步机上体会，把自己的动作纠正好之后，到自然环境中去跑，你就会很熟练。我记得我在上大学的时候，400米跑道最多跑两圈，跑完后我腿就开始痛了。但是你知道我现在能跑多少，我不是在吹牛，我能跑10圈。这个10圈我是怎么练出来的呢？就是通过不断改正我跑步的姿态，调整运动的姿势、呼吸，而且跑完我的腿也不难受，腰也不难受，而且跑完很舒服。今天我给大家讲的实际上就是我自己的感受，并不是我在这说教，这些都是我自己体验过的东西，所以说得通俗一点，我讲的这些都是干货。

我们在跑步中还需要掌握几个观念和技巧。

第一个是整体观念。大家知道我们人是一个整体，我们跑步不是两条腿在跑，而是全身都参与进来，这才能跑好。如果你只是两条腿跑，那就只能跑两圈；如果你全身都参与进来的话，你至少能跑10圈。那怎样才能让全身都参与进来呢？其实我们大家都有运动体验，比如打羽毛球，打完之后是不是一半身体都在痛？打保龄球，也不是只有一个手臂酸痛。所以跑步也是一样，如果你是会跑步的人，那么你不会只有两条腿痛。训练好的人，每一个动作都是从躯干中发出来的，都是由躯干带动四肢，如果你的动作是四肢自发的，那你这个动作肯定是不对的。就像马腿很细吧，它的小腿几乎是没有肌肉的，但是它还是跑得很快，所以大家可以看出它这个跑步的动作是全身都在动的。有的人忍耐力很好，很能跑，可是腿越跑越粗，大家都知道是为什么了，是因为你只是在用腿跑，跑步的方式不正确。会跑的人呢，大家看里约奥运会长跑、短跑运动员的腿，没一个粗的，他们跑得越快，腿越细。所以大家对跑步要有一个整体观念。

除了身体整体之外，你的心和身体也是个整体。就说我们中医、古代医学在讲打太极拳的时候也说意念和动作要连贯，打太极拳会要求你手到了哪个地方，眼神也要到哪个地方，这是一个手和眼要相通；还有一个就是要气沉丹田，这也是一个整体观念。

第二个给大家讲的是天人合一观念。天人合一是讲什么呢？就是我们人要顺应自然，顺应四季。春夏秋冬四个季节，我们跑的方式和时长是不同的。夏天可以跑得多一点，因为人在这个季节的状态是最适合跑步的，可以多出一点汗；但是到了冬天就不能跑得太多，冬天也要跑，但是要少跑，要少出汗。所以说有的人每天跑一万米，冬天夏天都一样，这样跑是不对的。我们刚刚过了立秋，大家知道秋天的养生怎么养？我们到了秋天运动要做些什么调整呢？首先，运动量可以不减，但是天气凉快，汗自然会少出了，我们运动完之后要早点休息，秋天最讲究的就是早睡早起，实际上早起是次要的，最重要的是早睡，就是早点休息，然后睡到几点就几点起，这样的话你锻炼的效果会非常好。除了保持运动状态以外呢，能把你夏天消耗的那些精神在秋天补回来，这样进入冬天的时候状态就好了，冬天就能更好地抵御严寒。顺应自然还有一个方面就是顺应昼夜。有人会在我的门诊上问我，跑步到底是白天跑好还是晚上跑好？我跟他说什么时候跑都行。为什么呢？因为他是来治病的，而不是养身的。如果养身的话，就不是什么时候跑都行了；如果是治病的话，我就会让他这一段时间天天跑，每天不能少于30分钟，跑出效果来，先把病治好，比如说腰椎间盘突出，那我们就要主要用腰部肌肉，等腰椎稳定，再根据顺应自然的原则来跑。而养身的运动，就是要在有太阳的时候运动。人是离不开食物、氧气、水、阳光的，如果长期生活在黑暗的环境下，身体就不会健康。我们现在很多人骨质不好，骨质疏松，运动的功能下降，其实就是缺少维生素D，而维生素D是怎么产生的呢？就是靠太阳的紫外线照射我们的皮肤，我们体内才能生成出这个东西。要是人体缺乏维生素D的话，我们人体的肌肉协调性就会明显下降，骨质疏松，肌肉功能下降，甚至都迈不出大步来。我们很多老年人为什么容易摔倒，就是因为缺乏维生素D，因为缺乏了这种维生素导致肌肉收缩不起来，就摔倒了，如果肌肉紧一些就能站住了，就不会摔倒了。所以阳光对人的重要性就在这。我们上海有个专门的团队做了个流行病学的调查，调查长期在办公室工作的白领体内维生素D的含量，结果发现比正常值少一半。可能上海高楼大厦很多，工作强度也非常大，大都喜欢在室内工作，就缺乏维生素D。所以现在很多人都需要补充维生素D，补充后就能感觉到稍微舒服一些。但是调查的这些人都认为自己是正常的，调查的是年轻人，还没有调查在座的老年人。不过反而有的老年人可能会稍微好一点，毕竟不上班了，可以有时间去到处跑，能接触阳光就比较多了。所以呢，在这里要和大家强调一下，运动就是要接受阳光的普照，我们在运动的时候不要把自己遮得严严实实的。今天早上我就看到一个在公园里锻炼的妇女，头上戴了个帽子，身上也包得严严实实，在没有树荫的地方走得飞快，想要赶紧跑到有树荫的地方。这种锻炼的效果肯定不好，因为本来你锻炼一个小时，就要接受一个小时阳光的照射，这样你这一天才能产出足量的维生素D，产生后对你肌肉的功能、骨骼的系统会有很大的帮助。大家以后锻炼一定要记着早上锻炼，晚上锻炼的效果会减一半。

第三点要讲的就是运动要循序渐进。如果太急的话，是达不到效果的，要一步一步来。比如说你今天听我讲座说跑步好，明天就去跑，一跑跑二三十分钟，跑完回来腿疼得不行，扭伤了，这就不对了。所以要循序渐进，还要快慢结合，大家不要去创纪录，循序渐进不是要大家去创纪录的。循序渐进就是比如说我今天跑了5000步，明天跑了5500步，后天跑6000步，一年以后我要跑20000步。我们在座的人锻炼的目的是保持我们健康的状态，而不是竞技、拿奖牌，所以我们锻炼只要每次有一点小进步就可以了，千万不要去创纪录，创纪录很有可能会创出问题来。

第四点要讲的是健步运动要营养平衡。如果不会调理营养，那么跑多少也没用，最后效果是一点都没有的，所以营养是必须讲究的。实际上营养既要讲平衡也要讲多少，如果你是个正常体型的人，那只要均衡营养就够了。比如我这两年有个病人，得了肺癌要去医院开刀，去了医院，医院不给他开。据说他从来不吃荤，一直觉得很恶心，什么都吃不进去，医生不敢给他开刀，因为这种体质开过刀后刀口都长不好。这就是营养的重要性。你必须什么都吃，既要吃荤也要吃素，什么都要吃，恢复才能快。包括运动后，我们也要平衡饮食。如果你是一个肥胖的人，想减肥，那运动后也要控制饮食，让你的心肺功能保持一个平稳的状态就可以了，切记不能吃得太多，否则最后达不到减肥的效果。除了营养的平衡，我劝大家还要什么都吃，不可以挑食，不可以自己不喜欢吃的就不吃。

下面我来讲健步的技巧。我们健步走的中心就在腰椎上，是从腰椎上开始发动，从而带动四肢，所以我们的上肢下肢就要听腰椎指挥，你腰椎的发动程度带动着你下肢迈步的大小和上肢甩臂的幅度大小。其次，腰椎要稳定而有活力，动态稳定，静态稳定，就是结构稳定和姿态稳定。我们的脊柱是由一节一节的脊骨连在一起，所以我们的脊柱是可以活动的。脊骨一节一节是怎么连接的呢？它是靠韧带和小肌肉连接起来，然后外面又有长的肌肉固定，所以韧带和小肌肉就是维持脊柱运动的最稳定的一个结构，所以我们可以锻炼好的就是小肌肉和韧带。小肌肉和韧带要是稳定的话，那么我们的腰椎不管是拉伸、左侧曲还是右侧曲、旋转，骨头和骨头间还是会保持稳定的状态。所以稳定压倒一切，结构稳定性决定姿势稳定性。

其次要以人为本，因人而异。每个人适合自己活动的方式都不一样，比如说运动员、普通人和病人可以用一种方式锻炼吗？所以要根据自己自身的身体状况和承受能力去选择适合自己的锻炼方式。但是我们还是有一些相通的东西，这个大家就可以根据今天的课程自己去选择判断。

最后，大家可以选择一些个性化运动，比如上下坡、大小步。一般来说走路是大步，跑步是小步，但如果你要说我跑步大步可以吗？可以，只要你腿长，如果腿短的话，还是小步比较合理；但是如果走路步伐小呢，就起不到锻炼效果，走路就是要大步走。

希望大家在以后的运动中要顺应自然，与中央一致保持，我们的运动才会有效果，具体的运动方式希望大家根据今天的讲座慢慢体会，根据自身情况慢慢调节到正确的方式，将锻炼的成果最大化。谢谢大家！

主讲者简介：

郝跃峰，主任医师、硕士生导师、医学博士，苏州市立医院副院长兼骨科主任。

如何保护好您的肾脏

陈　强

要谈如何保护好您的肾，首先需要了解一下肾脏究竟是什么：平时大家所说的“肾虚、肾亏”等中医中的“肾”和西医的“肾”一样吗？中医学上说“肾为先天之本，肾主藏精、主水、主纳气、生髓，主骨”，因此，中医学所指的“肾”是一个功能学概念，包括了现代医学的生殖系统、内分泌、骨骼和泌尿系统的综合功能，并不是指某一个具体的器官。现代医学所指的“肾”则是指实实在在的肾脏，是一个具体的器官。每个人有两个肾脏，形状如蚕豆状、大小如拳头，位于脊柱的两侧。中医和西医所说的“肾”，两者之间意义不尽相同，但有所交叉。从西医的角度看，肾脏是体内最大的排泄器官，担负着清除体内毒素、废物及过多的水分的重任。此外，它还协助机体控制血压，调节电解质浓度，产生红细胞，等等。它就像一部功能强大的超自动化机器，有类似于“净水机”、“筛子”、“生产厂”等构成它的核心部件。这一超自动化机器就像一个劳动模范一样拥有巨大的潜能，每日工作量远远超过人体日常需求。但同时这个劳动模范又很脆弱，它的自我修复能力较差，所以需要我们的关注与保护。

那么，得了肾脏疾病有什么表现？出现什么状况提醒我们这是肾脏发出的“求救信号”？

第一，肾脏“净水机”的功能出现阀门故障。主要表现为：体内“水太多”，出现如脚踝部水肿、早上起床眼睑水肿等；“阀门调节不好”，出现晚上起夜次数增多等；“净水机”一旦不能净水，体内的“脏东西”（毒素）就会在血液中堆积，人们可能会出现食欲不振，恶心、皮肤瘙痒、睡眠困难等症状。第二，肾脏的“筛子”功能出现问题，即筛子漏了。血液中有用的成分从“筛子”中漏出来了，如血液中的蛋白质漏到尿液中，形成我们所说的蛋白尿，可以见到尿中泡沫明显增多；血液中的红细胞漏到尿液中排出，也就是我们所说的血尿，漏出的红细胞量较少时只有化验室检查时，通过显微镜才能看到，称为镜下血尿，量较多时肉眼可见尿色变红，则称为肉眼血尿。第三，肾脏的“生产厂”功能下降，产量不正常。肾脏分泌促红细胞生成素，当促红素合成不足时导致肾性贫血，这时人体会出现乏力、注意力不集中、脸色苍白等贫血的表现；肾脏分泌肾素等异常，导致血压调节异常，会出现头痛、看东西模糊等“肾性高血压”的表现。

那么何为“肾虚”呢？肾虚是一个中医学的术语，主要指肾脏精气阴阳不足。从中医的角度看，肾虚也可分为多个种类，其中最常见的是肾阴虚、肾阳虚。肾阳虚主要表现为“寒”，有腰酸、四肢发冷、畏寒，甚至还有水肿等症状；而肾阴虚主要表现为“热”，有腰酸、燥热、盗汗、虚汗、头晕、耳鸣等症状。

西医现在常常所讲的慢性肾脏病（CKD）又是指什么呢？慢性肾脏病是指各种原因引起的慢性肾脏结构或功能异常（肾损伤病史≥3个月），肾小球滤过率（GFR）正常或可以下降。可表现为下面任何一条：病理学检查异常；血、尿成分异常或影像学检查异常；或者不明原因的肾小球滤过率降低（指滤过率<60ml/min/1.73m2）≥3个月。

现在，慢性肾脏病已经成为世界性公共性健康问题。2012年调查数据显示，我国成年人群中慢性肾脏病的患病率为10.8%，据此估计我国现有成年慢性肾脏病患者1.2亿人。慢性肾脏病已经与高血压、糖尿病一样成为严重威胁到人类健康的“杀手”，而且是“沉默的杀手”！目前我国慢性肾脏病防治的现状是慢性肾脏病的患病率高、知晓率低、治疗率更低。

怀疑存在肾脏病时，我们可以做些什么检查呢？

第一，检查肾脏的“净水机”功能是否正常，血液中是否有超标的“脏东西”？以往最常用的检验指标是血尿素氮和肌酐。但有时检查出来血尿素氮升高而血肌酐正常，如何解释呢？原来，引起尿素氮升高的原因除了与肾脏本身的排毒功能下降有关外，还包括吃肉太多、脱水、发热等，因此在判断肾脏排毒功能方面，尿素氮的检测不如血肌酐准确。目前比较新的一个指标是检测血清胱抑素C，其意义与血肌酐相同，但比肌酐更敏感，在肾脏病的早期即可出现增高。

血肌酐主要由自身的肌肉分解、肉类饮食的代谢而产生。但是不同的人、同样的血肌酐水平，肾脏的功能就一样吗？答案是否定的。对于一个体格健壮、肌肉组织丰满的青年和一个消瘦的老年人来说，即使血肌酐水平相同，其真实的肾功能水平也不一样的。这很好理解，因为消瘦的老年人肉类食物吃得少，本身肌肉分解也少，相应的产生的肌酐也少，导致血肌酐数值偏低。此时就需要更加准确地衡量“净水机”功能的指标，即测定肾小球滤过率（GFR）。精确测定GFR的方法为同位素方法ECT

测肾小球滤过率。而我们常用的估计肾小球滤过率是利用年龄、性别、血肌酐计算出肾脏功能，如果GFR小于60，即可判断肾脏排毒功能出现异常。

第二，检查“筛子”是否完整，血液中有用的东西是不是漏出来了，即尿液中有无超标的红细胞和蛋白质。1. 尿液检查红细胞超标是指显微镜下，红细胞超过3个/高倍镜视野，即为血尿。那么尿常规检查时常常可以见到的隐血阳性就等于血尿吗？其实不然，这与尿隐血的检查方法有关。血尿检测其中一种常用的方法是利用试纸法检测潜血，主要通过检测红细胞里的化学成分进行测定。尿隐血阳性，除了可能是尿液中红细胞破坏引起血红蛋白尿以外，肌肉组织损伤以及尿液中存在某种干扰物质，均可能引起尿液隐血试验出现阳性。另一种更加准确的判断血尿的方法是通过显微镜直接观察尿中的红细胞。因此尿常规中隐血阳性，即隐血有加号不一定等于血尿，应该靠“尿沉渣显微镜检查”确定，只有尿液中红细胞超过3个/高倍镜视野才能称为血尿。2. 尿中蛋白质是否超标。普通的尿常规检查可以发现蛋白尿，但尿常规中的尿蛋白值属于半定量检测，波动大。而尿蛋白定量即留24小时尿液检测其中的蛋白含量相对准确，标本留取较麻烦。现在普遍采用一次尿标本检测尿蛋白/尿肌酐比值，能够比较准确地反映尿蛋白情况，可以替代24小时尿蛋白定量。

第三，检查“生产厂”产量是否正常。血压调节不正常，会出现血压升高。通过测量血压可评估；促红细胞生成素分泌减少，通过化验血常规，血红蛋白水平可评估。

综上所述，要想发现早期肾脏病变主要通过肾小球滤过率——“净水机”、血尿和白蛋白尿——“筛子”、血压、血色素——“生产厂”这简单的三个化验即可达到目的。

那么哪些人容易得慢性肾脏病，需要特别注意呢？

下列人群容易得慢性肾脏病：1. 高血压患者。流行病学调查结果显示，高血压病史超过10年者，白蛋白尿的危险升高两倍，肾功能下降的危险升高接近一倍！得高血压时间长的患者，尤其应该重视“三部曲”检查。2. 糖尿病患者。随着患糖尿病时间延长，逐渐出现白蛋白尿，进而肾脏功能逐步下降。在发达国家，糖尿病是导致尿毒症的第一位病因，占40%左右；在我国，糖尿病是导致尿毒症的第二位病因，占20%左右。因此糖尿病患者应该定期进行检查。3. 痛风患者。有1/3原发性痛风可出现不同程度的慢性肾脏病变。痛风患者高尿酸在体内形成尿酸结石也可致肾功能损害，有少部分患者也可出现急性痛风性肾病，所以痛风患者也要定期复查肾功能。4. 老年人（年龄>65岁）。多数情况下，35—40岁以后肾功能将逐步出现减退，每年肾小球滤过率下降约1ml/min/1.73m^2。随着年龄增长，伴随疾病也普遍在增多，比如高血压和糖尿病等，这些都可能对肾脏造成损伤；另外老年人因为关节痛等原因，用药种类较多、复杂，也可能对肾脏造成伤害。5. 长期使用一些药物。如①解热镇痛药（APC、对乙酰氨基酚、芬必得、百服宁、泰诺林等）。美国的数据显示，每10名尿毒症患者中就有一名因长期、过量服用此类药物所致。长期规律服用（累计剂量1—2kg以上）对肾脏毒性更明显，尿毒症的风险增加近三倍。那么有人可能会问，如果患者有心脏疾病，医生建议长期服用阿司匹林，会对肾脏造成伤害吗？这种担忧并非杞人忧天，阿司匹林与肾脏疾病之间确实是种“爱恨交加”的关系，好消息是目前没有证据显示，防治心血管疾病剂量的阿司匹林会对肾脏造成明显损伤。②木通等含马兜铃酸成分的中药，以及一些常用的成药，如龙胆泻肝丸、妇科分清丸、冠心苏合丸、排石冲剂等，临床和实验室研究发现这类中药对肾脏具有明确的毒副作用。另外关木通、广防己、青木香也可导致肾功能损害，同时得泌尿系肿瘤的危险也增加。国家药监局已经于2003年与2004年分别取消关木通、广防己、青木香的药用标准。6. 其他。主要包括家族中有肾脏疾病患者的人、做过泌尿系统手术的人、反复尿路感染的人、合并其他自身免疫疾病的人（如系统性红斑狼疮）。

慢性肾脏病对人们究竟有什么危害呢？

各种慢性肾脏病进行性发展，出现肾功能恶化，最终结局是进展至尿毒症。尿毒症的危害性大家都很清楚，每名尿毒症患者的医疗花费大，多数需要依赖透析治疗或肾移植维持生命，生活质量下降。而我国的尿毒症治疗患者在逐年增加，这对家庭及社会都是巨大的负担。其实，慢性肾脏病的危害不仅仅限于肾脏，它对机体其他系统也有损害。如心血管系统，由于“净水机”阀门故障，血压升高会增加心脏负担，严重时诱发心力衰竭；各种“脏东西”在血液中堆积“毒害”心脏。研究显示，接受透析治疗的尿毒症人群心血管疾病死亡率是一般人群的10到30倍。即使在早期慢性肾脏病患者中，也可以观察到心血管疾病危险性的增加。慢性肾脏病与心血管疾病是“皮之不存，毛将焉附”的关系，临床上我们称之为“心肾综合征”。此外，各种“脏东西”在血液中堆积，全身细胞浸泡在“毒素”中，会使肿瘤的发生率明显增加。即使在早期慢性肾脏病患者中，也可以观察到肿瘤危险性的增加。除此之外，慢性肾脏病患者容易并发感染、神经病变、继发性甲状旁腺功能亢进、骨头病变、血糖不稳定、贫血、皮肤瘙痒、代谢性酸中毒等。

慢性肾脏疾病的危害严重，尤其是危险人群，应尽早进行“三部曲”的筛查，切实做到早检测、早诊断、早治疗、早获益！

一旦得了慢性肾脏病，又该如何科学治疗呢？

在慢性肾脏病的治疗中很多人存在一些误区。如有些人认为医生应该首先重点治疗肾脏病，高血压以后再说，但其实这种观点是错误的。肾脏病人中，50%—75%有高血压。高血压可以引起肾脏病，肾脏病又可引起或加重高血压，二者恶性循环。在一定范围内随着血压的升高肾功能呈下降趋势。因此对于肾脏病人，应控制血压<130/80mmHg。因此降低血压除了能够保护心脏、预防脑血管意外外，能够明确保护肾脏功能。那么血压是否降得越低越好？答案也是否定的。血压降得过低，会影响肾脏、心脏、脑子的血液供应，造成肾脏、心脏、脑等缺血，诱发脑缺血、心绞痛。血压降低的阈值以患者可耐受，不出现心、脑、肾脏等器官血液灌注不足表现作为降压的底线。发现高血压，也不是降得越快越好。如果不是恶性高血压，首先可以通过改善生活方式数周或数月，若血压仍未得到控制，再开始药物降压治疗。在降压的过程中降压药剂量逐渐增加，争取在几周内逐渐降低血压至目标水平。平稳降压，有助于减少重要脏器的远期不良事件的发生。切记，欲速则不达。降压药物种类繁多，慢性肾脏病合并高血压的患者该如何选择降压药呢？肾性高血压患者常需终身服药，而肾脏病患者又常常合并高脂血症、高尿酸血症或糖代谢紊乱，部分降压药可能影响体内的糖、脂肪及尿酸的代谢，因此尽量选用对糖、脂及嘌呤代谢影响较小的药物。

另外还有一些比较极端的误区，如“我的肾脏已经出问题了，可得多用药物补补”，或者走向另一个极端，“药物会伤害我的肾脏，越少用越好”，或者认为“西药副作用大，中药副作用小，不能用西药治疗”，等等。药物都有副作用，这就需要我们平衡利弊。从肾脏的角度考虑是利大于弊还是弊大于利，从全身的角度考虑“肾死了，人还在”，但如果人没了，即使肾健康又有什么用？中药有作用，但是部分中药尤其是所谓的偏方，具有明显的肾毒性。药物使用需遵守的重要原则是谨慎选择，调整用量。也有一些人甚至认为“得了肾脏病就等于尿毒症”，但其实每100个慢性肾脏病人中，只有两人最终发展到尿毒症。慢性肾脏病人中，1/3患者肾脏功能长期稳定，1/3肾脏功能缓慢下降，只有1/3短期内肾脏功能恶化。因此我们需要转变观念，慢性肾病是一种常见病，比糖尿病更常见，我们大可不必“谈肾色变”。对待肾脏病既不必思想负担太重，又不能掉以轻心、不认真对待。

各种慢性肾脏病患者进行性发展的最终结局为慢性肾衰竭（尿毒症）。这些患者肾功能下降，无法完成正常的生理功能，需要接受肾脏替代治疗。肾脏替代治疗方式包括血液透析、腹膜透析和肾移植三种，血液透析、腹膜透析各有利弊，目前慢性肾衰竭的一体化治疗，推荐先开始行腹膜透析。需要指出的是，肾脏替代治疗只能替代肾脏的排泄功能，不能代替肾脏的内分泌和代谢功能，肾移植则可以完全恢复肾脏的正常功能，但也需要服用抗排异药物。

怎么才能预防慢性肾脏病？

所有的慢性疾病都有共同的危险因素，即不良的生活方式。健康的生活方式就六个字“管住嘴，迈开腿”。另外很重要的一点就是戒烟。盐是一个沉默的杀手，低盐有助于控制血压和水肿，保护心、脑、肾等重要脏器功能。我国推荐健康人每日盐总摄入量（包括食物中本身的盐和食盐）不超过6g，约一个啤酒盖。而一个咸鸭蛋的含盐量就达4g，因此要做到低盐饮食一定要控制腌制食品摄入。对于一些合并基础疾病，如患者糖尿病患者应该严格控制血糖，不能仅仅满足于已经进行的降糖治疗，关键是血糖要达标。2017年美国糖尿病学会指南，建议空腹血糖6~7mmol/L、糖化血红蛋白<7%。老年人为避免出现低血糖反应，血糖水平可稍放宽；对于高血压患者血压控制在140/90mmHg以下；痛风、高尿酸血症患者血尿酸水平控制在360umol/L，最好在300umol/L以下。

总结：中医所说的“肾”与西医所指的“肾”概念不完全一样。肾脏主要功能为排泄代谢产物及调节水、电解质和酸碱平衡。肾脏病早期表现是水肿、泡沫尿、尿色改变等；有时候，有乏力、食欲不佳等非特异性表现。对于肾脏病，强调早检测、早诊断、早治疗。万一患了肾脏疾病，既不必思想负担太重，又不能掉以轻心。

主讲者简介：

陈强，医学博士、主任医师，苏州市立医院北区肾内科主任。